郑庄公

齐桓公

晋文公

宋襄公

楚庄公

秦穆公

越王勾践

赵武灵王

秦孝公

燕昭王

春秋战国十君王

历史绝对
不简单

曹金洪◎编著

陕西新华出版传媒集团

三秦出版社

U0609204

图书在版编目（CIP）数据

春秋战国十君王 / 曹金洪编著. -- 西安：三秦出
版社, 2014.5（2022.3 重印）
（历史绝对不简单）
ISBN 978-7-5518-0777-7

Ⅰ.①春… Ⅱ.①曹… Ⅲ.①帝王—生平事迹—中国
—春秋战国时代—通俗读物 Ⅳ.①K827=25

中国版本图书馆 CIP 数据核字(2014)第 097532 号

春秋战国十君王

曹金洪　编著

出版发行	陕西新华出版传媒集团　三秦出版社	
社　　址	西安市雁塔区曲江新区登高路 1388 号	
电　　话	（029）81205236	
邮政编码	710061	
印　　刷	河北浩润印刷有限公司	
开　　本	710mm×1000mm　1/16	
印　　张	16	
字　　数	200 千字	
版　　次	2014 年 5 月第 1 版	
	2022 年 3 月第 3 次印刷	
印　　数	6001-11000	
标准书号	ISBN 978-7-5518-0777-7	
定　　价	48.00 元	

网　　址　http://www.sqcbs.cn

前　言

从古至今，中华民族历经数千年的风云变化，刀光剑影早已暗淡，鼓角争鸣业已远去，秦皇汉武的霸业亦归入尘土，银台金阙的浮华也日渐沉寂。轻轻地将岁月的尘埃拭去，五千年的历史才会清晰地显现出来。

然而，如果想要了解中国历史，尤其是各个朝代的历史脉络，并不是一件简单的事情。不过，人是历史的主宰，若能了解具有代表性的君王、后妃、名将、谋士等重要人物，那么就能轻松地理清各朝代的历史发展。

春秋战国时期，群雄争霸，百家争鸣，史书翻开了新的一页。不管是春秋霸主齐桓公，还是卧薪尝胆的越王勾践，为了各自的霸业都在不懈地努力着……

两汉时期虽已成为历史，但其对后代的影响，却随着车轮的滚动越发清晰。品读两汉时期十八位杰出帝王的丰功伟绩，体会他们的治国才略与经典人生。

自古以来，帝王需要名将辅佐、谋士的相助，方能成就霸业；而名将与谋士，也需要帝王的慧眼识珠，才能发挥所长，功成名就。在三国这个纷乱的时代，这十二位名将与十二位谋士具有怎样的传奇经历？

三国两晋时期的美女都带有当时战乱割据的特点，貂蝉成了连环计的主角，西施成就了夫差的美名。似乎每个美女都有一段可歌可泣的传奇故事，似乎每一段传奇都由一位美女所铸成。且看这十二美女的人生经历与内心的悲欢离合。

唐朝是我国历史的巅峰时期，开创了中国历史的新纪元。在唐朝三百年的统治时期，出现了多位杰出的帝王，让我们穿越时光，走进斑斓的岁月，去品味帝王的传奇经历。

宋朝是一个经济富饶、文化繁荣的时代。回首两宋十六帝的传奇人生，感受宋朝皇宫中的雄浑质朴之风、智谋天下之术……

有人说明朝是最为黑暗的时代，也有人说它是捉摸不定的时代。不妨将明朝皇帝请出来，让他们为你"讲述"当时的历史剧目……

清朝十二帝与清朝十二后妃的人生经历，展现了作为皇帝的治国经略，作为后妃的悲欢离合，同时也显示了清朝荣华兴衰的发展。从他们的身上，你可以看到人生的辉煌，也能够看到人性的阴暗……

本丛书共分为《春秋战国十君王》《两汉十八帝》《三国十二名将》《三国十二谋士》《三国两晋十二美女》《大唐二十帝》《两宋十六帝》《明朝十二帝》与《清朝十二后妃》九册，详细地讲述了发生在那个年代的故事……

目　录

第三章　流亡归来的王者——晋文公 …………………… 49

第一章

精权谋、懂外交的政治家——郑庄公

国王档案

☆姓名：郑庄公

☆政权：郑国

☆出生日期：公元前 757 年

☆逝世日期：公元前 701 年

☆配偶：雍姞

☆子女：11 个儿子

☆在位：43 年

☆继承人：郑昭公

☆谥号：庄公

☆生平简历：

公元前 757 年，郑庄公出生，取名为寤生。

公元前 754 年，弟弟叔段出生。

公元前 743 年，郑武公因病去世，寤生继位，史称郑庄公，时年 13 岁。同年，在母亲武姜的要求下，郑庄公将京（今郑州市荥阳东南）封给弟弟叔段。

公元前 722 年，成功平定弟弟叔段的叛乱。

公元前 714 年，北戎部落乘中原诸侯国连年混战之机侵犯郑国，郑庄公亲自率军抵御。

公元前 701 年，郑庄公去世。

人物简评

在春秋时期，郑庄公可谓是郑国历史上最有作为的一位国君，同时也是春秋早年中原地区最有影响力的诸侯之一。他通过各种手段让在西周末年才刚刚建立的小小郑国，在春秋初年就率先崛起，"小霸"天下。郑庄公是一个善于谋略，同时又是一个具有战略眼光、精于权谋、懂得各国外交的政治家。他过人的政治才能，也是他在春秋列国争斗中能够"小霸"中原的重要原因。

生平故事

因难产而不被母亲喜爱

在春秋时期，有一个孩子从出生就得不到母亲喜爱，他从来没有感受到过母爱，他就是郑庄公。中国古代的立嗣制度是从夏商开始的，之前是没有明确规定的，因此就出现了商朝前期的"九王夺嫡"事件，一直到盘庚继位，才缓解了这种矛盾。

中国最终确立由嫡长子继承君位制度是从商朝的末年开始的，随着时间的推移，这种制度就成了中国古代比较广泛的继承制度。

既然制度是人设立的，那么人也可以根据自己的意愿废掉它。有时候，有的嫡长子并非是继承者最佳人选，而有的当权者不怎么喜欢自己的嫡长子。

郑武公十四年（前757），郑武公姬掘突的长子姬寤生出生了。武姜在生姬寤生的时候遇到了难产，因为是第一次生产，加上对生孩子充满恐惧，所以当孩子的脚先出来时，武姜被吓坏了。

就是因为这个原因，孩子刚刚降临人世，他的母亲武姜就不是很喜欢他，甚至可以说是讨厌他，还给他取了"寤生"这样一个名字。

又过了三年，武姜的次子姬叔段出生了，这一次的生产非常顺利，并且姬叔段生得十分俊俏，每个看到他的人都会喜欢上他，作为母亲的姜武对这个儿子也是十分宠爱。武姜曾多次向郑武公谏言废长立幼，但是都没有得到准许。公元前744年，伴随着郑武公的病逝，寤生顺利登上王位，而姬叔段则被称为"共叔段"。

平定弟弟共叔段的叛乱

寤生即位之后，母亲姜氏更加心怀不满，总是想尽办法来壮大弟弟共叔段的势力，以便让他取代郑庄公。姜氏对这个难产而出的儿子没有一点疼惜之情，在郑庄公即位之后，她先是替共叔段请求将制邑（今郑州上街）作为封地，郑庄公没有同意。随后姜氏又请郑庄公把共叔段调到京襄城（今荥阳），郑庄公同意了。共叔段来到京襄之后，号称"京城太叔"，开始在暗地里招兵买马，修筑城墙，准备谋反。卿士祭仲发现之后，将这个情况告诉了郑庄公，郑庄公说："只要我母亲愿意，又有什么关系呢。"祭仲说："武姜没有满足的时候，不如早点将他们安置到一个合适的地方，不然就难以对付了。"郑庄公说："多行不义必自毙。你等着瞧吧！"于是郑庄公就没有理会母亲和弟弟的行动。

郑庄公的一次次退让，促使共叔段篡国称君的野心更加肆无忌惮。不久，共叔段就命令西部和北部边境同时听命于自己，接着又把京邑附近的两座小城划为了自己的管辖范围。大夫公子吕对郑庄公说："一个国家不能同时听命于两个国君，大王到底有何打算？如果您想要把君位让给太叔，微臣马上就去侍奉他；如果不让，就请马上将他除掉，不要让老百姓生二心。"郑庄公则不温不火地说："用不着除掉他，没有了正义，注定得不到民心，他迟早会自取其祸。"

郑庄公二十二年（前722），共叔段认为时机已经成熟，就与母亲商定了谋反的日期，武姜作出决定后就给共叔段回信，让他立刻起兵，自己作为内应。这个时候，郑庄公早就发现了两人的隐情，半路上截获了他们的密信。拿到证据之后，郑庄公马上派公孙吕率领二百辆兵车包围了京襄城，共叔段措手不及仓皇逃到了鄢陵，又被郑庄公追杀而被迫逃到共城（今河南辉县）后自杀。这场家族内乱最终得以平息。郑庄公"克段于鄢"，成功地处理了内政方面的问题，实现了国家的统一，也为以后争霸中原奠定了基础。

以双重身份治国

郑庄公是郑国的第三代国君，他的祖父郑桓公是周宣王的弟弟，受封于郑（今陕西华县东），周幽王的时候曾经担任司徒，在西周末年骊山之难的时候曾经为了保护周幽王，而被犬戎杀死在战场上。他的父亲郑武公也曾在平定犬戎之乱、迎立周平王及护驾周平王东迁的时候立下了汗马功劳，被封为周朝卿士，其间兼并郐（今河南新密东南）和东虢（今河南荥阳东北），建立了郑国，并设立关卡，修建城墙，郑国从此逐渐强大。郑庄公继位后，依然沿袭了周卿士的职务，但他把主要精力用在了主持本国国事上。

周平王迁都洛阳后，周王室就逐渐衰弱，而诸侯国却逐渐地强大起来，郑庄公当时是周朝卿士和诸侯国君，他以这样的双重身份开始在政治舞台上活跃起来，在当时的社会情况下，他的智谋和权术对社会政治趋势的演变起了一定的促进作用。周朝遭受犬戎之乱，迁都洛阳后，已经不能自保了，只好依靠诸侯国的救护，失去了往日的宏伟气魄和强大的威望。犬戎之乱让人们的思想得到解放，破除以往人们心中对周朝的敬仰，向社会表现出了礼仪制度的虚弱和权力的重要。

郑庄公虽然担任着周朝卿士，却无暇顾及，只是集中精力发展郑国，因此如何对待周天子也是郑庄公所面临的一个棘手问题。因为作为周朝卿士，本应该尽忠于周王室，他可是诸侯们瞩目和敬重的人物，但他却要发展自己的国家，进而兼并、扩张，这本身就破坏了周朝的稳定局面；更何况他还想凭借自己的实力，号召列国，这必然与周王室之间产生不可调和的矛盾。他充当着卿士这个角色，但不履行卿士的职责，这种矛盾的心态和处境使得他对周天子采取的是既靠近又打击的手段。当周王室对他的发展和自由进行限制时，他就采取打击的手段；如果这种打击在一定程度上满足了自己的需要时，他就亲近王室。打击王室的目的是抵制王室对自己的限制，向列国展示自己的威望；亲近王室的目的是要保护自己的卿士身份，或维持自己对其他诸侯国的号召力。为了预防国内出现叛乱的局面，他很长时间都不去周朝供职，但听到周平王想分政给虢公时，就立即驾车入周，可见他虽然身在郑国，但周朝中任何的风吹草动他都在密切关注，他经营郑国，同时还不想放弃周政。他将太子交给周平王，既可以亲近王室，又让太子对他感恩，还可以加害于太子，进而成为打击王室的一种手段。

在当时的社会背景下，要想依靠周室号召列国，在政治上做一些改变，那是绝对不可能的，自己必须要有实力才行。在这种情况下，郑庄公决定集中精力发展郑国，甚至与周天子翻脸都坚决不动摇。

郑庄公的父亲郑武公担任的是王室卿士，主持王政。郑武公死后，庄公即位，继续主持周室政务。但是，他因弟弟共叔段一直觊觎君位，为此郑庄公不敢离开郑国前往王室理政，于是，周平王就想让虢公来分掌郑庄公的一些职权，但又不敢向郑庄公开口。共叔段事件平息后，郑庄公的忧虑也就没有了，于是开始主持王政。发现了周平王的意图，他十分生气，就责问周平王，周平王坚决否认道："从未有过此事！"郑庄公还是不相信，最后双方协商好交换人质，于是就将周平王之子王子狐送到郑国去做人质，郑庄公之子公子忽送到周室做人质。这种君臣交质的现象是前所未有的，可谓天子与诸侯成了平等的并列地位。

周郑交质不久后，周平王就病逝了，周桓王继承了周平王之位。周桓王这个人非常有个性，不像周平王那样软弱，刚刚即位就让虢公做王室卿士，接替郑庄公的职位，以杜绝郑庄公专权。郑庄公十分恼火，鲁隐公三年（前720），他派人收割了周室温地的麦子，同年秋天又收割了洛邑东的庄稼。这样，郑国与周王室之间的关系更加紧张了。事后郑庄公感觉自己的这种做法有些不妥，虽说周室衰微，但名义上还是天下的共主，号令天下还是有一定的优势。如果与天子关系破裂，失去王室中的卿士职务，那么称雄诸侯的一个有利条件也就失去了，所以必须缓和他们之间的关系。在割麦事件 3 年后，郑庄公亲自去王都朝拜周桓王，但周桓王不肯原谅郑庄公，就没有礼遇。两年之后，周桓王将虢公任命为右卿士，郑庄公做左卿士，让两人共同管理王政。对此，郑庄公十分不满，私下同鲁国交换禾田，进行回报。郑国的禾田与鲁国靠近，是周天子赐给郑国助祭泰山的封邑。按照周制，天子所赐的田是不可以自作主张进行交换的，郑庄公私下与鲁国进行交换禾田的做法，是表示轻视周桓王，以报复周桓王对自己的无礼和削权。之后，周桓王就免去了郑庄公王室的职务。

结盟宋卫　大败戎敌

郑庄公为了扩大郑国的实力，不断地发起对他国的战争。郑庄公二十七年（前717）五月十一日，郑庄公率军入侵陈国，大获全胜。郑庄公曾经请求与陈国讲和，陈桓公没有答应。于是郑庄公去了周国的国都，第一次朝见了周桓王。周桓王不加礼遇。当时辅佐周桓王的周公曾经劝谏周桓王说："我们周室东迁，依靠的是晋国和郑国，应该友好地对待郑国，这样才能鼓励后来的人。如果不加以礼遇，郑国恐怕不会再来了。"不过郑庄公似乎并没有对周桓王的无礼表示愤怒，也没有因此和周桓王结怨，他像什么事都没发生一样，在隐公八年（前715）八月某一天，带着齐国人再次朝觐周桓王。隐公七年（前716）的时候，郑国的公子忽在周桓王那里做人质，陈桓公曾经请求把女儿嫁给他。郑庄公出于政治的考虑，就为公子忽订了婚。郑庄公二十八年（前715），郑庄公请求免除对泰山的祭祀而改为祭祀周公，并用泰山旁边的祊地（古邑名，在今山东费县西南）交换了鲁国在许地的土田。三月，郑庄公派遣宛来致送祊地，并表示不再祭祀泰山了。同年在齐国的调解之下，郑庄公与宋、卫两国抛开了在东门一战中的旧怨讲和。秋季，几国在温地会见，在瓦屋结盟。

郑庄公三十年（前714）冬天，北戎人侵略郑国。郑庄公亲自率领大军进行抵抗，但是又担心戎军力量强大，就把公子突召来，说道："他们是步兵，我们用的是战车，我很担心他们会从后边突然绕到我军的前面来偷袭我们。"公子突听完之后，建议说："我方可以派遣一些勇敢而不刚毅的兵士，让他们刚与敌人接触就赶紧退走，君王就设下三批伏兵埋伏在那里。戎人都十分勇猛，但是军纪较差，贪婪而不团结，如果打赢了，每个人都争着领战功；如果打输了，则各自不相救。这些士兵，特别是走在队伍前面的士兵，一旦看到财物，就会一心想着占有。如果在前进的过程中，遇到伏兵必然会赶快奔逃。走在后面的人如果不去救援，敌兵就没有后继者了。这样我们就可以获得胜利了。"郑庄公听从了公子突的意见。同年十一月二十六日，郑人把戎军打得大败而逃。

假命伐宋

郑庄公在发展郑国时，首先遇到的问题就是地理条件的制约。郑国位于四战之地，南有蛮楚、北有强晋、西有东周，郑国没法与这些国家争夺，唯一的办法就是向东发展。而东邻卫、曹、鲁、宋、陈、蔡诸国中，宋国国大爵尊，在东方这些小国中有一定的号召力，这是郑国向东发展的一大障碍。面对这些情况，郑庄公将向东攻击的第一个目标定为宋国，在当时情况下这是最佳战略。

周桓王六年（前714），宋殇公拒绝朝见周桓王。当时郑庄公正在担任周桓王的卿士，于是以天子的名义派兵讨伐他。郑国就这样顺理成章地开始进攻宋国。同时宋国还得罪了鲁隐公。鲁隐公发怒，断绝了与宋国的来往。到了同年冬，鲁隐公与齐僖公在防地（今山东成武县东）会面，一起策划进攻宋国。紧接着鲁隐公十年（前713）春季，鲁隐公在中丘与齐僖公、郑庄公会面。同年二月二十五日，三国在邓地结盟，商讨了出兵日期。到了五月，羽父事先与齐僖公、郑庄公会和，进攻宋国。六月某一天，鲁隐公在老桃与齐僖公、郑庄公相见。初七日，鲁隐公大败宋军于菅地。十五日，郑国军队成功攻下郜地（今山东成武县东南），随后把郜地送给了鲁国。二十五日，郑国军队成功攻破防地，随后又把防地送给了鲁国。

为了战胜宋国，郑庄公对宋国发起进攻是按照严谨的步骤进行的。首先，他先与齐、鲁建立稳定的同盟关系。齐、鲁位于宋国的东北部，与齐、鲁建立了友好的同盟关系，也就是对宋的牵制和包围。郑庄公与齐、鲁二君进行了多次约见，在攻打得到宋国的部、防二邑后就送给了鲁国，这些都是为了维护三国之间的同盟关系。其次，假借王命伐宋，号召列国。郑国因为是刚起的小国，在诸侯国中没有多大的威望，但郑庄公是周朝卿士，于是他宣称宋公久缺朝贡，以卿士的身份，接受王命率兵讨伐。郑国利用这个方法联合很多的国家，并且对宋国造成巨大的舆论压力，事后那些没有跟随出兵的许、郧（今山东宁阳东北）小国被给予"抗命"的罪名予以教训，许国还差点被灭掉。再次，扶植宋国内部的反对势力。宋国前国君的儿子公子冯投奔郑国，为此宋国曾出兵讨伐，郑庄公采取措施极力保护公子冯，而且厚待公子冯。之后，宋国发生了一次内乱，宋国人就想将公子冯立为新君，公子冯回国之前，与郑庄公告别时，表示自己回到宋国后，"当世为陪臣，不敢二心"。

郑庄公在位期间，假命伐宋确实取得了对宋国的胜利，但郑国一直没有吞并宋国的强大实力，这种和平胜利也是郑国攻打宋国所能取得胜利的唯一的一种形式。出现这种状况与郑国所处的地理环境有着很大的关系，即使郑国吞并了宋国，郑国周围的大国也绝对不会让它发展强大起来，一定会对郑国进行武装干涉。事实上，在春秋中后期的时候，南北大国为了争霸天下正不断地进行武力斗争，而郑国夹在争霸中间，常常难以自保，北晋南楚都担心对方将自己吞并或伤害自己，南北大国需要一个能够缓冲的地带，因而郑国成为了南北大国的屏障，但它们还要攻击对方、示威天下，因此郑国就成了它们的用兵之地。郑庄公之后的几位国君在位期间，经常是朝晋暮楚，这主要是由地理环境而导致的，这也是郑庄公根本没有预料到的。

郑庄公三十一年（前713）七月初五日，郑国的军队进入到了本国的远郊，并在那里停留。宋军、卫军趁此机会对郑国发起了进攻，为了成功攻破戴地与蔡军联合。蔡军随后进攻戴地。八月初八日，郑庄公成功包围戴地。最终因为三支军队发生了分歧而宣告失败。初九日，郑庄公成功攻克戴地，俘虏了三国军队。

九月的一天，郑庄公率领大军继续对宋国发起进攻。冬季，齐军、郑军进入郕国，这是讨伐郕国违背天子的命令。

鲁隐公十一年（前712）夏季，鲁隐公和郑庄公在郲地相会，并共同策划准备对许国发起进攻。郑庄公在准备进攻许国之后，于五月十四日，在太庙内发放武器。七月，鲁隐公与齐僖公、郑庄公会合，一起进攻许国。初一日，三军联合攻打许城。后来郑国的军队全部登上了许城的城墙。初三日，三军又成功占领许国。许庄公逃亡到卫国。

齐僖公将攻下的许国让给了鲁隐公。鲁隐公说："君王称许国不交纳贡品，因此寡人才追随君王对它进行讨伐，如今许国已经认罪，虽然君王有这样的好意，我也不敢参与这件事。"于是他就把许国领土送给了郑庄公。

郑庄公让许国的大夫百里侍奉许叔住在了许都的东部边邑，对他说："上天要降灾祸给许国，鬼神也对许国的君主十分不满，所以借助我的手来对他进行惩罚。而我手下有几个同姓的臣子，尚且不能齐心协力，哪里还敢将打败许国作为自己的功劳呢？我有个兄弟，不能和气地共同过日子，而让他四处去乞讨，难道这样的我还有资格长期占有许国吗？您应当侍奉许叔来安抚这里的百姓，我也准备让公孙获帮助您。如果我得到了善终，上天可能会依照礼法撤回加在许国百姓身上的灾祸，让许公再来治理他的国家。到那时候，一旦郑国对许国有所请求，可能就会像对待老亲戚那样，降低要求而同意的。不要让别国来占领这个地方，与我郑国争夺这块土地。我的子孙挽救本国的危机还来不及呢，难道还有精力代替许国敬祭祖先吗？我让你留在这里，不仅为了许国，也是为了巩固我的疆土。"所以公孙获就住在了许城的西部边境。

在这场战争中，颍考叔因为与子都抢功而被射死。胜利之后，郑庄公让一百名士兵拿着一头公猪，二十五人拿出一条狗和一只鸡，来诅咒射死颍考叔的凶手。虽然这个举动受到了君子的责备，但是却看出了郑庄公对有才之士的爱护。郑国与息国因为在言论上有了冲突，息侯要进攻郑国。郑庄公与息侯在郑国的边界相遇，双方经过激烈的交战之后，息国的军队大败而回。冬季十月，郑庄公带领虢国的军队再次攻打宋国。十四日，宋国军队大败，郑庄公成功报复了宋国趁机攻打郑国之仇。

鲁桓公元年（前711）春季，鲁桓公即位，恢复了与郑国之间友好的外交关系。郑人请求重新对周公进行祭祀，并希望能够完成祊田的交换。鲁桓公答应了。三月，郑庄公用璧玉作为交易。夏季，四月初二日，鲁桓公和郑庄公在越地结盟，这次结盟为了祊田的交换表示友好，并且发誓说："如果违背盟约，就不能享有国家。"冬季，郑庄公来到了鲁国拜谢结盟。鲁桓公二年（前710）春季，宋卿华父督与孔氏发生争斗，杀死了孔父嘉并强占了他的妻子。宋殇公大怒，华父督担心宋殇公会惩罚自己，随即杀死了殇公，宋国内部大乱。获悉这个消息的郑庄公立刻与鲁桓公、齐僖公、陈桓公在稷地会见，共同商讨平定宋国的内乱。

宋殇公即位以来，十年之中发生了十一次战争，百姓苦不堪言。当时孔父嘉做司马，华父督当太宰，两人之间本就有矛盾。华父督因为百姓叫苦连天，担心百姓会造反，就先到处散播谣言，指责一切都是司马造成的。不久就将孔父嘉与殇公杀死。同时他还将郜国的大鼎送给了桓公，对齐、陈、郑诸国也送了相应的珍宝财物，所以这件事就不了了之了，华父督很快就当上了宋国的宰相。而其他各国因为也接受了华父督的贿赂，就对建立起来的华氏政权也表示了支持。

葛繻之战

鲁桓公五年（前707）夏季，齐僖公、郑庄公一起去拜访纪国，想要乘机对纪国发起进攻，被纪国人发觉。周桓王夺去了郑庄公的政权，郑庄公也不再朝见周桓王。秋季，周桓王率领周军及陈国、蔡国、虢国、卫国四国的军队出击郑国。郑庄公在葛繻（今河南长葛县北）率大夫祭仲、商渠弥等摆阵御敌。当时周代作战的习惯是，将军队分为左中右三军，主帅将是中军主力，左右军是掩护和配合。当时周桓王亲自率领中军主力。虢公林率领的是右军，由虢、蔡、卫三国的军队组成。周公黑肩率领的是左军，由陈国军队组成。三军成一字形摆开，呈"鸟阵雁行"朝郑国攻去。郑国的公子元建议郑庄公可以用左方阵来应对蔡军和卫军，用右方阵来与陈军相抗衡。公子元分析说："陈国动乱，百姓战斗意志不强，如果先对陈军发起进攻，陈军必定奔逃。而周天子的军队看到这种情形，军中也会发生内乱。蔡国和卫国的军队支撑不住，也必然争先奔逃。这个时候我们就可以集中力量来对付周天子的中军了，而我们也可以获得成功。"

郑庄公听完公子元的建议觉得很有道理，就采用了公子元的方案。郑庄公派曼伯担任右方阵的指挥，派祭仲足担任左方阵的指挥，而大将原繁、高渠弥等人率领中军负责保护郑庄公的安全。郑国的军队摆出了一种叫作"鱼丽"的阵势，前有偏，后有伍，伍可以弥补偏的空隙。双方在繻葛展开了激战。郑庄公命令左右两边方阵说："大旗一挥，就击鼓进军。"郑国的军队刚一发起进攻，蔡、卫、陈国的军队就四处溃逃，周军军中也发生了混乱。郑国的军队从两边一起合拢，对周国的军队发起了进攻，周军最终大败。祝聃射中了周桓王的肩膀，周桓王依然可以指挥军队。祝聃向郑庄公请求前去追赶，郑庄公说："君子不希望欺人太甚，更何况是天子呢？我们现在要做的只要能挽救自己，让国家免于危难就可以了。"到了晚上，郑庄公还派遣祭仲足去对周桓王表示慰问，同时也问候他的左右随从。

葛繻之战，使得周天子的威信大大下降，郑庄公的威望增强，也拉开了诸侯争霸的序幕。此后，宋、卫、陈等国都来求和。当时，郑国成了中原地带最强盛的诸侯国。公元前701年，郑庄公与齐、卫、宋等大国诸侯结盟，显然郑国已成为了诸侯霸主。

料敌制胜

郑庄公能够让郑国成为春秋五霸之一，是有一定原因的。首先他在发展郑国时，采取的是既攻打又亲近的政策。然而，他运用的这种策略，使得周王室在各诸侯心中的形象和地位大大降低，同时也降低了他利用卿士身份号召列国的有效性。这种现象的出现是郑庄公能够预料到的，但也是无法避免的。郑庄公率领军队袭击戴城，击败宋、卫、蔡三国联军后，举办了一次隆重的庆祝会，庆祝会上他自信满满地问大臣："寡人赖天地祖宗之灵，诸卿之力，战则必胜，威加上公，于古之方伯如何？"方伯，就是一方之长，是古代诸侯中的领袖之称。郑庄公的这番话，表现出了他的志向，也表达了他这一生所要追求的目标。为了实现自己的这种志向和目标，郑庄公付出了极大的努力。

在政治斗争中，郑庄公的足智多谋、善于交际，使得他在斗争中一直处于不败之地。他常常能够预料到事情的发展趋势，从而制定出应对的策略。就像郑庄公的弟弟共叔段与母亲姜氏狼狈为奸谋图作乱时，手下大臣劝他应该当机立断，及时进行制裁。当时郑国大夫祭仲对郑庄公说："一个国家的都城之外的城邑不可超过百雉，否则就会造成祸害。根据祖上的制度，最大城邑不能超过国都的三分之一，中等城邑不能超过国都的五分之一，小城邑只能是国都的九分之一。而现在京襄已经违反了这种制度，日后一定会对国君形成威胁。"郑庄公说："母后姜氏十分宠爱弟弟，我也没有办法。"祭仲说："姜氏偏爱少子，要想满足段的需求，那可是无止境的，不如先下手为强，提前制止祸根的蔓延，一旦蔓延开来了可就很难对付了。野草蔓延都不容易铲除，这可比野草蔓延严重多了。"郑庄公说："多行不义必自毙，着急不得，耐心等待时机的到来。"没过多久，共叔段与西北边境地区暗中勾结，准备背叛国君，自己管辖所在区域及周围。公子吕来劝谏郑庄公，郑庄公依然不为所动，只是认为弟弟自然会受到惩罚的。接着，共叔段就公开将那些地区划入了自己的领地。公子吕说："时机到了，可以动手了。如果现在再不制止，百姓可就归附他了。"郑庄公说："不急，他不忠不义，百姓不会归附他的，他发展到一定程度的时候，必然完蛋。"

共叔段的领地逐渐扩大，他开始修城屯粮，制造一些武器，还准备好了步兵战车，企图攻击都城夺取君位。母亲姜氏暗中做内应，为共叔段开启城门。郑庄公得知他们的约定日期后，说："时机到了，该动手了。"其实，郑庄公早已预料到了事情发展的最终结果。后来，郑庄公与共叔段进行对抗，因共叔段一直在京城（今河南荥阳市东南）作乱，祸害百姓，使得百姓对他的行为早已不满，段逃跑到共城（今河南辉县），在兵败后自杀了。庄公继续追击，段的儿子逃到卫国，卫桓公惧而谢罪。有一次，郑庄公听说卫公子州吁杀死卫桓公而自立为君的消息后，不禁长叹道："吾国行且被兵矣！"群臣问他为什么这么说，郑庄公回答说："州吁素好弄兵，今既行篡逆，必以兵威逞志。郑卫素有嫌隙，其试兵必先及郑，宜预备之。"州吁为君后为了在邻国树立自己的威望，以挟制国人，联合宋、鲁、陈、蔡四国，组成五国联军，共甲车一千三百乘（每乘约计三十人），把郑国的东门包围得水泄不通，形势十分严峻。

郑庄公召集群臣问计，有的坚持奋力抗战，有的主张和谈，观点不一。郑庄公笑着说道："诸君皆非良策也。州吁新行篡逆，未得民心，故托言旧怨，借兵四国，欲立威以压众耳。鲁公子翚贪卫之略，事不由君，陈蔡与郑无仇，皆无必战之意。只有宋国忌公子冯在郑，实心协助。吾将公子冯出居长葛，宋兵必移。再令子封引徒兵五百，出东门单搦卫战，诈败而走。州吁有战胜之名，其志已得，国事未定，岂能久留军中，其归必速。吾闻卫大夫石碏，大有忠心，不久卫将有内变，州吁自顾不暇，安能害我乎？"

面对这五国的包围，郑庄公首先分析了这五个国家各自出兵的目的和动机，分析的结果是认为只需要对付宋卫二国，然后策划好了两项退兵的方法，一项是将公子冯移居到长葛，来引开宋兵；另一项是以诈败的形式制造卫国战胜之名，让卫国迅速撤回。郑庄公运用自己的聪明才智，在这次战争中既没有真正出战，也没有乞和，他的两项策略破除了五国联军的围攻，破除了国家的危难。他预料到州吁掌权的卫国一定会发生内变，果然后来卫石碏杀了州吁及其跟随的人。郑庄公分析的五国联军的情况以及采取的应对策略，充分体现了他敏锐的洞察力和丰富的政治斗争经验。郑庄公假命伐宋时，宋国与卫国联合攻击郑国，宋将孔父嘉得知郑庄公正准备离开宋国返回郑国的消息时，担心自己腹背受敌，于是准备从戴国返回宋国，戴人以为宋国是来攻击自己，不肯打开城门，两家攻守对抗、相持不下。

郑庄公听闻此讯后，笑着说："吾固知二国无能为也！然孔父嘉不知兵，焉有自救而复迁怒者？吾当以计取之。"当即就下令四将受计，秘密向戴城出发。郑国将领公子吕假称率兵救戴，郑庄公藏在军中，等戴国打开城门后，郑军进入后立即就将戴君逐出城，侵占了戴城。之后，郑国的其余三位将领从城外包围了宋、卫的兵马，几乎全部灭掉了宋、卫的军队。这次战斗中，郑庄公的巧妙策略，获得了很大的成功，同时使得郑国的威望增强。

郑国这个小国，在郑庄公的治理下，能够在列国逞威一时，主要是因为郑庄公有两个法宝：一个是妙计制敌，一个是外交胜利。然而这两个法宝的运用需要一定的智谋和料事能力，这正是郑庄公本人所具有的。郑庄公一生从未打过败仗，在历史上也是非常罕见的。郑庄公晚年击败王师的时候，周桓王准备下令四方，一同讨伐郑庄公之罪，虢国林父劝谏说："诸侯自陈、卫、蔡三国而外，莫非郑党。"认为其他国家根本不可能放弃郑国而附周，由此可见郑庄公的外交是多么的成功。

郑庄公善于料事和智谋，但是一件关系郑国长治久安的事情他预料到了却无法应付。郑庄公的世子为忽，他最宠爱的儿子突非常有才智，而且还很不愿意安居人下，为了维护郑国的局势，他忍痛让突出居于宋，他早已想到这样的安排也不会消除突对郑国政局的威胁，临死前他还哀叹道："郑国自此多事矣！"这种哀叹反映了他已经预料到了身后内乱以及对这种预察结果的无法应对。

无欲之下的欲望

除了善于使用政策之外，郑庄公还富于智谋，同时还会隐藏自己的真实情感，表达出的想法与他内心真正的想法截然相反，过多的智谋使他逐渐开始欺诈他人。例如，面对弟弟段的叛逆，郑庄公一心想要除掉他，但平时却对他纵容不咎，姑息养奸，等到段罪恶极大时再彻底铲除，以堵上国人和母亲之口；他很久都不入周朝，明明是在关注着段的一举一动，准备瞄准时机灭掉段，而当大臣建议制裁段时，他却装作不明白，对大臣说："段乃姜氏之爱子，寡人之爱弟，寡人宁可失地，岂可伤兄弟之情，拂国母之意乎？"为了让段反叛，他故意设局，假传自己要前往周朝面君辅政，姜氏听到这个消息后非常高兴，立即就写了一封密信给段，与段约定起兵攻击郑国，郑庄公则派人从途中截取了这封密信，看过之后密封，又另派人装作是姜氏所派之人，送信给段并索取回信。段率领军队攻击郑国，立马进入了郑庄公设置好的罗网。当段逃到共城自杀后，郑庄公抚摸着段的尸体大哭道："痴儿何至如此！"好像这种结局并不是他所希望的。

周桓王即位后，就让郑庄公离周回国，因此他一直怨恨周桓王，可见他还是很留恋周室的职位，但当之前他听到周平王想让虢公接替自己的职务时，立马就去周王面前请辞，并且还很认真地跟周平王讲："夫政者，王之政也，非臣一家之政也。用人之柄，王自操之。"他想到虢公当时一定不敢替代自己，而周平王也不会舍弃自己，他之所以请辞，一方面是想考察周王的反应，一方面是要表明自己在周室中的不可替代性。

郑庄公假命伐宋就是对世人的一次欺诈。他出兵宋国明明是为了实现自己的战略目标，但他却假借王命，好似自己是在忠于周王的命令。战后他的做法让两国对他刮目相看。之后，郑庄公又联合齐、鲁伐许，取得胜利后，齐公提议将许国土地给鲁国，鲁公坚持不接受，齐公又提议给郑国，郑庄公想要但是看到齐、鲁两国都互相推让，他也就假作推让。恰巧此时许国大夫带着许君幼弟进前叩首乞哀，请求一块安置许君祖宗庙祀的地方，齐、鲁两国都表现出怜悯之意，在这种情况下，郑庄公迫于无奈，说道："寡人本迫于王命，从君过罪，若利其土地，非义举也。"还提出为许复国，尽管许大夫表示没有这样的奢望，但郑庄公还是表示："吾之复许，乃真心也。恐叔年幼，不任国事，寡人当遣人相助。"于是许国被分成了东西两半，东边由新君居之，西边由郑国派大夫驻守，名义上是相助许国，实际上是监守。齐、鲁二君没明白郑庄公其中的道理，认为此事处理得比较妥当，还称赞郑庄公善良呢。郑庄公利用很多的诈术将自己塑造成一个无求无欲的人物，无欲掩盖之下是极大的内心追求。

礼贤下士的精神

善于处理与部下的关系，也是郑庄公成功的一个重要原因。郑庄公在处理自己和部下的关系时，首先，他很尊重部下提出的意见，遇到某个重大问题，郑庄公一般都有自己的想法，但每次在作出决策之前他总要征求大臣们的意见，对于大臣们提出的主张，他认为合理的就采纳，如平段之叛和追滑至卫就是采纳了公子吕的意见，夺食于周和假命伐宋采纳的是祭足的意见，掘地见母和征讨许邺采纳的是颍考叔的意见，对抗王师并排阵取胜采纳的是公子元和高渠弥的意见等等。如果大臣们没有好的意见或来不及征求意见时，他才会按照自己的想法去办。如退五国联军、撤宋之围和分裂许国等，就都是依据他自己的想法处理的。郑庄公在位期间，郑国的民主气氛很浓，如追滑入卫、抢收周禾、计退联军和抵御王师等事件，处理之前都是经过大臣们的讨论，郑庄公的态度则是尽量从善。

其次，郑庄公还十分尊重部下的感情。郑国与齐国的石门之会上，齐公主动提出将自己的女儿嫁给郑国世子忽，郑庄公当时并没有答应，而是回国后征求忽的意见，忽推辞说："郑小齐大，大小不伦，孩儿不敢仰攀。"郑庄公劝儿子说，如果与齐国联姻，日后遇事还可以仰仗齐国，不应该推辞这桩婚事。忽回答："丈夫志在自立，岂可仰仗于婚姻耶？"郑庄公为儿子有这种志气而高兴，就不再强求这门亲事。

后来世子忽帮助齐国抗击北戎的侵扰获得胜利后，齐公委托郑国的副将高渠弥作为媒人，将自己的另一女儿嫁给忽，忽又推辞，他认为这是奉命救齐，只不过侥幸成功了，再娶齐国公主，会让人认为我是邀功求娶，这就不好了，因此他拒绝了这桩婚事。

忽回国后将此事告诉了郑庄公，郑庄公表示："吾儿能自立功业，不患无良姻也。"郑、齐联姻，从政治利益上来说有很大的好处，但由于世子忽本人的拒绝，郑庄公采取的是不干涉的态度，尊重儿子自己的意愿。公子吕病逝后，郑庄公想让高渠弥继任上卿职位，世子忽密谏道："渠弥贪而狠，非正人也，不可重任。"郑庄公同意了他的提议。郑庄公认为，现在提拔的人，就是世子日后要长期使用的人，如果违背世子的意愿，那么一定会给日后的君臣不和埋下祸端，于是他决定让祭足继任上卿。郑庄公临终的时候，召来祭足，商量说想让突继承他的君位，征求祭足的意见。祭足对郑庄公说，不能改变世子忽的地位，废嫡立庶，臣也不敢。

于是，郑庄公决定传位给世子，并使子突出居宋国。郑庄公认为，不管是谁继承自己的君位，都必须依靠祭足的扶立、辅政，如果祭足不同意的人即位，日后也难以上台；即使上台了，也必定长久不了。在继位这个问题上，郑庄公尊重顾命大臣的意见是十分明智的选择。

再次，郑庄公总是频繁地给予部下嘉奖，不断地鼓励部下。祭足为他策划了一整套的假命伐宋政策后，他当面表示："卿之谋事，可谓万全。"之后他又拍着祭足的肩说："卿真智士也！寡人一一听卿而行。"上卿公子吕病逝后，他哀痛道："子封不禄，吾失右臂矣！"于是，厚待公子吕的全家，还封公子吕的弟弟公子元为大夫，他运用这种体恤死者的方法来鼓励生者。在抵御王师时，公子元提出了一套很好的战斗方案，庄公立即嘉奖道："卿料敌如指掌，吕不死矣！"及打败王师后，他赞赏公子元之功，在栎邑（今河南禹县）为公子元修筑一城，让公子元居守，作为郑国别都，并且奖赏了诸大夫。郑庄公在伐许之前，曾进行过选先锋比赛，胜出者有奖励。颍考叔胜出，郑庄公当即表彰："真虎臣也！当受此车为先锋。"郑庄公在奖励部下方面从来都不吝啬，也正是他的这种频繁的奖励，使得他的部下一直都是非常的积极主动。

然而有一次例外，就是抗击王师的战斗中，因为祝聃一箭射中周王左肩，才使得战斗取得胜利。但是奖励功臣时，却没有祝聃，祝聃当面就问郑庄公，庄公解释说："射王而禄其功，人将议我。"祝聃十分的怨恨，之后疽发于背而死。而在祝聃死后，郑庄公私下厚赐了祝聃的家人，并下令将祝聃厚葬。由此可以看出，郑庄公奖励制度的原则：第一是奖励具有频繁性、及时性和针对性；第二是对本国臣下主要是精神奖励、口头嘉奖为主，对他国之劳主要是以物质奖赏为主；第三是不奖励任何有消极后果的功绩。

郑庄公频繁地奖励部下，只是为了激励部下的进取心，对臣下发展个人势力的行为非常反感。有一次，世子忽对郑庄公讲："渠弥与子亹私通，往来甚密，其心不可测也。"子亹是郑庄公的另一个儿子，郑庄公听后，就立即召来了高渠弥并当面指责。郑庄公要求部下对他必须绝对的忠诚和袒露，否则，就会给予制裁和批评。

传统礼教的反叛者

郑庄公出身在世家贵族家庭，从小接受的就是传统礼教，但他对这种传统礼教十分不满，在春秋政治舞台上，他是第一个反叛礼教的人物。传统礼教认为：作为人子应该尽孝，作为臣子应该尽忠。这也是传统礼教的核心所在，而郑庄公在这两个方面都出现了叛逆。郑庄公对母亲姜氏偏爱弟弟段很是不满，于是在平息弟弟段的叛乱后，就命人将母亲送到颍地安置，并传话说："不及黄泉，无相见也！"不到黄泉，不再见面。意思是今生今世永不相见。郑庄公对母亲恨到了极点。

事后没多久，郑庄公就对说出的话又懊悔了，但君无戏言，又没有解决的办法。谏臣颍考叔得知郑庄公的心事后，就带着礼物前来贡献给郑庄公。郑庄公就留颍考叔吃饭，吃饭的时候颍考叔故意把肉留下。郑庄公就问他为什么不吃，颍考叔说："臣家中还有老母，从未吃过国君的食物，臣想带回去让老母尝尝。"郑庄公叹息道："你有老母可以孝敬，但我没有，有再好的食物也只有自己品尝。"颍考叔说："君何出此言？"郑庄公就把事情的全部经过都告诉了他，表示自己非常后悔。颍考叔说："这不必伤脑筋，你可以挖一条地道，深及泉水，你们母子就可以在地道中相见，也就没人会说您违背誓言了。"郑庄公听后十分高兴，立即就命人挖地道。郑庄公通过地道见到母亲后，克制不住内心的喜悦，歌唱道："地道之中，其乐融融。"出了地道，姜氏和歌："地道之外，心情畅快。"从此，他们的母子关系得以恢复。

在与周王的关系上，他更是偏离了传统礼教。除抢收周禾和假命伐宋之外，周、郑交质和射中周桓王左肩这两件事情对各诸侯国的震撼都很大，这也是周天子在战场上第一次败给了曾向自己纳贡称臣的诸侯国君，也让周天子蒙上了奇耻大辱，从此，周室对诸侯国之间的非礼行为也只能忍气吞声，而不敢再出来干涉。后来，齐、宋等四国出兵攻击卫国，周庄王本想出兵营救卫国，但朝中多数大臣表示反对，他们的理由是："王室自伐郑损威以后，号令不行，今齐……不可敌也。""伐郑之役，先王亲在军中，尚中祝聘之矢，至今两世，未能问罪，况四国之力，十倍于郑。"周朝君臣在周、郑交战这件事情之后，完全放弃了对各诸侯行为的干预。而有些诸侯国也因周王被射之事，公然看不起周王室，僭越礼仪。例如位于南方的楚君熊通，当时要求周桓王封他以王号，周桓王没有同意，熊通就对周桓王说："郑人射王肩，而王不能讨，是无罚也，无赏无罚，何以为王！"之后，熊通就自立为楚武王，周围的小国也公开遣使称贺，面对这一切周桓王没有一点办法。列国都敢藐视周王室，根源就在于郑庄公对周王室的叛逆行为，是他严重打击了周王室的威望与自信。

郑庄公胸怀大志，是一个不安于现状的人物。在传统礼教的束缚下，他觉得自己根本没法施展自己的能力，他想在广阔的政治舞台上尽情地显示自己的所有能力，要突破传统礼教对他个性的束缚和限制，因而要反叛礼教。然而，当时社会还是一个传统礼教意识非常浓厚的社会，他一个人所掌握的力量也是十分有限的，有些事情还是必须借助传统礼教的作用，才能达到想要的目的。比如，母亲姜氏曾让他把制邑（今河南荥阳市汜水镇，又名虎牢）封给段，可是制邑这个地方地势险要，之前就有大臣在此造反的先例，郑庄公不想将制邑封给段，于是对姜氏讲："制邑岩险著名，先王遗命，不许分封。"面对这样的事情，他只能打着先王的旗号，借助传统礼教必须遵守先王遗命的道理来达成自己的心愿；后来召集列国伐宋的时候，他假传周王之命，借助于"奉天讨罪"的传统礼教。在这种矛盾的处境中，他又不得不让步和屈服于传统礼教。例如他发誓不再与母亲相见，但过不久就后悔了，最后还是对母亲作了重新安置；他抢收周禾、射中王肩，事后都主动向周桓王谢罪道歉，以及没有奖励射中王肩的祝聃，充分显示出郑庄公反叛传统礼教并不是十分的彻底。在传统礼教上的让步和屈服，既是他实施的一种政治策略，又体现了他的一种思想境界。

善于用兵

郑庄公不仅善于纳谏，他还善于用兵。鲁隐公九年（前714）的北戎之战和鲁桓公五年（前707）的对周之战，郑庄公都是采纳公子突的建议，也因此获得了胜利。在《左传》这部善写战争的历史著作中，有春秋时期诸侯争霸的全部记载。郑庄公在政治舞台上活跃的这二十二年，《左传》中记载了这个时期很多的大小战争，其中郑国参战的就有十多次。除了几个诸侯国攻击郑国的几次战役没写结果，《左传》中记载的只要是郑庄公参加的战役，没有一次是失败的。如鲁隐公五年（前718），伐燕大败之；伐宋，攻进了宋的外城；"郑伯侵陈，大获"；九年，大败北戎；十年，大败宋师；十一年伐许，齐、鲁、郑联合用兵，也是郑兵率先登城；同年，"郑、息有违言（口舌之争），息侯伐郑，郑伯与战于竞，息师大败而还"；鲁桓公五年（前707）又大败王师。如此等等。对于郑庄公如何用兵，《左传》并没有记载，但通过上述的记载，可以看出郑国每次出兵都取得了胜利。尤其他当初面对共叔段叛乱时的沉着稳重，采用的诱敌深入、欲擒故纵的策略，都显示了郑庄公善于用兵。

郑国在经历了共叔段之乱后国内一直比较安定。祭仲、子封等大臣的尽心辅佐，为他出谋划策；太子和公子们也极力为国家出力，郑国的这种局面表明郑庄公领导有方，也说明他颇懂治国安邦之术，具有较高的领袖素质。

郑庄公在位四十五年，于公元前701年病逝。郑庄公生前一共有十一个儿子，分别是子忽、子突、子亹、子仪等。郑庄公去逝后，掌握朝政大权的祭仲拥立子忽继位，也就是后来的郑昭公。子突的母亲是宋国雍氏的女儿，她依靠宋国的帮助，让子突成功回国并得以即位，就是郑厉公。但是，其后，子忽、子突、子亹、子仪四子都在各自势力的帮助下，开始争抢王位，时间长达二十多年。直到公元前680年，郑厉公在争夺中获得了最后的胜利，王位才得以稳定。郑厉公也是一位十分有作为的君主，但是早年在外流亡多年，未能施展才能经营郑国的霸业。复位之后，他得到了施展才华的机会。当时，周王室刚好遇到内乱，周惠王当政，于是就有几位大臣勾结燕、卫军队准备讨伐周惠王，把周惠王赶出都城，拥立周惠王之叔王子颓为王。郑厉公收留了周惠王，并与虢公等人联合杀死了王子颓及其乱臣，拥周惠王回都城复位。郑厉公这次"勤王"，大大提高了他在诸侯间的威望。可惜不久，郑厉公便病死了。

郑庄公虽然一世英雄，但是也犯了两个重要的政治失误。一个就是在生前的时候没有对太子忽（即郑昭公）之位作出妥善的安排，从而导致自己一死，郑国马上陷入了昭公和厉公的内乱之中，让郑国形成了两君并立的混乱局面，为害甚久。另一重要失误就是重用高渠弥，这为郑国留下了严重后患。公元前695年，郑庄公任命高渠弥为卿，当时尚为太子的昭公极力反对，郑庄公没有听取太子的谏言，执意任用高渠弥作为大臣。到了昭公作为国君的时候，高渠弥担心昭公趁机杀了自己，于是趁着昭公出城打猎的机会，射杀昭公，并与权臣祭仲合谋改立昭公弟子亹为君，造成了郑国内乱的情况，郑国也就此由盛转衰。

第二章

不幸饿死的春秋霸主——齐桓公

国王档案

☆姓名：齐桓公

☆政权：齐国

☆出生日期：公元前716年

☆逝世日期：公元前643年

☆配偶：王姬、徐嬴、蔡姬

☆子女：6个儿子

☆在位：42年

☆继承人：公子无亏

☆谥号：桓公

☆生平简历：

公元前716年，小白出生，也就是后来的齐桓公。

公元前685年，公子小白即位为君，带领军队打败了公子纠，成为齐国国君，即齐桓公。

公元前679年，齐桓公完成统一霸业，成为春秋第一任霸主。

公元前681年，齐桓公曾经参加"北杏会盟"的宋国背叛盟约，齐桓公邀请陈、蔡二国联合出兵伐宋。

公元前679年，齐桓公又约集鲁、宋、郑、许、陈、卫、滑、滕等国在"鄄地会盟"。推举齐桓公为盟主，承认齐桓公的霸主地位。

公元前655年，周王室发生更改太子的事情，周惠王去世后，齐桓公联合鲁、卫、许、曹、宋、陈等国在洮会盟，立姬郑为周天子，史称周襄王。

公元前643年，齐桓公在内乱中饿死。

人物简评

他是春秋第一霸主，最后却落得个饿死的下场；他珍惜人才，任用曾经的敌人为一国之相；他一生显赫，是一个治国奇才；他整顿改革，使得齐国走向了富国强兵的道路，逐鹿中原，称霸天下；他晚年糊涂，亲任小人，最后却不得善终。他便是不幸饿死的春秋霸主——齐桓公小白。

生平故事

日夜兼程　抢占君位

到了齐襄公时期，齐国朝政混乱不堪。小白的师父鲍叔牙护着他逃到了莒国，而公子纠的师父管仲则护着他来到了鲁国。齐襄公十二年（前686），齐僖公之侄公孙无知将齐襄公杀害，自立为君。

第二年，雍林人又杀死了公孙无知。一时间齐国无君，朝廷上下一片混乱。而这时，最有资格做齐国国君的就是公子小白和公子纠。公子纠的母亲是鲁国人，鲁国自然成为公子纠强大的后盾，再加上管仲、召忽的辅佐，所以公子纠有着很大的夺位优势。而公子小白从小就和高傒交好，高傒是齐国的大贵族，自然齐国也是小白的得力外援，再加之鲍叔牙的帮助，小白倒是也有实力和公子纠相抗衡。

高傒听说雍林人杀死了公孙无知，于是便和人秘密商议将小白从莒国召回来。

鲁国也听说了公孙无知被杀的消息，于是也派兵护送小白的哥哥公子纠返回齐国，随后还派遣管仲带领一队人马堵截从莒国赶来的公子小白，管仲远远看到公子小白骑马经过，便一箭射中了小白的带钩。

小白便将计就计，倒地装死，管仲让人将这一消息告诉给鲁国。鲁国国君也就不再急着让公子纠赶路回国了。其后，公子纠花费了6天的时间才回到了齐国。

而公子小白日夜兼程，早就到达齐国了，高傒立他为国君，史称"齐桓公"。鲁国迟了一步，最后落得败局。

不计前嫌　重用管仲

鲍叔牙和管仲曾是一对好朋友，一起做过生意，也一起打过仗。齐国发生内乱之后，公子小白和公子纠两人为了争夺王位开始明争暗斗。鲍叔牙是公子小白的师父，而管仲则是公子纠的师父。内战开始，这对无话不谈的好朋友也就成了政治上的对敌，各为其主，帮着自己的主子出谋划策。管仲为了帮助公子纠夺得王位，差点一箭要了公子小白的命。后来，在鲍叔牙的帮助下，公子小白登上了齐国国君的宝座。而管仲和公子纠则逃往鲁国避难。

齐国派大军攻打鲁国，要求鲁国国君将公子纠处死，交出管仲。齐国过于强大，鲁国只好答应。

鲁国有一位很有计谋的大臣，名为施伯，因为鲁庄公以前没有采纳他的建议而打了败仗，从那儿之后，鲁庄公每遇大事，必定会找他商量。施伯劝鲁庄公说："现在，我们已经处死了公子纠，不过应该和齐国商议一下，能否将管仲留下来敬为上宾。如果齐国不答应，那么宁愿将管仲杀掉，也不可让他回齐国啊。这个人是个奇才，齐桓公肯定会器重他，这样一来，鲁国就再也没有翻身的可能了。"

齐国使者公孙隰朋听到了这个消息，匆忙赶来拜见鲁庄公，说："管仲差一点便害死了我们的君主，君主对他可谓是恨之入骨，想要亲手杀死他，以报仇雪恨。所以，你们千万不要杀了管仲，否则我也没办法回去交代！"

鲁庄公相信了他的话，于是用盒子装好公子纠的头颅，将管仲关进囚车，一并交给了公孙隰朋。

原来，公孙隰朋临行前，鲍叔牙曾经叮嘱过他："一定要确保管仲活着回来，因为他是一个人才，回来必定会受到器重；如果鲁国国君执意要杀他，你就用管仲曾经射了大王一箭来说服他，他肯定会相信的。"

管仲坐在囚车中，心知肯定是自己的好朋友鲍叔牙救了他，但是随即他又担心起来，心想："虽然鲁庄公放了我，但是施伯可是一个聪明人，他肯定会劝说鲁庄公派兵追杀我的！"于是一路上管仲便想尽各种办法，催促他们尽快赶路。

公孙隰朋押着管仲，刚刚走进齐国国境，就看到鲍叔牙远远地迎来。鲍叔牙看到管仲，立即让人打开了囚车，把他放了出来。

管仲上前，感激地说："如若不是你的计策，我肯定会有杀身之祸的。而今就是我的再生之日啊！"

鲍叔牙听后，哈哈大笑说："不仅要救你，还需要你为君主效劳啊！"

管仲气愤地说："我无法帮助公子纠夺得王位，还不能以身殉职，原本就很亏心，怎么可能再去辅佐公子纠的敌人呢？那样的话，在九泉之下的公子纠肯定会嘲笑我的！"

鲍叔牙接着说："成大事的人哪会在乎个人的耻辱，想要立大功就要不拘小节。你有治理天下的才能，只是缺少好的机会罢了。而今我们君主是一个胸怀大志的人，如果你能够辅佐他，共同治理齐国，肯定能够成就一番霸业。那个时候，你就会名满天下，名扬诸侯，为什么还要死守着匹夫之节，干一些没有意义的事情呢？"

这番话，让管仲低头不语。

鲍叔牙看到齐桓公后，先是吊丧后是祝贺，最后将齐桓公弄糊涂了，问："你这是为什么吊丧？"

鲍叔牙回答说："公子纠怎么说也是你的哥哥，君主为国灭亲，也是处于无奈，怎么能不吊丧呢？"

齐桓公想了想，说："有道理。可是你又为什么向我祝贺呢？"

鲍叔牙说："管仲通古今、博坟典，是一个经天纬地之才，有着济世匡时之略，可是一个难得的奇才。如今我已经将他请来了，所以我祝贺你得到了一个贤士，能够辅佐你谋得宏图霸业。"

齐桓公听了之后，气冲冲地说："他还敢到齐国来，想当初，他一箭差点要了我的命，至今我都保存着那支箭呢！我恨不得将其碎尸万段，怎么可能会器重于他！"

鲍叔牙诚恳地说："臣子各为其主，这件事情可是怪不得他。再说，如果您能够启用管仲这个敌人，天下间的贤能之士听说您尊贤礼士，不计个人恩怨，那么肯定都会来投奔你的。"

齐桓公这才消了消气，不过还是絮絮叨叨地说："我对你很了解，所以我要拜你为相国，而管仲也只能是你的副手！"

鲍叔牙说："如果您只想管理好齐国，那么有我就足够了；如果您想要称霸天下，那么就非管仲莫属了。管仲很多方面都比我强：善于安抚老百姓，深得人心；能够妥善治理好国家，管理好各项法制制度；带兵打仗，肯定能够激起士气。"

齐桓公听后，沉思一会儿说："既然你都这么说，好吧，我听从你的建议，将管仲召进来，我要看看他到底有多大能耐！"

鲍叔牙心有不悦，高声说："难道君主就是这样礼贤下士的吗？国家大事怎么能够和私人恩怨搅在一起。对待一个相国之才，怎么能够像使唤其他下人一样？轻视相国也就等于轻视君主，所以大王一定要用隆重的父兄之礼，迎接管仲入朝！"

齐桓公采纳了鲍叔牙的建议，挑选了一个大吉的日子，亲自将管仲接入朝中，并且还赐座求教。齐桓公和管仲聊了三天三夜，越谈越投机，没有一点倦意。最后，齐桓公对管仲说："我想拜你为齐国的宰相，你意下如何呢？"管仲一再推辞。齐桓公说："我喜好打猎，还迷恋女色，不知这会不会影响我的宏图霸业呢？"

管仲说:"这些都是小事情,没有大碍。君主想要成就霸业,主要有四点:第一,要能够辨别贤臣;第二,要知人善用;第三,要毫无保留地相信贤臣;第四,亲贤臣、远小人。我知道,一栋大厦的建立绝不仅仅是依靠一根栋梁之材,浩瀚的大海也不可能只依靠一条河流来支持。大王如果真想要拜我为相国,那么还要任命五个贤人!"

齐桓公忙问道:"是哪五个人?"

管仲答道:"要论管理官吏、公平升迁,公孙隰朋要在我之上;管理农业,宁越要在我之上;管理军队,王子成父在我之上;明察狱讼,宾须无则在我之上;刚直不阿,冒死进谏,东郭牙要在我之上。王上只要让这五个人各居其位,那么我才会听从您的命令,任职宰相,为齐国谋得霸业。"

齐桓公立即答应了管仲的请求,将那五个人都一一赐了官职,让他们各展才华,随后又拜管仲为相国,辅佐其管理齐国大事。齐桓公还尊称管仲为仲父,通告百官:"齐国的所有大事,都要先通报给仲父,然后再告诉给寡人,一切重大的决定全部交由仲父裁决。"

就这样,在管仲的治理下,齐国成为了"春秋五霸"的第一个霸主国,管仲的政绩也被天下人所称颂。人们在称赞管仲贤能的时候,也对鲍叔牙识才和推举贤人的高尚品格大加赞扬。管仲自己也经常自语:"生我者父母,知我者鲍叔牙!"

点燃火炬　静待贤士

齐桓公一心想要做春秋霸主,他也明白"得贤者强,失贤者亡"的道理,应该广招贤士,远离小人。

齐桓公是春秋时期的第一位霸主,是一个很精明的国君。为了能够得到天下贤士的帮助,他苦思冥想,煞费心机。

有一天晚上,齐桓公夜不能寐,索性来到御花园中散步。天空中挂着一轮明月,周围布满了星星,这样的景象使得齐桓公感慨万千。他说:

"群星闪烁，就好比天下间的贤士，什么时候才能够为我效忠呢？"

这时，齐桓公看到巡逻卫士举着火把而来，点点火光就好比游龙一样漫步在夜空，看到此景，一条妙计涌上心头。

第二天上朝的时候，齐桓公对大臣们说出自己想到的招贤纳士的好方法。他让人在宫殿前点燃巨大的火炬，表示要日夜接待各地赶来的贤能之士。

可是事情并没有齐桓公想的那般顺利，过了整整一年的时间，竟然一个求见的都没有，这让齐桓公很是苦恼。

这天，有一个乡下农夫来到宫殿前，自称为贤人，要拜见齐桓公。

好不容易等来了应征的人，齐桓公自然是高兴万分，立刻传令接见。齐桓公见这农夫衣冠不整、黄瘦干瘪，心中顿时有些失望，不过他仍然恭敬地问道："请问先生有何指教？"

农夫拍拍自己的胸脯，故意竖起大拇指说："我会背'小九九'算术口诀！"

齐桓公顿觉可气又可笑，他戏谑地问道："先生难道不知道'小九九'口诀，只是末流的雕虫小技，难道也配称之为'贤士'吗？"

农夫却一本正经地严肃地说："大王，这就是您的不对了！"随后侃侃而谈道："我听闻宫殿前点了一年的火把，都没有一个贤士前来求见，这主要是因为大王是贤能的君主，四方的贤士都认为自己不如您聪明睿智，所以才不敢来求见。我会'小九九'，这确实是一件微不足道的事情。对我这个只知道'小九九'的人，大王如果还能够以礼待我，还愁那些贤士不来应征吗？高耸巍峨的泰山也是由一颗颗小石块堆砌而成的，浩瀚的江湖也是由无数的溪流汇集而成的。英明的君主都能够向农夫请教问题，这样一来，才能够真正的集思广益，做到治国有方！"

农夫的一席良言，听得齐桓公连连点头称是。随后，齐桓公用很隆重的礼节接待了这个农夫，并给了他很丰厚的赏赐。这件事情很快便传开了，不到一个月的时间，四方贤士络绎不绝，纷纷而来。

九合诸侯　成为中原霸主

　　齐国在管仲的辅佐下，日益强大起来，齐桓公想要做诸侯霸主的愿望也越来越强烈。他希望各方诸侯每年按时给自己进贡，听从自己的号令。

　　有一天，齐桓公对管仲说："现在我们兵强马壮，应该是时机联络诸侯，订立盟约了吧？"管仲回答说："我们凭什么去联络诸侯呢？大家都是周王室的诸侯，谁又能够说服谁呢？虽然现在周天子的势力已经衰败，但是他毕竟还是个天子，又有谁敢逾越他的地位呢？"管仲随后又建议齐桓公打着"尊王攘夷"的旗号，在中原建立霸主地位。管仲解释道："'尊王攘夷'便是要以周天子为诸侯的领袖，联络四方的诸侯，一同抵抗蛮、戎等部族对中原的侵袭。往后，谁有为难的地方，其他诸侯便争相帮助；谁有蛮横的地方，大家一起举兵讨伐。"齐桓公说："这倒是个好计划，不过如何着手呢？"管仲继续说道："就从新天子刚刚继位这件事情说起，主公可以派遣使臣前往周朝为新天子朝贺，顺便向他提议，说宋国目前正在发生内乱，宋桓公刚刚即位为王，地位还不稳固，宋国国内动荡不安，还请新天子下道命令，明确宋桓公的国君地位。主公手中有了周天子的命令，那么便可以召集诸侯，订立盟约了。这样一来，谁还有理由反对呢？"齐桓公听了点点头，决定立刻着手办理此事。

　　这时候的周朝王室已经空有虚壳，各方诸侯根本就不再理会朝贺周天子的事情。周釐王刚刚即位为王，齐国这样的大国居然会派遣使臣前来道贺，他心中自然是欣喜不已，于是立刻把召集诸侯、确认宋国君位的差事，全权托付给齐桓公处理。

　　齐桓公五年（前681），齐桓公奉了周天子的命令，对各路诸侯发出通知，约好三月初一，在齐国北杏会盟，一起确定宋国国君的地位。由于当时齐桓公还没有足够的威望，到了会盟时期，只有宋、陈、邾、蔡四国的诸侯如约赴会，而鲁、卫、郑、曹等国还都处于观望状态。齐桓公顿时感到非常难堪，想要改变会盟的日期，管仲劝阻道："第一次会盟绝对不能失信。常言道：三人成众，现在已经有四国前来赴约，可以如期举行会盟了。就这样，齐国等五国会盟完毕后，大家一致推举齐桓公为盟主（而这主要还是因为周天子的缘故），并且在会盟上立下了盟约。盟约规定：第一，一定要尊重周天子，匡扶王室；第二，要一同抵抗蛮夷，保卫中原；第三，扶弱济困，要帮助其他有困难或者弱小的诸侯。

会盟之后，齐桓公首先带军灭掉了没能会盟的遂国，随后又打败了鲁、郑两国，使得他们低头求和。齐桓公七年（前679），齐桓公又邀请各诸侯国在鄄地会盟，这一次，所有的诸侯国基本上已经承认了齐桓公的霸主地位。

齐桓公当上了霸主之后，中原各路诸侯全部归附在他的旗下，定时向齐国交纳贡品。十几年之后，齐桓公又带领军队，帮助燕国和卫国赶走了山戎和北狄的入侵，并且帮助卫国修复了破败的城墙。就是凭借这些举动，中原的各路诸侯都很拥戴和称赞他，齐桓公的威望也有了很大程度的提高。只有南方的楚国对齐国很是不服，而且还想要和齐国一较高低。

身居蛮荒之地的楚国，同中原诸侯一向没有什么来往。楚国人在南方开垦土地，发展生产，吞并弱小的部落，一步步地也发展起来。到了后来，他们的首领竟然公开藐视周王室，自称为"楚王"。齐桓公三十年（前656），齐桓公联合宋、卫、郑、鲁、陈、曹、许等七国军队，联合征讨楚国。楚成王听到这则消息后，立刻调遣了大批军队准备抵抗，并且派遣使者前去责备齐桓公："楚国在南，齐国在北，两国素来没有什么交往恩怨，可以说是井水不犯河水，为什么还要来侵犯我们呢？"管仲立即反驳道："虽然我们两个国家相距甚远，但是我们都是周朝天子所封的诸侯。当初周武王分封的时候，曾经授权给齐太公，如果有不服从周天子的诸侯，齐国有权利出兵征讨。你们楚国这么多年为什么没有向周天子进贡？"使者说："这些年我们没有向周天子进贡，这是我们的不对，以后肯定会恢复以往的规矩，按时进贡的。"楚国的使者走后，齐桓公还是不相信楚国会这么容易认输，于是便和众位诸侯连夜拔营，往召陵进军。楚成王不明白齐桓公他们的真实意图，又派遣使者屈完前去询问究竟。为了彰显自己的实力，齐桓公邀请屈完一起乘车检阅联军，只见军容整齐、兵精粮足。齐桓公趾高气扬地对屈完说："我们有这样精壮的兵马，怎么可能不会打胜仗呢？"屈完不卑不亢地回答道："君侯辅佐天子，济困扶弱，我们大家都从心里对你十分佩服。但是如果您穷兵黩武、以势压人的话，虽然我们楚国不是很强盛，但是我们可以用方城作城墙，用汉水作壕沟，就算你们的兵马再多，也未必能够攻打进去。"齐桓公听到屈完的回答很是强硬，估计要打败楚国也不是轻而易举的事。既然楚国已经认识到了自己的错误，答应恢复进贡，也算是服了软。齐桓公也知道见好就收的道理，于是中原的诸侯各国和楚国订立了盟约，各自班师回国了。

不久，周王朝发生了内乱，齐桓公又帮助周天子平定内乱，周襄王继承王位。周襄王为了报答齐桓公的恩情，特意派遣使者将太庙里的祭肉送给齐桓公，作为答谢。齐桓公又趁这个机会在宋国葵丘会合诸侯，招待周天子派来的使臣，并且再一次订下盟约。盟约规定：各国要和平相处；要兴修水利，防止水患，不要做损人利己的事情；不得禁止有灾荒的国家前来收买粮食，不得搞壁垒政策等。这是齐桓公第九次、也是最后一次会合诸侯，所以历史上将齐桓公称霸的过程称之为"九合诸侯"。

齐桓公在葵丘和各国国君会面结盟时，周襄王派遣宰孔将周天子祭祀祖先周文王、周武王所用的烤肉、一张朱红色的弓、一百支朱红色的箭以及周天子乘坐的用黄金美玉装饰的大车赏赐给齐桓公，并且齐桓公不需要下跪受赐。

在受赐的时候，齐桓公本来也想听从周天子的意思，不下跪受赐，但是管仲却觉得不妥，于是齐桓公还是按照诸侯的礼节下拜接受赏赐。

同一年秋天，各国国君再次在葵丘会面结盟，周天子同样派遣宰孔参加。自从齐桓公坐上霸主的位置之后就变得骄傲自满，因此有很多诸侯都背叛了他。宰孔就对晋侯说道："这齐桓公真是越来越自大了。"

伴随着晋献公的去世，晋国国内发生了严重的内乱，秦穆公将公子夷吾立为晋国的国君，同时齐桓公也带兵平乱。这时候，国势比较强的只有齐国、晋国、楚国和秦国了，周朝基本上已经接近灭亡。而晋国发生内乱，秦国位于比较偏远的地区，楚王则是以蛮夷自居，齐桓公就是中原的霸主。

这时，齐桓公就想在泰山封禅，因为之前他往南打到召陵，北征到孤竹、山戎，南征时一直从大夏到达卑耳山。但是管仲却觉得不妥，就百般劝说齐桓公。只是这时候的齐桓公什么都听不进去。管仲实在没办法了，就说想要封禅只有得到远方的珍奇怪物才可以举行，这才使得齐桓公放弃了封禅的念头。

听歌识人　用人不疑

为了得到天下，齐桓公昭告天下，要求得贤士辅佐政事。卫国人宁戚听说了这个消息后，也连夜赶来，想要一展自己的抱负。但是宁戚家里贫困，没有人肯推荐自己。最后他想出了一个妙招，于是便和卫国商人一起来到了齐国。到齐国后，已经是傍晚时分了，他们一行人只好驻扎在城门外。

这天，齐桓公正好在郊外迎客，夜间城门打开，而他们一行人的货物也要让开。迎宾的队伍中有很多侍卫，火把将整个天空照得十分明亮。这个时候，宁戚正在车下喂牛，他看到了站在远处的齐桓公，这么近却无法相识，于是悲从中来，忍不住敲着牛角大声地唱起歌来。

齐桓公听到了歌声，细细品味着歌词，说："这首歌可真是与众不同啊！唱歌的人绝不是凡俗之辈！"说完便让人将宁戚带了过来。

齐桓公将宁戚带回皇宫后，侍从们请示该如何安置宁戚。齐桓公赐给宁戚一些衣服帽子，随后便召见了他。宁戚见到齐桓公之后，便开始谈论治国的道理，齐桓公听了之后，心中很是佩服。

第二天，齐桓公又一次召见了宁戚。这一次，宁戚又给齐桓公讲述了治理天下的道理，齐桓公听了以后心中很是高兴，准备封他一个要职。

大臣们听到这个消息后，纷纷劝谏道："宁戚是卫国人，我们还不了解他的来历，君主还是应该仔细地调查一下他，等到确认他是一个贤人后，再任用也不晚。"

齐桓公笑着摇了摇头，说："不用调查了，人们都说，疑人不用、用人不疑，如果用人而疑之，就会使得君王失去很多贤能的人才。"

最后，齐桓公并没有采纳大臣的意见，而是直接对宁戚委以重任。

后来，宁戚不负齐桓公所托，同管仲、鲍叔牙一起辅佐齐桓公治理齐国，成为齐国的股肱之臣。

奸臣谄媚　弄权祸国

竖刁、易牙、开方是齐国的三个大奸臣，他们在齐国当值，心里却有着不可告人的企图和目的，处心积虑地想要窃取齐国的政权，掌管齐国的朝政。为了达到目的，他们可谓是煞费苦心、绞尽脑汁。他们使出万般手段，千方百计地讨好齐桓公，以此来赢得他的欢心和信任。

竖刁凭借自己的聪明才智，利用服侍齐桓公这个优越条件，时时刻刻对齐桓公大献殷勤。他时刻注意观察齐桓公的一举一动，留意熟悉齐桓公生活的点点滴滴和各种嗜好，事事都投其所好，迎合齐桓公的口味，满足他的喜好。因为他的百依百顺，又能够洞察齐桓公的心思，所以他很得齐桓公的喜欢。这也使得日常生活中，齐桓公和竖刁简直是形影不离。于是，竖刁也就成了齐桓公最为亲近的人。

易牙得到了齐桓公的宠信，是因为他有超强的逢迎本事。他擅长烹调技术，善于制作各种美味佳肴，这也是他得宠的最主要的原因。有一次，齐桓公的爱妾——长卫姬生病了，久治不愈，而且也没有什么食欲，易牙便为长卫姬精心调制了美味食品，和五味以进，加以调理。长卫姬服用后，顿时觉得精神气爽，就连身上的病也很快痊愈了。从那儿之后，易牙便得到了长卫姬的宠爱。长卫姬和易牙的关系很是暧昧，而且她还经常在齐桓公面前称赞易牙，举荐易牙为官。易牙通过长卫姬的关系，很快便博得了齐桓公的信任。

易牙为了得到齐桓公的宠爱，除了利用长卫姬的关系以外，还不惜杀掉自己的儿子，给齐桓公做了一顿美餐。

有一天，齐桓公从竖刁那里得知，易牙善于烹调，于是便将其召来询问："听说你擅长烹调？"易牙回答说："是。"于是，齐桓公随即开了一个玩笑，说："人间的鸟兽虫鱼的滋味，寡人已经尝遍了，可是却独独没有吃过人肉，不知道人肉的滋味怎么样啊？"这句话其实是齐桓公随便说的一句玩笑话，但是易牙是一个有心计的人，他听了齐桓公的话后，便牢牢记在了心里，想着怎么样做出一道美味可口的人肉大餐来。经过几次思索，他将主意打在自己的亲生儿子身上，他认为用自己的儿子作为食物献给齐桓公，肯定能够得到齐桓公的欢心。

有一天中午，易牙亲自给齐桓公献上了一盘蒸肉。齐桓公仔细观察了这盘肉，嫩的就好像刚出生的小羊一样，再细细品尝，却远比乳羊美味。一会儿的工夫，齐桓公就把一盘肉吃得干干净净。吃完之后，他还赞赏道："这是什么肉，味道竟然这么鲜美？"易牙立刻跪倒在地说："这是人肉。"齐桓公听了之后，很是震惊："这人肉是从哪里来的？"易牙立刻回答说："这是微臣儿子的肉。臣的大儿子，今年已经三岁了，臣听说过，'忠于君主的人，都不会顾忌家人'，主公没有吃过人肉，所以我就把长子杀了，献给主公尝尝，以此来表明我的忠心。"齐桓公听了之后，心里很是不舒服，也没有再说什么，只是挥挥手让易牙退下。易牙离开后，齐桓公虽然想想就感到恶心，但是又暗自思量：易牙这么做，虽不近人情，但是他却为了寡人而残忍杀害自己的亲生儿子，这表明他爱寡人胜过爱他自己的儿子，忠心可表！从那儿之后，易牙也得到了齐桓公的宠信。

卫公子开方则是一个阿谀奉承之人，他对齐桓公极力吹捧，才使得齐桓公对他尤为信任和宠爱。他之所以能够来到齐国，主要是因为战争的缘故。

　　周惠王在位时，齐桓公奉命带兵征讨卫国。大军进驻卫国境内后，卫懿公不问齐军前来的原因，也没有做任何的作战准备，便匆匆带兵迎战，最后卫军大败而归，损兵折将无数。齐桓公带兵直达卫国城下。随后，还派人向卫国的军民宣读周天子的命令，列出卫国国君历年来的罪状。卫懿公得知后，坐卧难安，心想：卫国的罪过，都是先主以前所留下来的，和自己没有什么关系，他想要对齐桓公说出这个道理，请求能够宽恕他的罪孽，求得议和。于是派遣他的长子开方，带着五车金银珠宝前往齐军大营，将其进献给齐桓公，希望能够网开一面，饶恕他的罪过。开方到达齐军阵营，拜见了齐桓公之后，将卫懿公恕罪求和的意思告诉给齐桓公。齐桓公回答说：先王所犯下的罪，应该不涉及其子孙，只要卫国从此遵照王命，齐国也不会为难卫国的。于是他答应了求和的要求。

　　和议达成了，公子开方却不愿意再回去了。他看到齐国繁荣昌盛，随即便向齐桓公提出愿意留下来的请求。齐桓公不解他的意思，于是问道："你可是卫侯的长子，按照顺序，你是世子，为什么甘愿放弃世子的地位，而甘心服侍在寡人的帐下呢？"开方趁机把齐桓公夸赞了一番，说："君侯是天下最贤明的君主，如果能够跟随在你身边，时刻鞭策自己，服侍君主，这将是我无上的荣幸，这种荣幸要比我成为君主光荣得多！"齐桓公听了之后，心里乐开了花，认为开方舍弃太子的位置而屈身于齐，确实是因为他从心底崇拜自己，于是他便封开方为大夫。

　　后来，开方知道齐桓公是一个好色之徒，为了讨好齐桓公，他又将卫懿公的小女儿推荐给他，说其如何貌美，听得齐桓公心里直发痒，于是便立刻派人带着厚重的彩礼，前往卫国，想要迎娶卫懿公的小女儿为妾。虽然卫懿公心里非常舍不得，但是因为害怕齐桓公的势力而不敢不答应，最后只能让人护送自己的女儿到达齐国。齐桓公将其纳为妾室。这样，齐桓公相继迎娶了卫懿公的两个女儿，长女被册封为长卫姬，小女儿则被称为少卫姬，姐妹二人都非常得宠。从那儿之后，开方也和竖刁、易牙一样受到了齐桓公的宠爱。

竖刁、易牙、开方三个人的丑恶嘴脸早就被齐国的忠臣良将看穿，只可惜齐桓公却早就迷失在他们的花言巧语中，听不进去任何的劝谏。最后才致使自己对他们的宠幸，成了杀害自己的罪魁祸首，直到他去世的时候，他才醒悟过来，只可惜为时已晚。

长卫姬嫁过来之后，生了一个儿子，取名为无亏。长卫姬很想让自己的儿子来继承王位，只是齐桓公并不太喜欢这个儿子。齐桓公总共有6个儿子，其中三儿子是他最为疼爱的一个，这让长卫姬感到无比的恐慌。为了让无亏顺利登上王位，她和竖刁、易牙、开方勾结在一起，广罗党羽，培植亲信。

这几个人一边对齐桓公极尽谄媚之事，一边又诬陷齐国忠良。虽然齐桓公有着"春秋第一霸主"的称号，但是他的见识才干平平，文治武功也都是依靠管仲、鲍叔牙等一大批贤明臣子辅佐所得的；齐桓公晚年时期，开始怠慢国事，沉迷于游乐，对长卫姬等四人异常宠信，当管仲病危的时候，齐桓公亲自前去探望，并商议相位的下一任人选。

齐桓公想要鲍叔牙为相，管仲诚恳地说："鲍叔牙是一个正人君子，但是他太过于嫉恶如仇，善恶过于分明，看到一个人不好的地方，便终身都不会忘记，所以这样的人是不适合参政的。"

齐桓公问："你觉得易牙可以任职宰相吗？"

管仲说："连自己的亲生儿子都敢杀，是一个不近人情的人，不可。"

齐桓公接着又问："那你觉得开方可以继承你的相位吗？"

管仲说："为了迎合君主，连自己的亲人都可以背叛，也是一个不近人情的人，难当大任。"

齐桓公接着又问："那竖刁这个人总是可以了吧？"

管仲说："为了迎合君主竟然会伤害自己的身体，这也不是人之常情，也不适合。"随后，管仲接着又说："我死了之后，希望您千万不要再和这些人接近了，否则肯定会给我们的国家带来大灾难的！"

刚开始，齐桓公倒是听取了管仲的意见，在管仲刚刚去世的那一段日子里，他真的和易牙等人疏远了不少。这下子可让长卫姬慌了神，她一边鼓动易牙等人说："君王年事已高，在世上的日子也不多了，只要无亏能够继承他的君位，齐国的大权自然是要和众位分享的。"一边又对齐桓公说："自从易牙离开后，君王连吃饭都不香了；君王这么大的年纪，何必要苦着自己呢！"

一代霸主　惨遭饿死

齐桓公73岁的时候，一病不起。巫、刁两个人假传王命，在宫门口挂了一个牌子：寡人患了怔忡之疾，不喜欢听人声，所以不管是大臣还是王子，一律都不允许入内。令刁守卫宫门，巫带着士兵在宫中巡逻，所有的国政，都等寡人痊愈后，再行处理。

无亏则日夜守在长卫姬宫中，等着齐桓公驾崩的消息。

三天过后，齐桓公竟然还活着。于是巫、刁二人便把宫内的侍卫赶出去，将宫门堵上，并且还在齐桓公的寝殿周围筑起了高墙，让其内外隔绝。只是在高墙的一边挖了一个狗洞大小的门，每日派兵把守，每天三次都会按时派人钻进去打听消息。

这天，齐桓公听到"扑腾"一声，从昏睡中惊醒，他吃力地睁开眼睛，只见窗子推开，走进来一个女子。仔细一看，原来是自己所纳的小妾晏娥儿。齐桓公吩咐说："我饿了，你帮我盛点粥来！"

晏娥儿无耐地摇摇头，说道："没有。"

"那就先盛点热水也行！"

"也找不到。"晏娥儿哽咽道，"巫、刁作乱，给主公的寝殿筑起了三丈高的墙，已经断绝了您的饮食了！"

"那你是怎么进来的？"

"爬树爬墙进来的。主公对妾有恩，所以才特地前来服侍主公，也好就此瞑目了。"

"公子昭呢？"

"被他们挡在外面，进不来。"

齐桓公叹息道："哎！仲父可真是圣人啊，他真有远见啊！寡人却没有听从他的建议，有今天也是自找的呀！"说到这里，悲从中来，奋力大呼道："天啊！我小白轰轰烈烈一世，难道要落得个这样的下场吗？"连连呼叫了几声，吐出几口鲜血来。

晏娥儿无奈地看着齐桓公，为他擦去嘴边的血迹。他喘息了一会儿，回身握住晏娥儿的手说："我生平娶了六个宠妾，生了十几个儿子，临终却只有你一个人在身边，我很惭愧，以前没有好好地对待你！"

"这已经足够了，我已经得到了其他人没有得到的"。晏娥儿安静地说，"主公一定要保重身体，万一遇到什么不测，妾肯定会生死相随的。"

齐桓公叹息道："我还有什么脸面去见仲父啊！"说完，他吃力地用袖子遮住自己的脸庞，呜咽了几声，便去世了。晏娥儿用自己的外衣盖住齐桓公的尸体，随后又在床前拜了几拜，便撞柱而死了。齐桓公终年七十三岁。

齐桓公去世后，齐国宫廷大乱，齐桓公的几个儿子为了争夺王位，各自勾结党羽，相互残杀，导致齐桓公的尸体在寝宫内放置了六七十天都没有人过问，最后尸体都腐烂生蛆，惨不忍睹。第二年三月，宋襄公带领诸侯护送世子昭回国，杀死了犯上作乱的公子无亏，立公子昭为齐国国君，也就是齐孝公。经过这一场内乱，齐国的霸业开始走向衰败，中原霸业也逐步转移到了晋国。

管仲的治国良策

管仲效忠于齐桓公之后，凡是国家大事，齐桓公总会和他商议。有一次，齐桓公召见管仲，问道："你认为的国家可以安定下来了吗？"管仲知道，齐桓公是一个心怀抱负、野心勃勃的政治家，于是他直截了当地说："如果你决定称霸诸侯，那么国家肯定就能够安定富强；如果你想要安于现状，那么国家就不会安定富强。"齐桓公听了之后又问道："这样的大话我现在可不敢说，等以后见机行事吧！"管仲被齐桓公这一番诚恳的言论所打动，他急忙对齐桓公说："当初，君王能够免除臣的死罪，这是我的万幸。臣能够苟且活到现在，不为公子纠而死，就是为了富国家、强社稷；如果不是这样，那么臣可就是贪生怕死，一心为升官发财了。"说着，管仲便想要告退，齐桓公也被管仲一番肺腑之言而感动，于是便极力挽留，并表示要以称霸诸侯为目标，希望管仲能够尽心协助自己。

后来，齐桓公又问管仲，"那么，我要想使得齐国富强、社稷安定，那我要从什么地方做起呢？"管仲回答说："做好这些的前提便是要得民心。""如何才能够得民心呢？"齐桓公接着问。管仲回答说："想要得民心，就应该从爱惜百姓做起；君主能够爱惜自己的子民，那么自己的子民自然也会心甘情愿地为这个国家效力。""爱惜百姓的前提便是让百姓的生活好起来，百姓生活好起来，才能够更好的治理国家，这是不言而喻的道理。一般情况下，那些安定的国家都是富裕的，而混乱的国家都是贫穷的，说的就是这个道理。"这时候，齐桓公接着又问："百姓生活富裕后，兵甲不足又该如何是好呢？"管仲说："兵多不多无所谓，关键在于精，兵的战斗力强则士气旺。士气旺盛的军队还怕打不了胜仗吗？"齐桓公又问："士兵训练好了，如果没有足够的财力，又该怎么办呢？"管仲回答说："富国的办法就是要开发山林、盐业、铁业、渔业等，以此来增加钱财的来路。发展商业，取天下物产，相互交易，从中收取一定的税用。这样一来，财力自然也就会增多了。那么，军队的费用自然也就可以解决了。"经过这番讨论，齐桓公心里很是兴奋，他接着问管仲："兵强、民足、国富，这样一来，总可以有实力争霸天下了吧？"可管仲又严肃地回答说："这事不能着急，还不是时候。争霸天下可是一件大事，万不可轻举妄动。当前最为紧迫的任务便是要百姓休养生息，让国家富强、社会安定，否则春秋霸主的愿望是很难实现的。"

后来，管仲成为齐国的宰相后，将国家政事分为三个部门，制订了三官制度。官吏有三宰。工业制定三族，商业制定三乡，川泽业制定三虞，山林业制定三衡。郊外三十家为一邑，每邑设置一司官。十邑则为一卒，每卒设置一卒师。十卒为一乡，每乡设置一乡师。三乡为一县，每县设置一县师。十县为一属，每属设立大夫。全国一共有五属，也就是有五个大夫。每年年初，由五属大夫将属内的具体情况向齐桓公禀报，然后督察他们的得失。这样一来，全国也就形成了一个统一的整体。

军队方面，管仲强调要寓兵于农，规定国都每五家为一轨，每轨设立一个轨长。十个轨为一里，每里再设立里有司。四里则为一连，每个连设立一个连长。十连则为一乡，每乡设立一乡良人，管理乡的军令。作战的时候则组成军队，每户选出一个人，一轨则有五个人，五个人为一伍，由轨长带领。一里则是五十人，五十人为一小戎，由里有司带领。一连有两百个人，二百人为一卒，由连长带领。一乡有两千个人，二千人为一旅，由乡良人带领。五乡为一万人，选出一名元帅，一万人为一军，由五乡元帅带领。齐桓公、国子、高于三个人便是元帅。这样一来，就将保甲制和军队组织紧密地联系在一起，每年春秋便以狩猎来训练军队，于是便提高了军队的作战能力。同时又规定全国百姓不可随便迁徙。人们之间要团结在一起，夜间作战的时候可以轻易分辨出敌我的声音，白天作战时因看到容貌便能分辨敌我。这样一来，也就大大降低了作战的困难。

为了解决军队的武器问题，齐桓公规定犯罪的人可以用盔甲和武器来赎罪；犯了重罪的人，则是可以用甲和车戟赎罪；犯了轻罪的人，则可以用钱和车戟赎罪；犯了小罪的人，则可以用铜铁赎罪。这样一来，也就可以补足军队的装备。

在经济方面，管仲提出"相地而衰"的土地税收政策，也就是依据土质的好坏，来设立赋税的标准。土质好，收成好，那么赋税相对来说也就高一些；土质差，收成少，那么赋税也就相应会少一些。这样一来，也就使得赋税负担趋于公平化，提高了人们生产的积极性，也提高了经济的速度。国家通过积财通货，设立"轻重九府"，勘察每年的农收光景，聆听人们的需求，来收集粮食和物品。管仲还规定国家铸造钱币，发展渔业、盐业，鼓励和其他国家之间的对外贸易，齐国的经济也就变得繁荣起来。

由于管仲推行改革，齐国出现了国富民强、社稷安定的繁荣景象，齐桓公对管仲说："我们的国家已经国富民强，现在是会盟诸侯的时候吧？"管仲劝谏道："当今天下的诸侯国，有很多都要比齐国强大，南边有荆楚，西边有秦晋，可是他们却依仗着自己势力强大，不把周天子放在眼里，所以才无法称霸。周王室虽然已经衰败了，但是他还是天下间的共主。周天子东迁以来，诸侯都不去朝拜，不知君父。您要是以'尊王攘夷'，为号召，海内诸侯肯定会望风归附。"之后，齐桓公采纳管仲的建议，一步步走向了春秋霸主的地位。

智过鬼泣谷

在管仲担任齐国的国相后，实施了一系列的改良措施，使齐国慢慢走上繁荣富强的道路。同时，齐桓公被各位诸侯推上了盟主之位，自此，齐桓公奠定了霸主的地位。

在齐国背面的山戎民族，这时候带兵来征讨齐国的盟国燕国，企图通过打击燕国削弱齐国的势力。燕国的君主亲征，率两万将士出战，但在鬼泣谷遭到了山戎部落的埋伏，两万多士兵最终只逃出来一千多人。紧接着山戎又连续霸占三座城市，燕国这时候慌了，急忙派使者向齐国求援。齐桓公闻讯后，亲自率领五万大军前去燕国支援。

与此同时，无终国的国王派出他的大将虎儿斑带领两千士兵也前去支援燕国，管仲把他封为先锋将军。伴随着他们的到来，燕国失去的那三座城池又全部收了回来。但是到了里岗，他们就再也不敢贸然前进了。

虎儿斑吸取了燕国两万大军葬送在鬼泣谷的教训，就劝说齐桓公和管仲不可再继续前行。但是管仲告诉他，在路上的时候就已经想好了应对鬼泣谷的方法。于是他把虎儿斑安排为军队的后盾，他和齐桓公打前锋，并且手持令牌，命令王子成父和赵川两人按照令牌指挥行事，做好万全的准备，明日过鬼泣谷。

次日天色微亮，便看到无数战车排成排朝着鬼泣谷的方向驶去。马的嘴巴全部都被网笼罩着，战车轮子用麻皮捆绑着，这样以来就可以把战车发出的声音降低到最小；战车上面的将士们魁梧高大；在山风吹动下，齐国的战旗迎风飘舞。

山戎让首领密卢站在鬼泣谷的山头上，当看到齐国军队进入伏击圈，就高举带有"令"字的小黄旗，用力一挥，并且大喊一声："打！"齐国的将士被箭、石头等各种武器打得四处逃窜，横尸遍野，战车也被砸得稀巴烂，就连齐国的大旗也都被砸断了。

挥舞着狼牙棒的密卢带领士兵从山上直冲下来，然后看到身中数箭却依然笔直高挺的齐国将领，对着这位将士的头部用狼牙棒狠狠一击，就听见"哐"的一声，齐国将士的头盔掉了。仔细一看，却发现不对，这分明是穿着盔甲的树桩罢了，密卢这才发现自己中计了。

就在这时候，响起了擂鼓的声音，密卢回头一看，齐国猛将王子成父以及赵川带领兵士直接扑了过来。密卢大吼一声，朝着他们扑过来的方向举着狼牙棒就迎了上去。这时他看到有个长得非常高大的人伫立在战车上，就像是在观看两军作战。他断定这个人一定就是齐国宰相管仲。于是，他头一热，朝着那个人就扑了上去。

很快，密卢就杀到了管仲面前。就在这个时候，战车后面接二连三的发来几十枚箭，纷纷射向密卢。密卢倒在血泊中，他手下的一员大将冒着生命危险，将密卢救了回去，朝着山戎另一部落的孤竹国逃去。最终，管仲以他聪明的智慧，率军经过了鬼泣谷，并且解了燕国之围。

管鲍之交

管仲帮助齐桓公称霸，并且可以成为齐国的相，其实全是鲍叔牙的功劳。

管仲和鲍叔牙很久以前就相识了，两人曾一起经过商，赚来的钱，管仲会多拿一些，而鲍叔牙则少拿一些，这事鲍叔牙是知道的，但是他从不计较。因此，人们常常会偷偷议论管仲，说他其实是个贪财的小人，不顾及友谊。鲍叔牙知道后，主动帮管仲解释，说管仲这样做，其实是因为他家庭太贫困，他也不是不看重友谊，这样做完全是鲍叔牙的意思。

管仲参加过三次战斗，每一次他都从战场上跑出来。人们说他是个贪生怕死之人，鲍叔牙听到之后又是一笑，他知道这并非是管仲的本意，于是又解释说管仲这样做是因为他的家中有位年迈的老母亲，如果他有个三长两短，老母亲就彻底没人管了。

管仲和鲍叔牙之间的友谊是相当真挚的，有很多次管仲都想帮鲍叔牙做点事情，但是结果都像是好心在办坏事，不但不成功，仅而给鲍叔牙招惹来很多的麻烦。人们又觉得管仲这个人一点真本事都没有。只有鲍叔牙不那么认为。他知道，管仲这位好友绝非是个无用之人，相反他才是个有真本事的人。他没有做好这些事情，其实是没有把握好时机，条件也不成熟罢了。

管仲和鲍叔牙在交往的过程中结下了非常深厚的友谊，管、鲍成为互相珍重的知己。常常对人说，天下最懂他的只有鲍叔牙一人。

先嫁父后嫁子的齐国公主宣姜

宣姜是齐襄公和齐桓公的妹妹，齐僖公的女儿，她和妹妹齐文姜一样，是远近闻名的美人。不过，她和妹妹的命运却都非常的凄惨。齐文姜和哥哥私通，为了图一时的痛快，而杀死了自己的丈夫。而宣姜的命运也被一桩婚事打进了地狱，开始了她悲惨的一生。

齐僖公十三年（前718），宣姜十五岁，正是情窦初开的年龄。宣姜长得是花容月貌、国色天香，齐僖公便想着为宣姜寻一门亲事。这时，卫国的太子姬伋听说了宣姜的美名，便派人向齐僖公提亲，想要迎娶宣姜为妻。齐僖公听说来者是卫国的太子，他想都没想便答应了这门婚事。

可是命运很是捉弄人，按理说这应该是一桩很美满的婚事，郎才女貌，地位相等。可惜这一切都被卫国的使者给破坏了。太子姬伋所派遣的使者可是一个阿谀奉承的人，他见这宣姜貌美动人，于是便悄悄地将这件事情告诉给太子姬伋的老爹卫宣公。卫宣公可是一个实打实的老色鬼，他听说这宣姜长得绝世无双、倾国倾城，于是便打起了歪主意。就在太子姬伋迎娶宣姜的那天，他设法将儿子支走，让其出使宋国。然后卫宣公便在淇水河畔连夜建造了一座行宫，取名为"新台"。等宣姜一行人到达卫国后，卫宣公便立刻迎娶宣姜，封她做自己的妃子，可怜那宣姜一个弱女子，就这样糊里糊涂地嫁给了一个年老色衰的糟老头。

当卫国太子姬伋出使回来后，看到原本是自己的老婆却嫁给了自己的父亲，也只能认命了，并且称呼宣姜为母亲。齐僖公得知了这件事情后，心里很是愤怒，想着要出兵为宝贝女儿讨回公道。不过后来他转念一想，女儿嫁给了卫宣公，原本和自己同辈的卫宣公成了自己的女婿，那么作为小辈，自然要尊敬他这个长辈的，这从政治角度来看，利大于弊。于是，齐僖公也就接受了这个事实。

而宣姜虽然心中有万般的不愿意，但是一人之力很渺小，便也只能认命了。嫁给卫宣公没几年，宣姜便产下了两个儿子，分别是姬寿和姬朔。大儿子姬寿，长相清秀、温文尔雅，而幼子姬朔却是一个心机颇重、野心勃勃的人，一心想要坐上卫国的君主。而这个时候的卫宣公也已经步入晚年，姬朔心里便想着，一定要尽快将太子除掉，然后再让卫宣公立他为太子，这样一来，他就可以名正言顺地成为卫国的国君了。于是，姬朔曾经几次在卫宣公面前进谗言，说太子的坏话。

卫宣公年事已高，脑子也不如从前灵活了，竟然相信了姬朔的谗言；而宣姜这心里也憋着一口气，她被迫嫁给一个老男人，早就对卫宣公恨透了，倒不如让自己的儿子早早地执政。所以，她便和卫宣公一起谋算起来。两人想着，让卫宣公派遣太子去出使其他国家，然后再暗自找一些顶尖的刺客，事先埋伏在太子必经的路上，只要看到太子一行人的大旗，便大开杀戒，要将太子一行人全部杀光，以绝后患。

善良的姬寿知道了父亲和弟弟的阴谋，于是急忙前往太子的住所，给太子通风报信，然而太子似乎已经料到了这样的事情，他心知父亲迟早是容不下他的，所以就算到了现在这步田地，他也没想过要逃离卫国。太子对姬寿说："或许这是命运的安排吧，我这一次可谓是在劫难逃了。父亲联合自己的儿子而杀害另一个儿子，恐怕也只有昏庸透顶的君王才干得出来吧。"

姬寿却是一个重情重义的人，他见太子一心求死，天性仁孝，心底也被打动了。于是他便借着为太子饯行的名义，灌醉了太子，然后姬寿穿上了太子的衣服，手里扛着大旗，朝着刺客埋伏的地方走去。刺客看到大旗后，也没有多加询问，便将姬寿杀死了。

太子醒来后，知道了这件事情，心里很是着急，急急忙忙赶到路边。可是，姬寿已经被刺客杀死了，他趴在姬寿的尸体上痛哭不已，并且对守在那里的刺客说："你们杀的并不是太子，我才是太子，你们把我也杀了吧。"刺客一听，不管三七二十一，便挥刀砍杀了太子。

宣姜得知这件事之后，立刻昏死了过去。醒来之后，她仿佛换了一个人，目光无神，整日沉默寡言。而在这件事情中，最大的胜利者莫过于姬朔了，他感慨道："这些杀手确实很厉害，一下子帮我除去了两个有力的王位竞争者，可真是大快人心啊。"不久后，卫宣公去世，姬朔也如愿以偿地做了卫国的国君，是为卫惠公。

不过，卫国的子民却难以容下这个杀害手足的人做他们的国君，很快，卫国贵族部落联合在一起，发动宫廷政变，卫惠公仓皇逃到了齐国。宣姜则是落在了公子泄的手里，宣姜只求一死，可是公子泄却又忌惮齐国的势力，不敢将宣姜杀害。当时齐国的君主齐襄公正是宣姜的哥哥，他得知这件事情后，主动派人交涉，把宣姜嫁给了卫宣公的儿子昭伯顽。宣姜先是嫁给了年过半百的卫宣公，后来又嫁给了卫宣公的儿子，再加上宣姜害死了昭伯顽的亲哥哥，想想她的生活也不会幸福的。

第三章

流亡归来的王者——晋文公

国王档案

☆姓名：晋文公

☆政权：晋国

☆出生日期：公元前 671 年

☆逝世日期：公元前 628 年

☆配偶：季隗、齐姜、怀嬴

☆子女：6 个儿子

☆在位：9 年

☆继承人：晋襄公

☆谥号：文公

☆生平简历：

公元前 671 年，重耳出生。

公元前 666 年，晋献公派重耳守护蒲城。

公元前 656 年，重耳遭骊姬之乱的迫害，离开了晋国都城绛，往翟族人的地方逃亡。

公元前 651 年，晋献公逝世，骊姬立其子奚齐为国君，里克将骊姬和奚齐杀死后，迎接重耳回国即位，重耳辞谢。

公元前 650 年，重耳的弟弟夷吾即位为王，自立为晋惠公。

公元前 644 年，晋惠公追杀重耳，重耳决定去齐国给齐桓公效劳，齐桓王将宗族之女齐姜许配给重耳。

公元前 636 年，秦穆公护送重耳回晋国。重耳即位，称晋文公。

公元前 633 年，楚军包围宋国都城商丘。

公元前 632 年初期，晋文公带兵救宋，为了报答楚国当日的恩情，他下令部队退避三舍，在城濮大败楚军。晋文公成为霸主。

公元前 628 年，晋文公逝世，儿子晋襄公即位。

人物简评 ✿

　　他高龄即位，虽只在位短短的九年时间，却成就了其后的一个繁荣时代；他坚守信用，为了落难时的一句承诺，便可退避三舍；他雄心勃勃，采取很多利民的措施，以此来实现称霸的宏愿。他便是流亡归来的王者——晋文公重耳。

生平故事 ✿

骊姬的阴谋

　　晋国，姬姓，唐叔虞的后代。叔虞的儿子王孙燮将领地迁到晋水，称之为晋国。自周朝以来，其都属于周室的甸服之邦、股肱之国。

　　在周王室的庇护下，晋国过了将近三百年的平稳生活。可是，随着西周政治混乱，晋国的统治也出现了问题。

　　晋穆侯有两个嫡子，长子为仇，小儿子为成师，两个儿子都比较贤能。晋穆侯封公子仇为太子。后来，晋穆侯去世，太子仇继位，史称晋文侯。晋文侯是一位贤能的君主，他的弟弟成师也深得人心。晋文侯去世后，晋昭侯继位，以成师平乱为由，将曲沃作为成师的封地，是为曲沃桓叔。然而，曲沃是一个富庶之地，农业比较发达，人口密集，这也让这个小宗主拥有足以和大宗晋国相媲美的力量。在其后的五十多年里，曲沃一族和晋国大宗开始了漫长的国家政权争夺大战。

　　晋侯缗二十六年（前679），曲沃武公将晋国大宗灭掉，并取而代之。

此间，曲沃族三代（桓叔、庄伯、武公）杀害了五名君王（晋昭侯、晋孝侯、晋哀侯、小子侯、晋侯缗），逐出一名君主（鄂侯），最后以小宗宗主的身份继承了大宗的权力，史称"曲沃代翼"。

公元前697年，在曲沃宫中，晋武公的孙子出生，这个孩子的长相有些奇特，甚至说有些畸形，肋骨紧密相连就好比一个整体一般；重瞳子则是让人感到新颖，因为上古的舜帝便是重瞳子。于是，他们给这个孩子起名为"重耳"。

曲沃取代晋国大宗后，晋武公功成名就，不久便离世了。公元前675年，公子诡诸继承父亲的王位，史称晋献公。晋献公继位之后，派人将他和齐姜的孩子申生从贾国接回来。齐姜原是晋武公的小妾，亦是齐桓公的女儿，后来和晋献公私通，生下了申生。申生是一个仁德的君主，再加上他背后有齐桓公撑腰，所以接回来不久，便被册立为太子。

重耳虽然也是一个贤能的人，但是因自己并没有申生那么好的后盾，所以在政治地位上，他总是比不上申生。申生作为晋国太子，威望要比重耳高很多，又深得国人的爱戴。当时的大臣士蒍、先丹木、里克等人也都喜欢申生，就连重耳的外公狐突也认为申生更适合做晋献公的接班人。

不过，重耳也是一个心怀大志的人，他的手下也聚集了一批智囊，虽然手中没有多大的权力，但是却不容人小觑。其中狐偃、先轸、贾佗、赵衰、魏犨最为优秀，被称为"五贤"。原本这样的生活应该一直延续下去，直到英明的申生继位才对，可惜，祸国殃民的骊姬出现了。

骊姬是晋献公从一个部落里俘虏过来的妃子，骊姬长得很是漂亮，深受晋献公的宠爱。骊姬嫁给晋献公没多久，便产下了一个王子，取名为奚齐。晋献公爱屋及乌，对他这个儿子也是万般疼爱，甚者想把奚齐立为晋国的太子，随后还和骊姬商议此事。骊姬听了之后，心里十分高兴，不过这个时候，晋国已经有了太子——申生，而且申生的其他两个兄弟重耳、夷吾也都非常贤德。虽然这三个人并不是她的亲生儿子，但是她却是他们名义上的母亲。骊姬心知，如果这个时候晋献公立奚齐为太子的话，势必会遭到朝中大臣的反对，到那个时候，不仅不能让奚齐坐上太子的位置，而且还会招来很多的麻烦。于是，她便拒绝了晋献公的提议。她是这么说的："太子申生并没有做错什么事儿，朝中大臣也都十分拥戴他，如今王上竟然要为了我们母子俩而废除太子，朝中大臣肯定会不服气，他们一定会说是我迷惑你。我可是宁愿死，也不要背负这等恶名的！"晋献公听了骊姬的话，感觉也有道理，与此同时，他也被骊姬的"善解人意"所感动。他心想，如果让骊姬成为一国之母，那么晋国的未来肯定会越来越好的。

骊姬表面看似贤惠淑德，可是她在私下里却偷偷买通了关东五等几个奸臣，每天就是想着怎样将太子申生废掉，好让自己的儿子奚齐做太子。这样想来想去，也就想到了一个好方法。

关东五对晋献公进谏道，应该将三位公子都调离都城。于是，将太子申生调到曲沃，重耳被调到了蒲城，而夷吾则被派去屈城。这样一来，就把申生三兄弟分散开来，再对付起来也就容易多了。接着，关东五这些奸臣又想方设法地逼迫和申生等人交好的老臣，让他们疏远申生，让申生处于孤立无援的状态。

几年过后，骊姬又对晋献公说道："申生是我非常疼爱的一个儿子，他离开了这几年，我无时无刻不在想念他。过段时间，还是让申生回来吧。"晋献公又相信了骊姬的话，于是便让人将申生从曲沃接了回来。申生是一个通情达理的人，从曲沃回来之后，他先是参拜了晋献公，后来又进宫拜见了骊姬。骊姬盛情款待了申生，二人交谈得也非常开心。第二天，骊姬留申生吃饭。可是当天晚上，骊姬便跑去晋献公跟前哭诉。

晋献公看到自己心爱的妃子骊姬哭得稀里哗啦，急忙问是怎么回事，骊姬便对晋献公说："申生可不愧是你的好儿子呀！"晋献公没有明白骊姬的意思，又问道："申生怎么了？"骊姬委屈地说："申生好不容易从外地回来，我好心留他在我宫里吃饭，可是他喝了几杯酒之后，竟然连辈分都不顾了，还调戏我。说：'父王现在已经老了，而你还年轻，以后父王死了之后，就嫁给我吧。'我原想着要好好地教训他一顿，谁知他还说，他家的规矩原本就是这样，说太上王死后，王上就迎娶了他的小老婆；所以等王上死后，我也就自然而然地成为他的老婆，说着还想要轻薄我，幸亏我跑得快，不然我还不如死了呢！"说完，骊姬扑到晋献公的怀里，大哭起来。

晋献公听了十分生气，想都没想便说道："这简直是畜生，看我怎么收拾他！"骊姬见晋献公生气了，心里暗自高兴，接着说道："明天他还约我去后花园，你要是不相信，可以偷偷地跟过去，到时候自然就明白了！"

第二天，骊姬派人把申生传进宫来，将他带到了王宫里的后花园。这天，骊姬将自己打扮得很是妖娆，为了吸引蝴蝶，她还故意在头发上粘了香糖，申生便忙前忙后地为她赶蝴蝶。在远处的晋献公将这些都看在眼里，在他看来，这个申生竟然敢调戏自己的妃子，真是令人恼火。于是，他立刻派人将申生抓了起来。申生感到莫名其妙，原本是被骊姬约来赏花的，怎么又成了这样啦。

骊姬又对晋献公说道："你心里明白就好，但是却不能杀了他，否则朝中大臣肯定会指责我的，这一次你就饶过他吧！"晋献公仔细考虑了一下，认为骊姬说得有道理，便将申生放了，而且还暗中派人监视他。

挑拨申生和晋献公的关系只是骊姬阴谋的一个开始，好戏还在后头呢。很快，打猎的季节到了，晋献公带人外出打猎了，骊姬则立刻派人告诉申生说："我梦见你的母亲齐姜跟我诉苦了，她说自己在地下很是孤独、凄冷，你作为儿子，应该去祭拜你的母亲。"申生可是一个大孝子，听骊姬这么说，他便决定去祭拜自己的母亲。于是，他先是将一些腊肉和祭酒送到了宫里，打算让自己的父亲晋献公打猎回来享用，而他则带人去祭祀自己的母亲了。

晋献公打猎回来之后，骊姬在申生献上的酒肉里面下了毒，她对晋献公说："这是太子申生特意给您送来的。"晋献公刚准备享用，骊姬急忙打住道："这些食物都是从宫外带来的，还是检查一下好。"晋献公听了之后点了点头，随手便把酒倒在了地上，地上瞬间便冒起了一股白烟。

骊姬假装不可思议的样子，又把腊肉割下一块喂了狗，狗吃完之后，挣扎了没几下便当场死亡了。后来，骊姬又找来一个侍卫，把酒给他灌了下去，侍卫也是命丧当场。

晋献公还没有说什么，骊姬便大声嚷嚷道："您可是太子的亲生父亲啊，他怎么能够这样对你？王位迟早是他的，为什么这么等不及，想要害死自己的父亲呢？"说完，骊姬又跪到晋献公面前，哭着说道："他这么做，还不就是因为我和奚齐啊。如果您将这酒肉赐给了我们，那么我们也就没命活到这个时候了！"说着，便要去喝那毒酒，晋献公见状，急忙夺下了她手里的酒杯，狠狠地摔在了地上。这个时候，晋献公已经气得说不出话来。

骊姬看到晋献公已经动怒了，继续说道："王上，您说我到底哪里对他不好啊？我请求您让他回国，可是他却在后花园里面调戏我，最后为了顾着王家的脸面，还得为他求情。可是如今他却想要杀死您，那么明天也就是我了，我不要活了！"

晋献公赶紧将骊姬扶起来，说："这件事情我自有主张。"于是晋献公便出了朝堂，数落了申生的罪过，随后又派人去捉拿申生。申生既没有逃跑，也没有反抗，最后在晋献公的威逼下，上吊自杀了。

重耳、夷吾听说太子申生遭人陷害并自杀身亡的消息后，纷纷前往晋国都城打探消息。于是，骊姬便又对晋献公谗言道，重耳和夷吾也是申生的同谋。

重耳、夷吾听说骊姬的阴谋后，又悄悄地离开了都城，返回封地。而晋献公见两个儿子竟然不辞而别，就更加认定了骊姬的说法。

在骊姬的谄媚下，晋献公当即决定立刻带兵围攻蒲城与屈邑。夷吾率军抵挡，终因寡不敌众而败下阵来。重耳则闭门不出，也不反抗，他说："作为儿子，怎么能够和父亲打仗！"

不久，蒲城沦陷，晋献公派遣波提带兵追杀重耳，重耳越墙而逃。无奈之下，重耳只好前往他母亲的国家——翟。没过多长时间，狐偃、赵衰等人也找到了重耳，与之会合了。

重耳的母亲原本就是翟人，而这里也是狐偃的故乡。所以，狐偃为了保护重耳而做了一系列的安排，才使得重耳躲过了晋献公的追杀，赢得了喘息的机会，定居在翟国安居。重耳在翟国待了十二年的时间，翟国的国君对重耳礼遇有加，重耳在翟国也过着平淡安稳的日子。后来，翟国攻打戎族，俘虏了两位年轻貌美的女子季隗、叔隗，将其赐给了重耳。重耳接纳了国君的好意，迎娶了季隗，而叔隗则赐给了谋士赵衰，两人从君臣变成了连襟。季隗给重耳生了两个儿子即伯儵、叔刘，在历史上并没有什么名气。叔隗给赵衰也生了一个儿子，而他便是威震半个多世纪的赵宣子。

重耳在翟国新建了家庭，生活过得快乐而祥和，重耳似乎已经习惯了这种生活，忘记了自己的国家——晋国。

晋献公二十六年（前651），晋献公驾崩之前，将晋侯的位子传给了骊姬的儿子奚齐，并且尊骊姬为国母。可是，晋献公去世不久，里克、邳郑父等人便聚众造反，将奚齐、卓子（献公和少姬的儿子）杀死，逼死了荀息。

重耳的归国之路

里克杀死了两位君主，想要另立一位王子为储君。晋献公的儿子虽然很多，但是死的死、逃的逃，其中有贤明者的只剩下了重耳与夷吾。里克杀害两位君主，想要迎立一名贤君，其党都纷纷附和。

里克派遣狐毛前往翟国，面见重耳。狐毛是狐偃的兄长。狐毛对重耳提起晋国内部的变动。重耳听后唏嘘不已，狐毛又对重耳传达了里克的意思，重耳内心犹豫不决，于是便和身边的狐偃、赵衰等大臣商议。众人商量之下，感觉这里面肯定有阴谋，这些年，重耳亲眼看着父亲晋献公过于残忍的手段，他甚至怀疑这是里克为他设下的一个圈套。狐毛将这个消息告诉给里克。在里克心里，除了太子申生之外，重耳是第二个国君人选，但是重耳早就被这些年的血雨腥风吓破了胆，不敢相信里克的话。里克的好意没被重耳理解，于是里克只好又请远在梁国的夷吾。

秦穆公对于晋国的内政紧盯着不放，想要趁机插手，于是他悄悄派人联系重耳、夷吾，想要立重耳为国君，重耳谢绝了秦穆公的好意："父亲在世的时候，他就不喜欢我。现在父亲去世了，我作为儿子，都没能为他守丧。为人儿子，是为大不孝！怎么还敢去觊觎那王位呢？"夷吾接见了里克派来的使臣，又以割让河东五城为条件，得到了秦穆公的支持。

实际上，夷吾的谋士冀芮、吕省早就已经把晋国的情况了解得一清二楚，于是便鼓励夷吾回国继承王位。就这样，公子夷吾在里克和秦穆公的支持下，顺利地登上了晋国的王位，史称晋惠公。

晋惠公即位后，便开始打压往日作乱犯上的公子党，处死了权臣里克、邳郑父，将国家大事全部委托给冀芮、吕省等人，重用亲信，大兴党狱，论处者数不胜数，这也大大加剧了晋国朝廷的矛盾。

晋惠公害怕国人依附重耳，所以想要先杀之而后快，于是便派遣刺客前去刺杀重耳。有人将晋惠公的阴谋告诉给重耳，重耳得知后，和自己的大臣商议。

狐偃说："我们已经在外流浪了十二年，也积累了不少的盘缠。现在是时候去争得其他诸侯国的同意，支持您继承大统了。"重耳听了狐偃的话，便和一家老小告别。

一切准备好之后，还没来得及上路，刺客已经赶来，重耳吓得拔腿就跑，走到城门口，看到了准备好的马车，便跳上了马车。狐偃、赵衰、贾佗、魏犫等人随后赶上，而先轸、狐毛等人则没有一起同行。

匆忙之间，重耳连银两都没有带，便急匆匆地上路了。从翟国向东，一路颠簸，到达卫国境内，谁想到，英明一世的卫文公这个时候竟然犯起了糊涂，不愿意支援重耳。

从卫国那里得不到帮助，重耳只好转身启程。可是他们没有充足的钱财和食物，最后重耳只能向一个农夫乞讨。那个年代，农夫自己家都吃不饱，哪还有什么多余的粮食去施舍给重耳一行人呢？农夫从地上捡起一个土块，扔给重耳说："这个拿去，吃了吧！"重耳在饥饿难耐的情况下，又受到讥讽，岂能受得了，当下便要拿出鞭子抽打农夫。狐偃赶忙拦了下来："请息怒！这意思是上天要将土地赐给我们，这可是大好的征兆，这说明我们复国有希望了呀！"说完，狐偃还对着农夫拜了一拜，然后拿起土块，放在车上走了。

这一举动给了重耳很大的刺激。为了让重耳饱腹，他的下人介子推从腿上割下来一块肉，同摘来的野菜一同烹煮，给重耳吃。重耳吃完之后，才知道这是介子推腿上的肉，心中备受感动。随后，重耳一行人来到了齐国，受到了齐桓公的厚待。

齐桓公对待重耳一行人很是厚重，给予他们充足的食物，不过齐桓公是一个猜忌心很重的人，在和重耳的交往过程中，他知道，重耳虽然是一个落魄的王子，但是他的言行举止不同于他人，很是不凡。再看看重耳身边的随从，都是一些英雄豪杰之辈，将相之才。齐桓公表面上为其叫好，心里也暗自嘀咕，如果重耳成为齐国的对手，那么他可为自己的后人担忧了。

齐桓公将其宗女齐姜嫁给重耳，希望能够就此绑住重耳，即使重耳以后得到了晋国江山，那么他们两国也是盟国，不会对其产生太大的威胁。

齐桓公的女儿贤惠聪明，将重耳迷得团团转，在齐桓公的厚待下，重耳也渐渐沉醉在自己的安逸生活中，忘记了这些年所遭受的苦难，也忘记了自己身为晋国王子的艰巨任务。

齐桓公四十三年（前643），齐桓公因病去世，齐国开始走向衰败，想要依靠齐国自身的力量复国是不可能的了。重耳在齐国享受很高的待遇，也不愿意再重新踏入流浪的生活，四处奔波。狐偃、赵衰等人多次劝解重耳，重耳就是充耳不闻。

后来，经过狐偃、赵衰等大臣的秘密商议，将重耳灌醉，快马加鞭地离开了临淄。

重耳从马车上醒来之后，气得火冒三丈，拿起身边的剑戟就朝狐偃身上砍去，还说道："如果这么做无法复国的话，我就把你的肉一块块地吃掉！"狐偃边躲边说道："如果不能复国，我就算死在荒野，也会被狼吃掉。如果你能够复国，晋国的肉都是你的，何必要吃我的呢？"

重耳听后，心知也没有回头路可走，只好继续听从狐偃的安排，继续实施复国计划。

离开了齐国这个温柔乡，重耳一行人来到了曹国。曹共公根本就不听大夫僖负羁的劝谏，执意不接见重耳。曹共公听说重耳有生理缺陷，在重耳洗澡的时候，竟然偷偷地趴在窗前偷看，想要知道重耳的骈肋到底长什么模样。重耳得知此事后，对曹共公充满了愤恨，发誓一定要报复曹国。

离开曹国之后，重耳等人又来到了宋国的边境。宋襄公素来以仁义治国，自然也不会对重耳一行人视而不见。宋襄公以齐桓公同等的规格来招待重耳。这个时候，宋楚争霸已经到了关键时刻，宋襄公却依然将其奉为上宾，重耳对此感激不尽。

重耳在宋国住了一段时间后，又整装待发，重新启程。下一站便来到了郑国，到了郑国关前，派人向郑文公禀报。叔詹说："重耳是晋国有名的贤能公子，和君侯同宗，应该结交才对！"可是那郑文公却是一个不顾父子之情的人，怎么可能会听叔詹的劝说。郑文公说道："从我们这里路过的诸侯、王子那么多，难道我们每一个都要招待吗？这样下来，我们得浪费多少银子？"

于是，郑文公一再派人催促重耳赶快上路，不要在郑国逗留。

重耳离开郑国后，又踏上了漫长的旅程，继续向南前进，来到了楚国的边境。楚国正值繁盛时期，在楚成王的带领下，打败了一心图霸的宋襄公。楚成王早就听说了重耳的贤能之名，如今听说重耳到来，于是便远远地前去迎接，将重耳一行人安置在郢都，并且经常会邀重耳参加宴席，和重耳讨论天下局势，还命令自己的大臣和重耳的手下进行切磋，相互学习。

有一天，楚成王在酒宴中对重耳说道："今天，我对待你怎么样？"重耳答曰："很是厚重！"楚成王又问："如果他日你返回晋国，该如何报答我呢？"重耳思考了一会儿，说道："如果我能够返国，这都是托您的福。假如有一天楚国和晋国对战于中原，那么我肯定退避三舍，来报答您今日的恩情！"

楚成王听后，默默不语，令尹子玉大喝道："君上将你视为上宾，你竟然敢说出此等妄言，真是大胆。"楚成王喝退了子玉，子玉心中不服，强谏楚成王："重耳，是世间少有的贤明之主，而他的手下也都是一些将相之才。如果让他回到了晋国，恐怕就是如鱼得水，日后肯定会成为楚国的大患。我们应该趁着现在，他羽翼未丰，将其除去才是！"楚成王不听，命子玉退下。

晋惠公十四年（前637），晋惠公病重，无法处理朝政，于是命令心腹前往秦国，通知在秦国做人质的公子圉。公子圉听说晋惠公病重，担心父亲去世后，会被人夺去君位，于是便连夜赶回了晋国，连自己的妻子——秦穆公的女儿怀嬴都没有带。公子圉回国没多久，晋惠公便去世了。公子圉顺利登上了王位，史称晋怀公。晋怀公的才能并不如他的父亲晋惠公，他也害怕重耳会回到晋国，抢夺他的王位，于是便和冀芮、吕省等人商议对策。

冀芮说："如果重耳能够回国，那么他所依赖的人肯定是狐偃、赵衰等人。如今狐偃、赵衰的家人都在晋国，我们可以此为要挟，迫使他们离开重耳。"晋怀公听了他们的建议，强迫狐氏、赵氏、毕氏的族人写信让狐偃、赵衰、魏犨等人回国，族人不从，晋怀公一怒之下，逼死了狐突等人，还大兴党狱，致使朝中上下怨声载道，所有人都在想一个问题：如果现在的国君是重耳，晋国又会是什么光景呢？

晋怀公的残暴统治遭到了晋国百姓的强烈反对。昔日，秦穆公将晋怀公当作上宾来对待，而晋怀公的不辞而别也彻底激怒了秦穆公。于是秦穆公便想要再次插手晋国的朝政，想要从中夺取中原。而秦穆公的首要人选便是重耳。

秦穆公打探到，重耳现在人在楚国，于是便派遣使臣公孙枝前去，面见楚成王，要求和重耳见面。重耳听闻秦穆公会帮助他返国，喜出望外。随即便和楚成王道别，离开楚国前往秦国。

到达秦国后，重耳拜见了秦穆公，秦穆公答应要帮助他重新回到晋国，夺得君位。

不过，秦穆公却要重耳答应，事成之后，要把河东五城送给秦国，以作答谢。重耳稍加考虑了一番后，便答应了。

秦穆公十分高兴，于是便把自己最宠爱的女儿文嬴（晋怀公做人质时所娶的秦国公主怀嬴。文，重耳的谥号，意思也就是重耳的正室；嬴，秦国的姓氏，所以才称之为文嬴）嫁给重耳，重耳有些尴尬，因为她曾是自己的侄媳妇。

不过，好在其手下大臣胥臣引经据典，说服了重耳，让他接受了秦王的这门亲事。此外，秦穆公还把其宗室的五个女儿全部嫁给了重耳。重耳倒也没有什么意见，全部接受。秦穆公见重耳是一个明事理、知大局的人，于是更加愿意帮助重耳了。

秦穆公二十四年（前636）春天，秦穆公派遣公孙枝，带领三千秦军，护送重耳横渡黄河回到晋国。此时，重耳离开晋国已有十九年的时间了，心中真是感慨万千。

治国良策　国泰民安

重耳回国后，立即和在晋国内埋伏的心腹联系，前来接应自己。栾氏、郤氏、狐氏、胥氏、先氏等强族先后积极响应重耳的号召，受降吕省、冀芮，依附者众多。

在众人的拥护下，重耳带领大军到达曲沃。晋怀公逃亡，重耳被众人拥立为君，史称晋文公。

晋怀公逃亡高梁，不久后便被杀身亡。随后，晋惠公的心腹吕省、冀芮又发动政变，被人举报。晋文公只好处死了这两位极有权势的大臣。

为巩固自己的统治，重耳召来舅舅狐偃和姐夫赵衰，一起商议改革的策略。

狐偃和赵衰制定国策，建立制度，并且把备案交给晋文公审阅。晋文公根据狐偃的建议，全力改革，赵衰等人则全力辅佐。《国语》中对文公即位之后的改革措施有详细的记载：

安排百官，赋职任功，弃责薄敛，施舍分寡。救乏振滞，匡困资无。轻关易道，通商宽农。懋穑劝分，省用足财，利器明德，以厚民性。举善援能，官方定物，正名育类。昭旧族，爱亲戚，明贤良，尊贵宠，赏功劳，事耆老，礼宾旅，友故旧。

胥、籍、狐、箕、栾、郤、柏、先、羊舌、董、韩，实掌近官。诸姬之良，掌其中官。异姓之能，掌其远官。公食贡，大夫食邑，士食田，庶人食力，工商食官，皂隶食职，官宰食加。政平民阜，财用不匮。

晋文公即位之后，勤于朝政，励精图治，"轻关易道，通商宽农，懋穑劝分，省用足才"。

在生产上，他号令改进农耕工具，造福于百姓，并且奖励耕种；在贸易方面，降低税率，积极拓宽商贸，邻国的商人可以来晋贸易，互通有无，因此，晋国的经济也得到了充分的发展。

与此同时，"赋职任功"，"举善援能"，对"从亡者及功臣"封邑尊爵，拨乱反正，大量任用在晋惠公、晋怀公时期受到迫害的旧族，提拔有才能的新贵，将新旧贵族全部笼络在手中，使得整个晋国统治都变得和谐安稳。

晋文公认为晋惠公时期招募州兵以及开垦私田对于国家的发展有很大的帮助，所以便将这些策略全部保留下来。这些都为以后晋国实现实质性的飞跃奠定了坚实的基础。

有一天，晋文公对狐偃说："减刑罚，松关禁，可以让民善战吗？"狐偃答曰："不能。"晋文公接着又说："赦免囚犯，让百姓丰衣足食，这下总可以了吧？"狐偃回答："还是不够，要想兵精民强，只有赏罚分明、不避亲贵才可以。"

晋文公号召晋国大臣到田间劳作，以日中为约定日期，晋文公的心腹侍卫长颠颉迟到了。为了严令法纪，晋文公只好含泪将颠颉斩首示众。

晋文公和颠颉可是至交，颠颉被斩可以说是震惊了朝野上下，从那儿之后，晋国的政纪、军令更加严明了。

勤王平叛　救宋攻曹

经过一系列的改革之后，晋国已经跨入强国的行列，可是晋文公的志向远不止于此，他的最终目标是要称霸中原。昔日，齐桓公称霸，尊王攘夷。虽然天子已经没有了往日的威风，但是他毕竟还是天下的共主。可是，历史经常这样耐人寻味，正当晋文公苦思冥想的时候，机会来了。

周襄王十七年（前636），周襄王的弟弟王子带与其妻私通，被周襄王发现，从而引发了一场战争。王子带和狄人联手攻打周王室，将周襄王的军队打败。

周襄王逃到了郑国的氾，并且将自己的遭遇告诉给各方的诸侯同晋文公一样有着称霸之心的秦穆公也收到了周襄王的告急文书，于是便派遣兵将，在黄河岸边屯兵。

晋文公则和狐偃等人商议，狐偃说道："想要得到其他诸侯的拥护，最为上佳的选择，便是带兵支援周襄王，这样就足以取信于诸侯，并且也合乎大义。周天子是天下的大宗，有了他的支持，肯定能够通过周天子的号令来率领那些心有不甘的大臣。"

晋文公听后，便决定出兵支援周襄王。这年三月，晋文公亲自率领军队，撇开秦穆公，向王畿腹地前进。从周邑阳樊（又作樊邑，今河南济源西南）兵分两路。很快，晋文公带兵平定了王子带的叛乱，击退了狄人，杀掉了叛党叔带、隗后、颓叔等人，迎回了周襄王。

周襄王深受感动，亲自接待了晋文公，并且还大摆宴席，以此来报答晋文公的搭救之恩。再加上周、晋同宗，都是周武王的后人。为了让晋更好地辅佐王室，周襄王将阳樊、温、原、欑茅四个农耕业比较发达的城市赐给晋文公，晋国南部疆域扩展到现在的太行山以南、黄河以北的地区，这为晋文公称霸中原提供了很好的条件。从那儿之后，晋国变成了周王室维持其统治的"宪兵"。

平定王子带叛乱之后，晋文公以及晋国的形象在诸侯中都有所提升，甚至还有人感慨："晋文公便是齐桓公再世，看来诸侯又会有新的领袖了！"当时是楚国一手遮天，没有道义可言，人们很迫切地希望能够出现一个领导者，可以带头攻打楚国。其中，与楚国有着血海深仇的莫过于宋国了。

楚成王三十四年亦即宋襄公十三年（前638），楚国和宋国在泓水大战。宋襄公是一个仁义之君，他所秉承的是，对方没有摆好作战的阵势，他就不会贸然进攻，从而失去了两次绝佳的机会，致使楚国偷袭成功。宋襄公受伤严重，最后不治而亡，公子王臣嗣位，史称宋成公。宋成公为了保全宋国而处处忍耐，还亲自前往楚国，拜访楚国国君。不过，宋国人对楚国算是恨透了，抵抗楚国的情绪非常高涨，再加上晋国的迅速崛起，使得宋国很快便依附到晋国门下。

楚成王三十八年（前634）冬，楚国命令尹子玉、司马子西带兵讨伐宋国，并且出兵围攻齐国的穀邑，以此来威胁齐国。宋国苦苦支撑了一年多的时间，最后只好派公孙固向晋国求救。

晋文公对于宋襄公昔日的搭救之恩一直谨记在心，再加上他要把中原诸侯都收入自己的势力范围，也少不了宋国的支持，所以从他这里，是想要搭救宋国的。可是，楚国的势力非常强大，已经在中原扎了根，晋文公又有些畏惧。救宋，肯定就代表着和楚国决裂；不救宋，意思也就是害怕楚国。晋文公左右为难，权衡利弊之下，还是没有得到答案。关键时刻，他只好又找来狐偃、先轸两位大臣。

先轸说：要想报答宋国的恩情，解救诸侯于危难之中，树立您在中原的威望，成就宏图霸业，可都在这一举了。子犯也鼓励晋文公说：楚国刚刚将曹国收入门下，并且又和卫国联姻，如果我们派兵攻打曹、卫两国，楚国肯定不会视而不见。到时候，齐国和宋国的危难也就可以解决了。

晋文公四年（前633），晋文公亲自带领晋国二军到达庐地。晋文公即位之后，晋国国力急速膨胀，人口增长很快。晋文公召集各位大臣，重组晋军，把原来晋国的二军扩充到三军。这样一来，使得晋国正式成为大国中的一员。

军中缺少元帅，晋文公征询赵衰的意见，赵衰推举了爱好读书、遵纪守法的郤縠。郤縠是晋国王室的近亲，由他担任元帅基本上符合晋文公的要求。与此同时，赵衰还把郤溱举荐给了晋文公，来辅佐郤縠统帅军队，是为中军佐。中军则全部由晋国宗室的近亲带领。

后来，晋文公又想任命赵衰为上军将。赵衰反而推荐狐偃为上军将，狐偃谢绝，又向晋文公推举了狐毛。因为狐毛年龄太小，所以晋文公任命他的哥哥狐偃为上军佐，辅佐狐毛。

至此，晋文公所设立的六卿将佐如下：

中军将　郤縠　中军佐　郤溱

上军将　狐毛　上军佐　狐偃

下军将　栾枝　下军佐　原轸

晋文公选出了六卿，带着诸侯，以荀林父为御戎、魏犨为车右，亲率八百晋军南下，到达卫国。二十年前，晋文公曾经经过这里，那时的他穷困潦倒，没有一点权力。现在，晋文公派遣大臣向卫成公（卫文公子）借道，卫国君臣惧怕晋国的实力，又担心借途是假，危害卫国是真，所以也就拒绝了晋文公的请求。

晋军兵临城下，卫成公如坐针毡，卫国内部大臣对于晋文公都十分敬重，宁武子、孙昭子更是进谏卫侯应该离开楚国，依附于晋国。卫成公有些动摇，想要对晋国投诚，可是晋文公却拒绝了卫成公的好意，执意带领晋军攻打卫国，卫国人将卫成公驱逐出去。而鲁僖公又担心引火烧身，于是派人将戍守卫国的鲁公子买杀死，并且对晋文公声称，是公子买私自调遣部队，而今才将他处死；另一方面又派人告诉楚成王：公子买督军不力，被军法处置。

晋文公只是稍微教训了一下卫国，并没有真正将大部队对准卫国。所以不久之后，晋文公便带军南下，进攻曹国。因晋文公嫉恨曹共公偷窥自己洗澡的事情，所以对于曹国的进攻非常勇猛。曹国君主听说楚成王已经带领军队北上，所以对于晋军的到来并没有放在心上，可是晋军人数众多，曹军很难抵挡。最后，曹共公为了打击晋军的士气，他把阵亡的晋国战士尸体挂在城门上，并对其进行百般羞辱。晋国将士看到这等情形，作战之心自然受到了很大的影响。晋文公没想到曹共公竟然会来这一招，一时间也不知如何是好，这时，晋文公手下的一个小将想出了一个"阴损"的招数。

晋文公传达军令，晋军上下全部移到曹国坟地驻扎，晋国将士把曹国的祖坟全部挖掘出来，暴尸军前。曹国上下，哀嚎声一片，他们答应将晋国战士的尸体装入棺中，送还给晋国，以求不要骚扰他们的祖坟。晋文公假意答应曹国人的要求，提早在曹国城门附近埋伏好军队，等到运送棺材的军队一出城门，伏兵便蜂拥而上，攻破曹国都城，俘虏了曹共公。

晋文公想要将曹共公杀掉，以解心头之恨，可是旁人却劝说道："往日，齐桓公号令诸侯，复异姓；而今你囚禁曹共公，灭同姓（曹为姬姓），往后还如何号令诸侯呢？"晋文公想了想，便饶恕了曹共公，并且恢复了他的地位。而曹国也依附于晋国旗下。

三国联盟　与楚对决

这样一来，政治局势就变得错综复杂。楚成王虽然很想和晋国一决高下，但是晋国深得人心，气势压人，齐国和秦国还在一旁虎视眈眈，所以便想要撤兵。他命令进攻谷邑的楚军撤退。另一方面，秦穆公看着晋文公的势力一步步膨胀，心生妒恨，便不愿再给晋国卖命。而楚国权族若敖氏（子玉、子西、子上）违抗了楚成王撤军的命令，反而开始加大力度，对宋国发起进攻，晋国也就面临和楚成王决战的境地。

元帅先轸再一次对晋文公进献良策："告诉宋国人，让他们向齐国、秦国许下承诺，如若能够从中调停楚国的战争，他们将给予重谢。而今，我们已经收编了曹国，将来便把曹国、卫国的土地割让给宋国。如果楚国不愿意放弃曹、卫两国，那么肯定不会答应齐、秦两国的要求。齐、秦两国为了宋国的报酬，心中必然对楚国恨之入骨。这样一来，齐国和秦国也就会站在我们这边了！"晋文公听从他的建议，依计行事。

果然不出所料，楚国拒绝了齐、秦两国的调和，齐、秦两国因此怀恨在心，主动和晋国拉近关系，想要联合晋国征讨楚国。就这样，晋、齐、秦三国联盟的形势正式形成，三国兵锋一致，直指楚国。相反，楚国的盟友曹国、卫国已经成了晋国的附属国，鲁僖公则是首鼠两端。

楚成王带领部分兵力回到了楚国，而子玉带兵围攻宋国一年多了，却没有任何的进展。如果就此罢手，无功而返，再加上先前违抗君令，到时候若敖氏一族肯定会受到不小的牵连。所以，为了若敖氏家族，为了楚国，也要和宋国奋战到底。

子玉先是派人向晋文公求和：只要晋国放过曹国和卫国，那么楚国便从宋国撤军。对于这一要求，狐偃、先轸都强烈反对，认为这种做法，楚国还是最大的受益者。可是，如果不愿意和解的话，最后的战争恶果又将由晋国来承担。

先轸对晋文公提议说："如果根据子玉所说的那样和解，那么宋国、曹国、卫国都能够免去战争的灾祸；如若我们拒绝子玉的要求，那么这三个国家都将会惨遭涂炭。我们出兵救援宋国，却无法让宋国免于灾祸，宋国肯定会嫉恨我们。这让我们左右为难。我们不如先答应子玉的要求，然后再和曹、卫谈判，只要他们和楚国断交，那么我们就恢复他们的利益。这样我们将楚国使者扣押起来，看看子玉怎样应对，然后再想下一步怎么做！"

楚军杀来　晋军退避三舍

晋国扣押了楚国使者，子玉果然大发雷霆，认为晋文公是在向他挑战。既然和解不成，那么只能决一死战了。就在这时，曹国和卫国的使者到达楚营，对子玉说，晋文公已经恢复他们国家，曹、卫两国也将会和楚国断交。

楚军此次征讨的目的就是支援卫、曹两国，谁曾想，卫、曹竟然被晋国策反，子玉岂能咽下这口气。于是，他带领楚军倾巢而出，向晋军军营杀去。晋文公得知子玉已经被激怒，于是便不顾先轸的劝谏，急令大军撤退，手下战士都不理解晋文公此番用意。晋文公说："当初，我落难的时候，曾经得到楚国国君的热情相待，至今都不敢忘却。而我曾经也许诺，如果能够复国，和楚国争霸于中原，那么我肯定要退避三舍来报答楚王的恩情！"

众位将士还是无法理解，狐偃却赞成道："出兵打仗，理直就气壮，理曲则气衰。当时，君主落难的时候，楚国国君曾经帮助过君主，而君主也在楚王面前承诺：假如两国交战，晋国自愿退避三舍。今天撤退，正是为了实现当日的诺言啊！如果我们失信于楚国，那么我们就理亏了。如若我们退兵，楚国还是步步紧逼的话，那么就是他们没有理，到那个时候，我们再交战也不迟啊。"

于是，晋国大军撤退九十里，到达城濮安营扎寨。

晋楚宣战

晋文公实现了自己当日的承诺，可是楚将子玉却是不依不饶，一直追到晋军的营地——城濮（卫地，今山东鄄城西南），和晋军形成对峙局面。子玉派遣子上向晋文公提交战书："能不能让你手下的军士和我的军士切磋一下，到时我们就在一边好好欣赏就是，也让我们都开开眼，怎么样呢？"

晋文公的手下栾贞子也写了一封信给子玉："我们君主已经听到您的命令了。昔日，楚王赐予的恩惠，我们至今不敢遗忘，所以才撤军到此处！您只是楚国的令尹都能够让我们如此退让，我们又怎敢和楚王为敌呢？这么做既然无法实现和平，那么请告诉你的统帅，做好战斗的准备，我们接受你的挑战。"

要和楚军开战，晋文公的心里不免有些忐忑，狐偃支持道："打就打吧！如果胜利了，那么晋国肯定能够得到各方诸侯的拥护；如果失败了，晋国地势险要，足可据守。如今，我们可谓是占据了有利的形势，还有什么可怕的！"晋文公听了狐偃的话，信心倍增。

晋文公五年即楚成王四十年（前632）四月，晋、楚在城濮原野交战。晋军先攻打陈、蔡，因为陈、蔡军属于楚国的右师。很快，晋军将其打败，陈、蔡军四散溃逃。晋军将领栾枝率下军假装败逃，以引诱楚军左师追击，晋军先轸、郤溱以中军横冲击之，狐毛、狐偃又率上军夹攻，楚军左师被击溃。这场战争，最后以晋文公的胜利而告终。子玉心知局势已定，为了保住楚军的精锐，只得下令收兵，撤出城濮，撤出中原。

城濮之战结束后，子玉率领楚国败兵，匆匆撤退，晋国大军随后赶到了楚国大营，光是楚军留下来的粮食，就足以让将士们吃了三天。

从晋文公带军出征到城濮一战，仅用了四个月的时间，便席卷了整个中原大地，联合秦国，威慑鲁国，逼退魏国，联合齐国，打败曹国，支援宋国，打败楚国等，一气呵成，很是完美！

晋、楚一战，也加剧了若敖氏家族和楚国王室的矛盾。子玉、子西、子上战败后，自觉没有颜面再见江东父老，想要自裁以谢罪。

楚成王听闻消息后，命令成大心赶往军营，想要及时制止这场悲剧。只可惜来晚了一步，子玉已经自杀身亡了。楚成王追究其战败的责任，整个若敖氏家族都受到了牵连。子玉死后，楚成王任命蒍吕臣为令尹，蒍氏为正卿，打破了若敖氏对楚政大权的垄断。

晋文公胜利后，也不敢大意，因为他担心楚军的反扑。这时，他听说子玉畏罪自杀的消息，后又听闻楚成王让蒍氏接任了政权，喜上眉梢："我担心的人终于死了！蒍吕臣能够自保就已经很不错了，拿什么和我们一决高下呢？"

晋文公算是成就了自己的霸业，他在撤回晋国的途中，路过雍丘，还下令让人重新修筑了周天子的宫室，这也让周襄王对他更加厚爱和信任了。

晋文公亲自前往周朝的都城，报告这一捷迅，向周朝贡献战俘。周襄王对此心怀感激，亲自接待了晋文公。晋文公献给周天子一百辆战车，一千名步兵。周襄王则摆下美酒，册封晋文公侯伯，也就是地位最高的诸侯，并且允许他保卫王室，征讨不听话的诸侯，并赐大辂之服，戎辂之服，一张红色的弓，一百多支红色的箭，一千张黑弓，一坛美酒，三百多名守卫之军等。

从那儿之后，晋文公继承了齐桓公的"遗志"，将"尊王攘夷"的大旗揽在自家的肩上，担负起周朝秩序的责任。

周襄王二十一年（前632）五月，晋文公以周襄王的名义，号令诸侯，齐昭公、蔡庄侯、郑文公、宋成公、鲁僖公、卫叔武（卫成公之弟，成公在野，未前往）及莒子，盟于践土。

七月，晋国大军凯旋而归，军容整齐，将士们高唱凯歌。到了太庙后，将敌人的左耳献上，以祭拜晋国的历代先主，并且犒赏三军将士。

入冬之后，晋文公前往大夫赵衰的封地温邑，之后，再次以霸主的身份号召诸侯，晋文公主盟，和齐昭公、莒国、邾国国君、蔡庄侯、郑文公、陈穆公、宋成公、鲁僖公、秦穆公会盟，加固诸侯之间的联盟。

周襄王二十二年（前631），周襄王想要召集诸侯，晋文公则代表周襄王命令诸侯到翟泉面见周襄王。周襄王特地允许晋国以执政兼上军佐狐偃代文公会盟。六月，诸侯之会如期举行，周襄王在翟泉接见了晋国使者狐偃、宋成公、蔡庄侯、齐昭公、鲁僖公、陈穆公、秦穆公。晋国派遣一名臣子来和诸侯的君主相会，以此来显示自己非同一般的地位，这也标志着晋国霸业已经达到了一个巅峰。

从那儿之后，晋文公已经完全征服了齐、秦、郑、卫、宋、鲁、莒、陈、蔡、邾等诸侯，成为继齐桓公之后第二任霸主。

为元咺主持公道

城濮之战以后，中原的格局出现了新的变化，那就是晋国一支独大。那时，卫成公还流亡在国外，就连践土之盟他都没敢参加，仅仅是派遣大夫元咺辅佐公子叔武和各位诸侯见面。很快，卫成公又开始疑神疑鬼，认为元咺想要拥立自己的弟弟来取代自己，于是便下令杀死了元咺的儿子元角和弟弟叔武。卫成公回国后，元咺并没有篡夺王位。

卫成公因为自己的一时猜忌，杀害了自己的弟弟，后来得知真相后，悲痛万分。元咺害怕再待下去，恐会引火烧身，于是便连夜跑到晋国，请晋文公主持公道。

卫成公派遣宁武子、针庄子、士荣前往晋国，和元咺对质，最后卫成公败诉。晋文公处死了士荣，砍掉了针庄子的双脚，并且还派遣军队前去卫国抓捕卫成公，后又将元咺释放回国。卫成公也就变成了阶下囚，元咺回国后，拥立公子瑕为卫侯。

卫成公五年（前630）的夏天，卫成公卧病在床，晋文公想要趁此机会，将卫成公毒死，幸好被卫成公的侍卫宁俞发现，重金贿赂了大夫，减少了毒药的用量，这才保住了卫成公一命。

关键时刻，鲁僖公出来为卫成公求情，并且还分别赠给周襄王、晋文公十块美玉，周襄王答应释放卫成公。晋文公虽然为霸主，但是表面上也要顾着周天子的面子，只好下令放了卫成公。

卫成公被囚禁十八个月之后，又重新获得了自由。卫成公不甘心自己就此沦落，所以他花费重金去笼络卫国的当权贵族，并保证自己执政后的各种待遇。不久，在大夫周颛、冶廑的帮助下，卫成公顺利夺取了卫国的政权，处死公子瑕以及元咺。

秦晋伐郑

晋、楚一战，楚国失败后，返回江汉，韬光养晦，诸侯们也都依附在晋文公的旗下。不过，其中也有例外，他便是特立独行的郑文公。

或许，大多数人都不明白，郑伯捷的谥号为什么会是"文"呢？和晋献公相似，在功业上，郑文公确实比不上晋献公，但是比起残忍狠毒，恐怕献公就不能比拟了。晋献公逼死了太子申生，而郑文公总共有七个儿子，其中有四个儿子死在了他的手上，最后只留下了嫡长子兰、嫡次子宋、及公子归生。

郑文公因为曾经怠慢过晋文公，所以依附于晋国并不放心，于是便私下里和楚国联系，希望能够得到他的帮助，可是这个消息却不胫而走。晋文公早就想要出兵讨伐郑国了，如今郑国的"背叛"却是给了晋文公一个很好的借口。

晋文公七年（前630），晋文公联合秦穆公一起对郑国发动进攻，晋、秦联军包围了整个郑国，晋国的军队到达函陵，秦国的军队则在汜南驻扎。晋文公这次出征，并不是要小小地教训一下郑国，而是要灭亡郑国。

郑文公听闻消息后，心中惶恐不已，一时间不知如何是好。后来，匆忙中，他派遣早就已经远离政事的烛之武前往秦营，拜见秦穆公，想要挑拨秦、晋两国的关系，对秦穆公软硬兼施，最后，烛之武凭借着自己的才能，最终说服了秦穆公。

烛之武开出来巨大的利益条件让秦穆公心动了，他决定不再帮助晋国攻打郑国，反而是单方面与郑国交好，并且派遣兵力为郑国把守要地，自己则带着大军撤退了。秦军的突然撤退，让晋文公处于十分尴尬的境地，如果继续攻打郑国，那么势必要和秦国撕破关系；如果不攻打郑国，那么自己出兵这一趟也不知作何解释。晋军主战派狐偃则奉劝晋文公先灭掉秦国，然后再收拾郑国。晋文公的思虑更为周密，因为他不想从此断掉与秦国的友好关系，至少现在还不是很好的时机。

虽说这一次郑国因为秦国的退出而没有被灭亡，不过有了这一次的教训，郑文公再也不敢对晋国无礼了，而是小心翼翼地侍奉晋文公。郑文公四十五年（前628），郑文公去世，在晋国做人质的公子兰回国即位，史称郑穆公。郑穆公在位二十二年，也是晋国最主要的追随者之一。

寿终正寝

晋文公九年（前628），晋文公因病去世，晋国大丧。晋国臣子拥立公子骧即位，史称晋襄公。

晋襄公一边主持父亲的丧礼，一边派遣使臣前往各个诸侯国，把晋文公去世的消息昭告天下。中原诸侯对晋文公非常地敬畏，听说晋文公去世的消息后，都连夜赶到绛都，参加晋文公葬礼。晋襄公在诸侯面前发誓，一定会继承父亲的基业，为晋国的霸业、中原的和平再接再厉。

这些诸侯中，唯独秦穆公没有来。至此，人们才看清了秦晋之好的真面目，不过晋襄公刚刚继位，也只能忍下了这口气。

秦穆公听说女婿晋文公病逝的消息，心中倒没有太多的伤感，反而还有一些沾沾自喜：晋文公去世，秦国称霸的机会就来了！这个时候，那些守卫在郑国的秦国将士告诉秦穆公，可以先拿下郑国，再考虑称霸的事情。秦穆公听后，开始调兵遣将，以孟明视为主将，带领秦国大军跨越晋地，征讨郑国。郑穆公对此早就有所准备，最后秦军无功而返，在撤退的过程中，秦国攻灭了晋国的附属滑国。晋国上下大为震惊。晋襄公和众位大臣商讨策略，先轸主张一定要讨伐秦国，栾枝则主张继续维持秦晋之好。最后，栾枝辩不过先轸，于是晋襄公便采纳了先轸的建议，攻打秦国。

晋襄公披麻戴孝，命令三军胳膊上都系上黑布，封先轸为元帅，带领大军征讨秦国。先轸详细分析了秦国的地理特征，考察地利，把晋国大军埋伏在秦军的必经之路——崤山之中，静等着秦人的到来。

秦军过崤、函一带。先轸一声令下，埋伏在侧的晋军突然冲向秦军，奋勇杀敌，打了秦军一个措手不及。晋军把秦军围困在山谷之中，围歼秦军。经过一天一夜的激战，秦军全军覆没，尸横遍野。秦军的三位将领全部成了阶下囚。

晋襄公和诸位将士，带着俘虏的秦军败将，凯旋而归。秦穆公称霸中原的计划就此打破，经过这一战，他再也没有能力和晋国抗衡了。晋襄公也就此声名远播，坐稳霸主之位。

晋襄公元年（前627），诸侯会葬晋文公，晋襄公为父亲发丧，其棺椁安葬在曲沃。晋文公时代结束，晋襄公时代到来。

识大体的妻子齐姜

这里所提到的齐姜，并不是齐襄公的妹妹齐文姜，而是齐桓公的女儿、晋文公的夫人。提到晋文公的夫人，相信人们肯定会想到晋文公曾经出走齐国的事情，而这位齐姜夫人，便是当时狐偃等人商议为使晋文公重振旗鼓，把晋文公强行灌醉，并且让狐偃等人将其带走的女子。

当初，晋国内部发生混乱，晋文公重耳等一行人出走到了齐国，齐桓公对其以礼相待，而且还以隆重的国宴来迎接重耳一行人的到来，后来还将自己的女儿齐姜嫁给了他。时间长了，重耳也喜欢上了安逸的生活，再加上有温柔贤惠的妻子相伴，于是便想要在齐国定居。随行的狐偃等大臣几次劝说重耳重返晋国，但是都没什么效果，心里很是着急。

而在齐姜看来，大丈夫就应该有大志气，而不是如此混沌地过安逸的生活，应该成就一番大作为才是。齐姜曾经以齐国宗室之女的身份，四处寻访，想要为重耳拉拢可以依靠、协助的力量，甚至她曾经请求齐桓公能够派人送重耳一行人返回晋国。可惜，那个时候的齐桓公年事已高，根本就失去了年轻时的勇猛和冲动，一心想要过安稳的生活，怎么也不愿再为了重耳而冒险，最后，也就没有答应齐姜的请求。

重耳已经在齐国生活了十几年，眼看着重耳的壮志一点点地被消磨掉，赵衰和狐偃等大臣心里很是着急。如果再不尽快离开齐国，返回晋国，那么他们最后肯定都会定居在这里，最后心里的抱负没有实现，却还落得个客死他乡的悲惨结局。

于是，狐偃、赵衰等大臣便私自决定，想要找个机会将重耳带回晋国，可是这个商议却被齐姜的侍女听到了，而这个侍女又把这个消息原原本本地告诉给齐姜。齐姜听了之后，稍微思考了一番，问道："你今天所说的这些话，还有其他人知道吗？"侍女答道："我听完便来报告您了，现在知道这件事情的也就只有您了。"

齐姜想了一会儿后，便让人将这个传话的侍女给杀了，可怜这个侍女，忠心耿耿，不但没有得到应有的奖励，而且还白白丢了一条性命。不过在齐姜看来，重耳回国非同小可，这件事情万万不可传出去，以免惹来祸端。为了保险起见，她也只能将这个小侍女杀掉了。从这件事情上，我们也能够看出齐姜是一个机智勇敢、聪明果断的女子，而且是从心里爱着自己的丈夫。

齐姜可不是传统意义上的女子，她并不希望自己的丈夫太过儿女私情，而是希望自己的丈夫能够重振旗鼓，做出一番大作为。后来，齐姜就找到了重耳，对他说道："依现在的局势来看，你应该返回晋国，然后做一番大事才对，而不是一直流连于齐国，在这里无所事事。虽然这里的生活很是平静安逸，但是却也阻碍了你前进的步伐，而那些跟着你一起逃亡的大臣们，他们对你忠心耿耿，心里都在期盼着你可以重返晋国，重振国威，他们在你的手下效力，也能够有一番作为。就算你不为自己考虑，你也应该考虑一下他们的感受。"谁知，重耳竟然笑道："只要夫人陪在我身边，这辈子我也就很满足了。夫人不必再劝，我是心甘情愿留在这里的。"

齐姜见自己的丈夫怎么说都不听，便气冲冲地说道："亏你还是晋国的公子，心中却是贪图享乐、不思进取之徒。现在，你们晋国国内的形势有变，正是你回国的大好时机，更何况你的亲生兄弟都死在奸人的手里，你怎么心中一点念想都没有，不想着回国报仇雪恨吗？看到你这般模样，我真的为你感到可耻！"齐姜好话歹话说尽了，可是重耳还是没有什么表示，他淡淡地说道："夫人这么说的话，可是大错特错的，我这么做，只是想要永远地陪在你身边而已啊！"重耳的这番话，让齐姜很受感动，她心知自己的丈夫这样深爱着自己，心里非常欣慰。不过，齐姜可是一个有远见、识大体的女人，当下便决定与赵衰、狐偃等大臣一起商量对策，把重耳尽快送往晋国。

齐姜不管说什么、做什么，重耳就是听不进去意见，后来齐姜灵机一动，计上心来。她对重耳说："我听我的侍女说，你的手下赵衰等人想要把你偷偷带走，我刚才所做的一切都是为了试探你的真心。果真没有让我失望，你对我是真心实意的。我现在感到非常开心，也非常幸福，改天我们一起喝酒庆祝一下吧!"重耳一听，便立刻答应下来。于是，齐姜暗地里便和赵衰等人商议，想着将重耳灌醉之后，让他们立刻带着重耳返回晋国。

齐姜和重耳喝酒庆祝，在席间，齐姜不断地向重耳敬酒，重耳心里高兴，来者不拒，有多少喝多少。谁知，这酒很是浓烈，重耳喝了没几杯便醉了。然后，赵衰等人赶忙将重耳扶上了马车，连夜赶路，很快便驶出了齐国的领土。重耳酒醒之后，发现自己在马车上，心下顿时生了气，他训斥道："如果这件事情成功了，我们什么都好说；如果没有成功，我肯定会把你们碎尸万段，吃了你们的肉，剥了你们的筋!"

重耳回到晋国，在狐偃等人的帮助下，突破重重难关，终于接掌了晋国的大权，坐上了晋国国君的宝座。他成为国君后，立刻派人把齐姜接了过来，封为正品夫人，而对秦国送来的女子理都不理，由这里也可以看出，晋文公对他这个妻子是非常满意和感激的。

第四章

死于『仁义』的君主——宋襄公

国王档案

☆ 姓名：宋襄公

☆ 政权：宋国

☆ 出生日期：不详

☆ 逝世日期：公元前 637 年

☆ 配偶：王姬（也就是襄夫人）

☆ 子女：2 儿子

☆ 在位：13 年

☆ 继承人：宋成公

☆ 谥号：襄公

☆ 生平简历：

公元前 643 年 10 月 7 日，齐桓公死。太子昭被废除，公子无亏当了国君。公子昭跑到宋国去，请宋襄公帮忙。

公元前 642 年，各国诸侯接到宋襄公通知，要护送公子昭回齐国去当国君，让诸侯派兵相助，以壮声势。

公元前 639 年，宋、齐、楚三国国君相聚在齐国的鹿地。

公元前 638 年夏，宋襄公不顾公子目夷与大司马公孙固的反对，出兵伐郑，楚成王接报后，统领大队人马直接杀向宋国。

公元前 637 年，晋国的公子重耳，在宋国的邻国曹国受到侮辱，来到宋国，宋襄公根据仁义的道理款待了重耳。

公元前 637 年，受伤大半年的宋襄公死于伤口并发感染，结束了他的一生。

人物简评

他是一位理想主义者，一味地追求君子风度，为了那迂腐的信条，而使自己处于被动的局面；他将仁义用在敌国甚至敌军的身上，最后却换来了几次的侮辱；他用错了仁义，终归害了自己，误了国家，成为千古的笑柄。他便是死于"仁义"的君主——宋襄公。

生平故事

宋襄公让位

宋襄公是宋桓公的二儿子，原名为兹甫，是宋国的第二十任君主，也是春秋五霸之一。

说起宋襄公，很多人都对他嗤之以鼻。而他之所以会成为众矢之的，也是因为他坚持至死的那套亘古不变的理论：君子不能趁人之危，他人对我不仁，我不可对他人不义。

宋桓公三十年（前652），宋桓公病重，心知自己的时日不多了，便想要在去世之前将王位的继承人选出来。根据以往的惯例，兹甫的母亲是宋桓公的王后，他也就是所谓的嫡长子，由他继承王位是天经地义的事情。不过兹甫可不愿意接受，而且还不止一次地说，要将王位让给自己的哥哥目夷。宋桓公听了，心中很是诧异，问道："你已经符合了太子的条件，为什么要推荐你的哥哥呢？你不喜欢王位吗？"兹甫却这样回答："目夷的年龄要比我大，而且是一个忠孝仁义之人，只有这样的人才是最合适的国君人选。"宋桓公听了之后，对于这个儿子的谦让非常满意。目夷听说弟弟要将太子的位置让给自己的时候，心里很是激动，不过他很快冷静下来，想道："能把一个国家让给我的人，这才是最大的仁义啊！我就算再仁慈，也是比不过弟弟的。何况，弟弟是王后所生，而我的母亲只是一个侍妾，不管从哪方面说，王位都不应该由我来继承，这不符合法规啊。"这样想着，目夷自然也不会接受他的禅让，最后的王位还是落在兹甫的手中。

齐桓公三十一年（前651），宋桓公因病去世，兹甫继承了王位，历史上称之为宋襄公。

宋襄公的仁义确实名不虚传，他即位之后，并没有打击自己的哥哥目夷，反而给予了他极大的权力，重用他，立为左师，成为一人之下、万人之上的人。只是有一件事情，让目夷伤了心。

齐桓公自从称霸中原后，诸侯小国纷纷归附，甚至有些大国也非常推崇他，尤其是宋襄公，他是最为忠实的齐桓公支持者。

齐桓公曾经九次会集诸侯，宋国每一次都要前去参加和支持，不管齐桓公说什么，宋襄公都无条件赞同。

宋桓公病逝后不久，就有人传来消息，齐桓公要在葵丘召集诸侯开会。听说这则消息后，宋襄公放下准备了一多半的丧事，便匆匆赶去响应齐桓公的号召。当然，宋襄公并不是惧怕齐国的强大，而是对齐桓公的道德主张打心底的支持和赞同。因为这样，齐桓公还非常信任宋襄公，将太子昭托由他照顾。

助齐国公子昭即位

齐桓公去世之后，齐国爆发了易牙之乱。战乱起于太子之争。齐桓公一共有六个儿子，而且全都是庶妾所生，地位平等，所以齐桓公担心自己去世后，会引发王位之争，于是便和管仲商议，把太子昭托付给宋襄公照顾。等到齐桓公过世之后，易牙、竖刁、开方三个逆臣想要废黜公子昭的太子地位，易牙和寺人貂将群吏杀死，立公子无亏为国君，公子昭逃到了宋国。宋襄公是一个仁义之人，他得知齐国有乱，再加上齐桓公生前将公子昭托付给自己，所以不管从哪方面说，他都应该帮助公子昭。何况，宋襄公也是一个野心勃勃的人，他一心想做中原霸主，但是宋国的实力并不是很强，而此时公子昭前来投奔，给了他一个大好的机会，这也是他收留公子昭的主要原因。

周襄王十年（前642），各路诸侯都收到了宋襄公的通知，要护送公子昭返回齐国，做齐国的国君，让各路诸侯派兵支援，也好壮大声势。大部分的诸侯见是宋襄公的号召，并没有多少人理会，只有那些比宋国还要小的国家响应了号召，派遣了兵马来，比如卫、曹、邾等国。宋襄公带领四国联军攻打齐国，齐国的贵族对公子昭的遭遇无比同情，再加上不知道宋军的实力，所以为了保住齐国，他们只好杀死了公子无亏和竖刁，赶走了易牙，在国都临淄迎接公子昭回国。公子昭回国之后，做了齐国的君主，史称齐孝公。

宋襄公帮助公子昭重返齐国，夺得王位，这在他看来可是一件很了不起的事情，是到了树立威信、称霸诸侯的时候了，于是便想要会盟诸侯，确立自己的霸主地位。周襄王十一年（前641），宋襄公将滕宣公扣押，随后又邀请曹、邾两国在曹南会盟，接着，还命令邾文公将鄫国国君当作祭品押到次睢之社去祭祀，想要用这种方式来逼迫东夷臣服。同年秋天，因为曹国不服宋国的安排，宋襄公便带兵攻打曹国。同年冬天，陈穆公邀请各路诸侯重修与齐国之好，于是陈、蔡、楚、郑等国在齐国结盟。这样一来，在诸侯中也就形成了两大集团，楚、齐、郑、陈、蔡等国是一大集团，而卫、邾、曹、滑等小国是宋襄公一党的。

宋襄公十二年（前639），宋襄公派遣使者前往楚国和齐国，想要就会盟诸侯的事情和他们商议一下，以便得到楚国、齐国的支持。刚开始的时候，楚成王接到信后，很轻蔑地笑了，他认为宋襄公的这个做法无疑是自不量力。大夫成得臣说："宋君好名无实，轻信篡谋，我们正好可以利用这个机会进驻中原，争得中原盟主的地位。"楚成王觉得甚有道理，于是便将计就计，答应了宋襄公的请求。

目夷四谏

宋襄公邀请楚成王前来会盟，而楚成王想要借着宋襄公主盟赴会的时机劫持宋襄公，所以也就答应下来了。宋襄公高兴地说："楚成王答应赴盟为仲了。"公子目夷却劝谏道："楚成王这个人很难猜测，你只是得到了他的口头承诺，却不知道他心里到底是怎么想的，我担心你会上他的当。"宋襄公说："你可是太多心了，我以忠信对待他，他不可能欺诈我的。"宋襄公不听公子目夷的话，传令赴会。

七月秋时，宋襄公乘车赴会，公子目夷又劝谏道："楚国强盛却没有仁义，你应该多带一些兵马，以防不测。"宋襄公又说："我和众位诸侯友好相会，说好不带兵马的，如果我不守信用，而这次会盟又是我提起的，以后我要怎么取信于他们？"

公子目夷见宋襄公根本不听劝阻，又退一步劝谏道："你就带着忠信先乘车去，我则带领一队人马埋伏在三里之外，以防万一。"宋襄公生气地骂道："你带着兵马去，和我带着兵马去有什么区别？不行！"

随后，公子目夷无奈地劝谏道："如果你发生什么不测，我再去接应你吧。"宋襄公担心公子目夷违背了他的信义之道，于是，便命令公子目夷和他一起赴会。

楚成王派遣成得臣、斗勃两位大将，各自率领五百兵甲扮作随从，礼服里面穿着甲铠、揣着刀剑，前往赴会。盟会期间，楚王一声号令，一千多甲士奔出，吓得其他诸侯都不敢说一句话，楚王将宋襄公的六大罪状一一列举出来，下令捉拿宋襄公。公子目夷则是趁机返回宋国，做好迎敌的准备。大夫公孙固则让公子目夷假意即宋国君位，楚成王见宋襄公已经变成一个没有用的匹夫，也就将他放回了宋国，公子目夷随即将他迎回国，使宋襄公复君位。

宋襄公大叹：我真后悔当时没有听公子目夷的劝谏啊！悔不听目夷当初谏言呀！可是，其悔言太迟了。当然，这是后话。

宋襄公会盟被捉

周襄王十四年（前639）春，宋、齐、楚三国国君在齐国的鹿地聚首。宋襄公则以盟主的身份自居，在他看来，这次会议的发起人是他自己，而且还认为自己的地位要高于楚、齐两国的国君，自然这盟主地位也就非他莫属了。他事先没有征得齐国、楚国的同意，自作主张地草拟了一份在宋国会合诸侯，扶植周天子王室的通告，而且还将时间定在了同年的秋天。楚成王和齐孝公两人对此很不满。不过，碍于面子问题，最后还是同意了宋襄公的建议，在通告上面签了字。

秋天到了，楚、陈、蔡、许、曹、郑等六国的国君都如约而来，只有齐孝公和鲁国国君没有到。在开会的时候，宋襄公说："各路诸侯汇集在这里，主要是为了效仿齐桓公的做法，订立盟约，共同辅佐王室，停止相互间的战争，以此来平定天下。各位意下如何呢？"楚成王说："您说的很多，但是不知道盟主的位置该由谁担任呢？"宋襄公说："这个事情很好说，有功论功，无功论爵。这样吧，谁的爵位最高，那么谁就任盟主吧。"刚刚说完，楚成王又说道："楚国早就已经称王了，虽然说宋国也是公爵，但是比王要低一等，所以盟主的位置自然是由我来做了。"说完倒也不客气，一下子便坐到了盟主的位置上。宋襄公看到自己的如意算盘落空，心中很是愤怒，他用手指着楚成王的鼻子骂道："我的公爵是周天子亲自册封的，敢问这天下间谁会不承认？而你的那个王是你自封的，你有什么资格做盟主？"楚成王说："你说我这个王是假的，那你请我来做什么？"宋襄公说："楚国原本是子爵，假王压真公。"他的话刚一说完，只见楚国大夫成得臣将身上的长袍脱去，露出了里面的铠甲，手中摇动着一面小红旗，不一会儿的工夫，那些和楚成王一起来的家仆、侍者也都纷纷将外衣脱去，这才看到，原来个个都是内穿铠甲、手持刺刃的兵士（会盟之前，各诸侯曾经讲下会盟的时候，各国诸侯都不许带兵，可是楚国却不讲信用，因此也留下了一个"不仁不义"的恶名。再加上宋襄公的仁义之名，也使得中原一些国家为宋襄公愤慨不已）。

宋国的士兵围在门口，看到自己的国君被楚君控制，便想要冲进来营救。谁知成得臣大喊道："难道你们想让宋国的国君死无全尸吗？你们也想要成为刀下之鬼吗？你们可以四处看看、听听，我们楚国的大军队已经杀过来了。"所有人仔细一听，远处果然传来了喊杀声，声音越来越近。原来楚国的司马斗子西带着四百辆车潜伏在宋、郑两国的边界，天刚黄昏，就杀向孟地。公子目夷对宋襄公说："我得回国去了！"子玉看了一眼楚成王，见楚成王点点头，也就没有多加阻拦。宋襄公伤心地说："我落到这一田地也是咎由自取，从今往后，宋国就是你的了！"公子目夷回答道："你不说宋国也是我的。"说完之后，便急忙带着自己的下属，朝着商丘奔去。幸好公子目夷做了完全的准备，才抵挡住了楚军攻打宋国，保得宋国的平安。

鲁僖公听说宋襄公被捉了，心里也非常痛快。臧文仲劝道："兄弟之间就算再不和气，但是如果有强盗来抢劫，就理应一致对外。鲁国和宋国是邻国，如今宋国国君却被扣押在楚国，鲁国可不能袖手旁观啊。"正说着，楚国的大司马斗子西来了，带着宋国的一些俘虏，想要将其献给鲁国国君，并且还说道："宋国的国君已经被押到了薄地，我们国君正等着您去一起审判呢。"臧文仲对鲁僖公说："表面上，楚国这么做是为了尊重鲁国，但是实际上却是想要向鲁国示威。如今楚国又包围了宋国的都城，主公应该借着楚国人现在表面上对鲁国尊重的机会，调停宋国和楚国的矛盾。"鲁僖公听了之后，便前往薄地（今安徽亳州），楚成王以及陈、蔡、郑、许、曹等国的诸侯都在。通过鲁僖公的从中周旋，宋襄公承认了楚成王的盟主地位，各个诸侯在薄地会盟后，楚成王才将宋襄公释放，并且撤回了围攻宋国都城的军队。《春秋》僖公二十一年（前639）记载："楚人使宜申来献捷。十有二月癸丑（十日），公会诸侯盟于薄，释宋公。"宜申便是斗子西。

泓水之战

宋襄公被放后，感觉没有脸面再见国人，于是便前往卫国找自己的舅舅诉苦。公子目夷听说后，派人去迎接他，说："当时是为了断绝楚人的非分之想，才说宋国是我的。其实我只是想帮助您守住宋国罢了，现在您已经出来了，还是赶快回国吧！"宋襄公一想，做一国之君要比一个逃犯强得多，所以也就顾不得颜面的问题，就跟着使者回国了。宋襄公算是白忙了一场，诸侯盟主没有做成，还做了楚国的俘虏，这件事情他越想越窝囊。宋襄公是恨透了楚国，可是因为楚国强大，他一点办法都没有。于是，他又把仇恨的目光转移到楚国的同盟——郑国上。他决定好好教训一下郑文公，也好出一出心中的这口恶气。公子目夷得知后，前来劝阻道："您就不要再嫉恨了，如果我们再出兵攻打郑国，那么我们宋国的损失将会更大。"宋襄公冷冰冰地回答说："如果我有什么不测，宋国还是你的。"公子目夷听了之后，只是叹了口气，便退下了。

过了没多长时间，郑文公前往楚国拜见楚成王。宋襄公认为机会来了，便和滕、卫两位国君一起带兵征讨郑国。郑文公看到三国联军兵强马壮，自己根本就不是对手，于是一边闭城不战，一边派遣使者前往楚国求救。楚成王召集子文、子玉、子西商量对策。子文说："楚军和中原的军队还没有正面交锋过。齐桓公去世之后，中原没有了主人；薄地一盟，虽然宋国国君最后不得不承认您的霸主地位，但是心里却是不服气的，他还是没有放弃霸主的念头，而现在却是教训他的好机会。宋国一心想要称霸，与齐国、鲁国又有矛盾，我们攻打宋国，齐国、鲁国肯定不会出兵营救的；蔡国的国君依附于我们国家，陈国的国君则是摇摆不定，这一次命令陈国、蔡国助战，陈国国君不敢不从。三国大军攻打宋国，让宋襄公放弃他的霸主梦，也对其他的诸侯国形成一种威慑力。"大家都同意子文的意见，于是子文又提议道：趁着宋国内部空虚，我们出兵直接攻打他的国度，使得宋襄公无法顾及攻打郑国。实际上和子文的猜测还是有点出入的。蔡国国君同意攻打宋国，而陈国国君却说："你们可以从我国借道，但是我可不敢出兵攻打宋国。因为宋国国君曾经也请我出兵讨伐郑国，被我给拒绝了。"

宋襄公听说楚国、蔡国大军直奔商丘，就和大司马公孙固商议防守对策。公孙固提议先领兵回商丘，再和楚军设法和解。宋襄公坚决不同意，他认为：蔡国出兵肯定是迫于楚国的压力，战斗力根本不足畏惧。上一次，在盂地会盟的时候，楚国人占了便宜，也只是因为自己太过于信任楚国，才让他们有了可趁之机，而现在正是报仇的大好机会。如果不制服楚人，我就难以称霸天下。公孙固见宋襄公迎战的决心不可改变，于是便建议道："楚国人肯定是由蔡国进入陈国，再横渡泓水攻打我商丘。如果迎战，不如在次睢之地沿着泓水河岸设防，可以凭借那里的险峻地势出击，楚军必败无疑。"宋襄公同意了，于是便带着三国兵马迅速赶往次睢的泓水边安营。大司马公孙固是一个有远见的人，宋军刚刚安营扎寨好后，楚军便已经到达泓水对岸了，两军相遇的地点，便在今河南柘城西南，离宋襄公杀鄫子祭睢神的地方不远。泓水自西北流向东南，也就是今天的惠济河。两军隔河相对，宋军守着东北，楚军占据西南。泓河水势湍急，很利于弱小国家的防御。

楚国大司马斗子西看着这宽阔的河水，心中也很发愁。子玉却笑着说："不必过分忧愁，你看！"子西随着子玉的手指望去，看到泓水河的对面，竖立着一面大旗，上面写着"仁义"两个字。子玉说："既然宋襄公以仁义行天下，想来肯定不会乘我军之危的，你尽管放心好了，让将士们渡河吧。"子西说："虽然这么说，但还是不能大意。下游五六里处，有一片树林夹河，我准备让五千将士半夜从那里偷偷渡过河去，如果遭遇宋军的阻拦，那么他们可以接应我们；如果宋军不阻拦，那么就让这五千多士兵作为伏兵，攻击宋军背后。"子玉同意。南方水多，楚人个个善于泅水，五千将士就这样神不知、鬼不觉地到达了泓水河对岸，暂时隐蔽在树林中。

第二天，子玉将军队分散在泓水河岸边，绵延好几里，蔡国军队在中间，楚国军队在两侧。天刚刚亮，蔡国军队开始乘船渡过，楚兵则是泅渡，一齐向对岸游去。大司马公孙固要下令截击，宋襄公急忙阻止道："宋国和楚国最大的区别就在仁义上。楚国人都是欺诈的小人，偶有小得；而我们宋军则是仁义所在，肯定会胜利的。"接着，他又给公孙固说出了隐藏在自己心中的秘密："你知道公子目夷为何对我如此忠心吗？那是因为他被我的仁义感动了。刚开始，我想要把太子的位置让给他，但是他不敢接，最后还四处夸赞我是一个难得的仁义之君；在孟地的时候，我又要将宋国给他，可是他还是没要，等我回来的时候，他又把宋国给我了。我出来没脸做国君，便去了卫国，而他又让人将我从卫国请了回来。你知不知道齐桓公为什么会把他的太子托付给我，而没有托付给其他人？这是因为他也是被我的仁义所感动。施行仁义，有时候可能就是口头上说说而已，但是它所起到的作用却不能小觑。如果没有'仁义'二字，这霸主，我肯定是沾不上的。"

公孙固不知道宋襄公出于什么目的，在这个时候，他竟然还在谈仁义经；不过，公孙固一点都没有听进去，他双眼紧盯着楚军的行动。现在，楚国军队基本上都渡过河了，正在岸边集合列队，这时，公孙固又继续劝谏宋襄公说："趁着楚国军队还没有整齐的时候，赶紧下令吧，或许还能够有胜算！"看着公孙固三番两次地劝自己进攻，让自己违背仁义道德，宋襄公不由得恼火，大骂道："你这个人真是没有仁义之心，你这么做和楚国人有什么区别？我当初真是瞎了眼，竟然让你任职大司马！"骂完之后，公孙固也就不再吱声了，任由宋襄公什么时候进攻去。楚军列阵完毕，宋襄公踏上战车，将长枪一挥："击鼓！"随着鼓声，宋襄公带领卫、滕三国联军，四百乘车辆，向蔡军猛扑过去。其实，宋襄公早就已经想好了，楚国军队渡河而来，没有战车，而宋军的战车，不管进还是退都有着极大的优势；再加上蔡国军队根本无心交战，肯定一冲就垮，他们垮了，便会在很大程度上影响楚军的士气，必然四下溃逃，到了那个时候，以战车追捕步卒，就好比猛虎扑羊。这般想着，宋襄公又不禁得意起来。宋襄公猜测得不错，当宋国大军压向蔡军队的时候，这些平日里用惯了战车的将士，顿时手足无措，不知该如何是好。后边是泓水河，两边是楚国大军，真得无路可逃，只好硬着头皮和宋军作战。而楚军等的就是这个机会，他从宋军两侧出击，攻打宋军。宋襄公认为有了战车，进退都有优势，那只是两军不在黏合状态才行的；如果短兵相接，车兵的优势也就转化成了劣势。宋国军队被楚国军队团团围住，动弹不得，蔡国军队见此情景，又恢复了战斗力，奋力杀敌。公孙固见宋襄公被围困在了战场中心，立刻大叫道："公子荡，赶快保护主公杀出去！"于是公孙固在前，公子荡断后，两人带着宋襄公杀出重围。可这边刚刚出来，那提前埋伏的五千楚军又围了上来。公孙固带着宋襄公，从还没有围严的缺口处向外猛冲，公子荡断后。宋襄公刚想回头观望，就有一支箭横空而来，射到了他的右腿上。而那刺有"仁义"的旗子早就不知所踪了。

宋军一看宋襄公都跑了，而其他几个重要的将士也都跑了，也就没有了战斗力，跑的跑，投降的投降；幸好卫、滕两位国君起动得慢一步，看到宋军大败，侥幸得以逃脱。泓水一战，宋军丧失了全部的主力。《左传》僖公二十二年（前638）记载道："公伤股，门官歼焉。"门官便是国君卫队，意思就是说宋襄公的卫队被全歼了，而宋襄公能够逃出去，也实属万幸。

郑文公听说楚军打了大胜仗，彻底解除了宋国对郑国的威胁，心里很高兴，特地带着厚重的礼物前往泓水去犒赏泓水的将士，而且还邀请楚成王能够前往郑国，给自己一个尽地主之谊的机会。楚成王原本想要趁着这个机会报复陈国的，但是既然郑文公极力邀请，也不好驳了他的面子。最后，他让蔡国国君先行回去，而他则跟着郑文公来到了郑国。

大军在新郑郊外的柯泽驻扎，郑文公大摆筵席，以最高的规格来招待楚成王，物品丰盛更是不在话下。宴会结束后，楚成王想要回到军营去，郑文公让自己的夫人楚芈带着齐姜前去送楚成王。

齐姜是齐桓公的女儿，楚芈想让哥哥楚成王知道：在鲁国，齐人依靠的是诡计，让楚国的女儿从夫人变成了妾室；但是在郑国，齐桓公的女儿就得服从楚女的管制，自己让她做什么她就得做什么。不过，最让楚成王开心的，还是妹妹楚芈的两个女儿，大女儿十五岁，小女儿十三岁，都跟着母亲一起前来看望舅舅。楚成王见这两个外甥女出落得亭亭玉立，心里很是高兴，把她们留下来多聊了一会儿，而楚芈则带着齐姜先回去了。

子玉心知楚成王对这两个外甥女动了心思，便偷偷地说："如果您真的喜欢这两个小公主，您把她们带回国不就行了吗？"楚成王问："那么舅舅可以迎娶外甥女吗？"子玉说："别说舅舅娶外甥女，就是外祖父娶外孙女的也很常见。齐桓公的两个夫人长卫姬和少卫姬，便是卫惠公的女儿，而惠公的夫人正是桓公的女儿。"楚成王听后，也没有和郑文公告别，便连夜带着两个外甥女，坐车回楚国了。《左传》同年又记载："郑文公夫人芈氏、姜氏劳楚子于柯泽……夜出，文芈送于军，取郑二姬以归。"郑文公和楚夫人见女儿一夜都没有回来，就已经知道发生了什么事，但是谁都不敢多说一句。

行仁义　得回报

在宋襄公受伤的那段日子里，晋国发生了一场内乱，晋国公子重耳逃亡。这一次，重耳一行人来到了宋国。他的随从狐偃是一个足智多谋又善于交际的人，来到之后没有多久，便结识了宋国的大司马公孙固，而且两个人的关系极好。

于是，公孙固对宋襄公说："晋国公子重耳在外流亡了很多年，但是他的善行却一如从前，对待狐偃就好比对待自己的父亲一般，对待赵衰也好像对待自己的老师，对待贾佗偃就好比对待自己的兄长。狐偃是重耳的舅舅，宽惠而有谋略。赵衰则是赵凤的弟弟，文质彬彬并且忠贞不二。贾佗为晋国的王室成员，是一个见多识广而待人宽厚的人。这三个人可以说是重耳的左膀右臂。重耳和他们每日相处在一起，不离不弃，有什么行动都会先请教这三个人，没有一丝一毫的怠慢，或许这就是礼了吧。《商颂》中说：'商汤以身下士，勤勤恳恳，所以商汤的圣德才闻名于天下。'以身下士，这也是说的礼吧。所以王上，您得好好考虑考虑。"

很快，宋襄公便考虑好了，以国礼郑重接待了重耳，并且还赠送给重耳二十驾马车。那么什么是国礼呢？那就是以接见诸侯的规格接见重耳。意思是说，宋襄公将公子重耳当作晋国的国君来接待。那么宋襄公这么做的原因是什么呢？宋襄公经过泓水一战后，宋国的士气和经济都受到了严重的打击，争霸的企图也彻底落空，所以宋襄公希望，以后宋国再有难的时候，可以得到晋国的支援。

这天，公孙固和重耳并案南面而坐。公孙固举起酒杯："公子请。"重耳也举着酒杯说道："非常感谢宋公的盛情招待，也要谢谢司马大人的厚爱。"

公孙固放下酒杯，拍掌道："献七牢之礼。"重耳起身谢礼："很是惭愧！重耳何德何能，还劳烦司马大人亲自前来，还献上了如此厚重的礼物？"

公孙固避席还礼："臣奉了王上的命令，以国君的礼仪招待公子，如有不妥善的地方，还要请公子多多见谅才是。"重耳回答："宋公想要图霸主大业，可见胸襟非同一般。礼尚往来，重耳也应该当面谢谢君主。"公孙固有点为难地说："这好像有些不妥吧。"重耳疑惑地看着他，继续问："君主送太子昭回到燕国，做了燕国的国君，已经在诸侯中立下了威名。君主正值中年，一展宏图，重耳想要当面答谢，合情合理，有什么不妥之处呢？还请司马大人详细地告知！"

公孙固说："泓水一战使得宋国脸面尽失，哪还有脸接待贵宾呢。"重耳接着说："大司马一向慎重，从来不打无把握之仗。"公孙固说："我宋军在泓水河北岸驻扎，严阵以待。楚军在子玉的率领下，过河和我宋军较量。"重耳奇怪地问："既然是有备而来，怎么会败得这么惨？"先轸也问："楚军竟然敢在列好战阵的宋军面前过河，这摆明是看不起宋军。轻敌是作战时的最大弱点，也是宋军出战的最好时机，怎么会输呢？"公孙固说："先将军的言论，可谓是兵家名言。"重耳问："这么说宋军根本就没有趁此攻打楚军？"

公孙固说："我宋君打着'仁义'的大旗，下令不让攻击正在渡河的楚军，也不让在楚军还没有成阵形的时候攻击。"先轸道："真是可惜了！宋军竟然错过了两次大好的机会，岂有不败的道理呢？"

公孙固说："君主还下达了不该发布的命令。"重耳问："什么命令？""君主命令三军，不许伤害受伤的士兵，不许逮捕有白发的老兵，不许在险要地带攻击敌人，凡是有违者斩。"

赵衰叹息道："疆场之上，都是你死我活，哪有什么仁义可讲。那样的军令实在愚蠢，宋国肯定会失败了。"公孙固悲痛地道："何止是失败啊，简直是国耻。有三万将士跟随出征，可是却无一生还，就连三军辎重器械也都损失殆尽。"

先轸"呼"地站起道："宋君不听大司马的劝阻，不采纳将军的计策，失去了坐拥疆场的良机，不该打败的仗打败了。"魏犫也愤言："损兵折将，自食恶果。"

重耳说："魏将军不得鲁莽。""就连我们宋国人都是这么说的，现在想想都不寒而栗，怪不得各位将军。"公孙固说。

重耳沉吟道："争霸天下，号令诸侯，只依靠虚假的'仁义'肯定是不行的。应该依靠战争消灭战争，才能够得到稳定和融合。"

公孙固说："君主现在已经醒悟了，决定要报仇。"重耳说："胜败乃兵家常事，有了前车之鉴，养精蓄锐，可以再来的。"赵衰说："国家已经丧失了精锐，要想恢复元气谈何容易。"

过了一会儿，公孙固起身告辞："已经很晚了，我要回去了，公子有什么需要，只管差人吩咐。"重耳抱拳道："大司马的一番话，重耳受益终生。"

就这样，重耳等人在宋国住了一段时间之后，公孙固便又对狐偃说："宋国只是一个小国家，而且刚刚打了一场败仗，恐怕是没有能力送公子重耳回晋国的。从长远来看，你们还是要求助于大国为好。"公孙固说得很真挚，狐偃也不是一个迂腐的人，他心知公孙固说的都是实话，而且也是从自己的角度考虑，于是便接纳了公孙固的这一建议。

宋襄公临终之前，曾经叮嘱过太子："我们最大的仇人就是楚国，一定不要忘了报泓水之仇。公子重耳是一个贤能的人，以后肯定能够成就一番霸业。虽然当时我们宋国无力帮助重耳回国，但是在那般情况下，我们还送给了他二十驾马车。如果有什么困难，可以向他求救。"

宋襄公去世五年后，楚国带兵攻打宋国，晋国为了报答宋国的恩情，出兵相救，在城濮打得楚国再也不敢觊觎中原，最后也让宋国报了泓水之仇。

宋襄公去世

而泓水一战之后，宋国百姓对于宋襄公的"仁义"谩骂不绝，宋襄公一瘸一拐地边走边说："仁义的军队就是要以德服人，我以仁义打仗，绝对不会趁人之危的。作为君子，也不会俘虏年迈的士兵，而且还要善待俘虏。"旁边的士兵听了之后，心中也不由得咒骂一声。

宋襄公的伤势很重，来不及送到距离泓水一百多里的国都雍丘治疗，而被就近送到了距离泓水大约三十公里的宋国的一座古城内。这座城南临睢水，所以当时的人们称之为"睢城"。旧址位于今睢县北湖西边。

宋襄公被安置在睢县城官府内疗伤，他的子女也都一同来到了这里，与此同时，还有十几位太医前来，给宋襄公诊断下药，敷贴药饵，灌喂汤散。两个月后，虽然腿上的伤口还没有愈合，不过，其病情倒是有所好转。

有一天，公子目夷前来探望宋襄公，宋襄公反省道："我听人说，君子不能伤害伤员，战争中也不能抓捕白头发的老兵，不攻打没有做好准备的敌人。"听了宋襄公的这番话，公子目夷觉得又好气又好笑，于是又耐着性子开导他说："既然和他国作战，那么双方就是敌人，你不杀死对方，对方便会杀死你，这个道理连小孩妇女都知道！如果战场上对白发的老兵升起了怜惜之情，那么我们干脆投降好了，为什么还要打仗呢？打仗的结果就是你死我活的，怎么打对自己有利就怎么打，还管什么仁义道德啊？我看国君您是不懂得作战，可又偏要兴师动众……"宋襄公吞吞吐吐地说："你又不是不知道，我是最讲仁德的呀。"公子目夷再也忍不住了，他哈哈大笑道："我知道，你讲的全是虚假的仁德呀。"宋襄公也就不再说什么了。

可是，谁也没有料到，到了第二年，也就是公元前637年的春天，宋襄公腿上的伤口竟然感染了，脓血一直流出来，剧痛不止。渐渐地，身体开始浮肿，气息逐渐微弱，各个太医对此都没有办法，什么药都没有用。

有一天深夜，宋襄公心中发慌，头昏目眩，身体沉重，一会儿糊涂，一会儿清醒。宋襄公明白，自己的时日已经不多了。宋襄公看了看满屋子的人，最后将目光停在了大司马和目夷的身上，说："我将楚军中年纪大的人看作是兄长，从心里也没有将他们看为仇敌，对他们讲仁义，不愿意伤害他们，可是没想到，他们竟然会对我下毒手！"说完，眼睛微微闭了闭。所有人听了之后，都流下了眼泪。

有人说："君王实在是太善良了。"

有人说："君王太仁慈、太讲仁义了。"

这个时候，屋外刮起了一阵风，屋内一片寂静。

宋襄公睁开双眼，又看了看满屋子的人们，说道："我以先王纣王为戒，对人讲仁义，想要干出一番事业，可是最后我还是没有做到。"说完，眼中竟然流下泪来。接着，他又说："我看这里的风水倒是不错，我死了之后，尸体就不要运回都城了，就直接埋葬在城东南那座土丘上吧！"话刚说完不久，宋襄公便一命呜呼了。

按照宋襄公的遗嘱，目夷让人一边打棺材入殓，一边在那座土丘上挖掘墓穴，选择良辰吉日，入穴安葬。随后，在宋襄公陵墓前又建筑了一所庙宇。其中最大的三间殿堂坐北朝南，是蓝砖黄琉璃瓦构建。大殿里面，在北墙的地方放了一张长案子，案子中间设置神位，上面写着

"宋国君宋襄公神位"。庙里，还有专门的人员把守、进香、祭祀。

所以，睢城也被称之为"襄邑"，后来又称之为"拱州"、"睢州"、"睢县"。

关于宋国国君宋襄公为什么要求葬在这里，还有很多种传说。有人说，宋襄公的祖籍在睢县，他选在睢县，也是因为叶落归根；也有人说，宋襄公生前曾经好多次来睢县，他认为睢县是一个风景优美的地方，气候宜人，百姓好客，人杰地灵，所以才由衷地喜欢上睢县；还有人说，宋襄公受伤之后，在送往睢县城的时候，一路上昏迷不醒，当路过埋葬他的那个土丘时，他突然间清醒了，只看到面前有一片金碧辉煌的宫殿，一个白胡子老头走到他的面前，用手指着宫殿对宋襄公说："王上，这里就是你以后的归宿了！"

原本，安葬在那里，也算是顺了宋襄公的意。谁知，天有不测风云，人有旦夕祸福。有一天，黄河决口，将距离黄河古道大约六十里的新筑的襄邑城淹没。一瞬间，城邑陷入地下两丈深，一座繁华的城市变成了湖泊。奇怪的是，宋襄公陵墓和他所在的地方并没有下陷，竟然成了湖中岛屿。不过，宋襄公陵墓前的庙宇却被大水吹塌了，变成了一片废墟，看庙的人也不知道哪里去了。后来，人们又将这个岛称之为"宋襄公陵岛"，简称为"宋襄公陵"。

宋襄公凭什么位列春秋五霸

很多人或许不明白，宋襄公生前并没有成就一番霸业，没有打过一场铭记史册的胜仗，也没有让宋国一举成为强国，最后反而死在了自己的仁义之下，那么到底是因为什么才让他列入春秋五霸的呢？其实，原因有以下几点：

首先，宋襄公的仁义，天下皆知。

齐桓公临死之前，将太子昭托付给了宋襄公，齐桓公为什么这么信任宋襄公呢？

其一是宋襄公的父亲和齐桓公的关系非比寻常；

其二是因为宋襄公这个人以仁义闻名，深受各路诸侯的敬重。

担着这样一个美名，齐桓公自然会对他刮目相看了。

其次，宋襄公第一次号令诸侯。

齐桓公离世之后，齐桓公的几个儿子为了争夺储位，发起战争，搅得齐国上下不宁。太子昭被迫离开齐国，逃到了宋国。

后来，在宋襄公的帮助下，号令诸侯，使得公子昭重返齐国，做了齐国的国君。这样，在齐桓公去世之后，宋襄公成了第一个号令诸侯的人，他的地位和名声自然也会大大提高了。

再次，宋襄公平定了齐国之难。

宋襄公带领卫、曹、邾几个小国攻打齐国，平定了齐国之乱，让公子昭顺利当上了齐国的国君。

这样一来，宋襄公的名气就更大了，就连齐国的一些事务也要他插手代劳。那么，纵观天下间的诸侯，还有谁能够和宋襄公媲美呢？从那儿之后，宋襄公也认为自己劳苦功高，天下霸主的地位非他莫属了。

实际上，宋襄公确实当过一段时间的霸主，也做了一些霸主的事情，只是他的霸主地位并没有得到周天子的承认。所以，宋襄公是实实在在的霸主，也是一个不合法的霸主。

宋襄公的荒淫妻子

宋文公，是春秋末期人，原名子鲍，又名公子鲍，宋昭公的弟弟，宋襄公的孙子。而王姬则是宋襄公的妻子，是宋文公的祖母。不过，从年龄上来看，王姬可不是宋文公的祖母，因为她只比宋文公大二十岁左右。

王姬可以说是一个聪明的女人，宋襄公去世的时候，她还不到二十岁，就能够掌控宋成公的生活，由此也可以看出她的手段是极其高明的，可以说是开中国垂帘听政之先河的第一人。宋成公为了表示其忠心，干脆随了王姬的姓，改名为王臣。

宋昭公即位后，王姬依然把持朝政。根据《左传》叙述，宋昭公知道王姬要杀死自己，但是他却没有任何办法，只能坐以待毙。由此也可以看出，宋昭公手中并没有实权，王姬想要将公子鲍捧上位，是一件很容易的事情。

当王姬看上自己的时候，宋文公自然也有其应对的办法。

首先是决然地拒绝王姬的要求。宋文公的长相还不错，对于这个比自己大二十岁的女人并没有多大的兴趣，何况这个女人还是自己的祖母。其次就是极力收买民心，为自己赢得了很不错的名声。

面对"小孙子"这般冷淡，王姬心中很是郁闷，也颇有不甘：她所看上的人，要想方设法地得到才行。看到"小孙子"四处笼络人心，王姬心中也来了主意。

于是，王姬便投其所好，扮演"贤内助"的角色。她见公子鲍想要施恩收拢人心，于是她便为其提供大量的银两，供其施舍，赢得了公子鲍的好感。不得不说，王姬确实聪明。

宋昭公九年（前611），王姬派人杀死了宋昭公，并且改立公子鲍为宋国的国君，史称宋文公。

王姬将宋文公推上了国君的宝座，那么宋文公心里也明白王姬的意思，就这样，遮遮掩掩下，宋文公成了王姬的新宠。从整个过程上来看，其实宋文公并不是被王姬逼迫了，而是自愿的，或许他早就想利用王姬让自己达到目的，那么也就没有胁迫一说了。

再来说说王姬这个女人，虽然已过中年，但是风韵犹存，很是妩媚，再加上她的聪明能干，又掌管宋国的朝政大权，这些条件对于不甘心只做一名贵族的公子鲍来说，是有着巨大的吸引力的。

根据历史记载，宋文公还没有做国君之前，就和王姬的关系不一般。可是，当王姬要和他私通的时候，他却退缩了，这是为什么呢？其实，这也不难理解，因为他讨祖母的欢心，其实并不是为了两个人的私通欢愉，而是为了那个君位。所以，刚开始的时候，他还表现出一副贞洁的样子，不理会王姬发出的邀请，而且还每日乐善好施，树立自己的贤能形象，其实这些都是做给王姬看的，意思也就是告诉他，他的内心到底想要什么。

目的达到后，他也就不会再推辞祖母王姬的要求。从公元前610年开始，一直到公元前589年宋文公去世，这二十几年的时间，他都被掌控在王姬的手中，就好像他的父亲、哥哥一样，都是王姬的一个玩偶而已。宋文公的儿子宋共公继位之后的第二年，王姬也去世了，终年六十一岁，极度荒淫的一生终于走完了。

城濮之战　　退避三舍

城濮之战是晋国和楚国之间的一场恶战，在春秋的历史上有着重要的意义。

泓水之战以后，中原各国都已经臣服在楚国的军威之下，楚成王又攻占了齐国的谷地，拥立公子雍，给齐国带来了巨大的威胁。而晋国自重耳即位以来，晋国的实力也越来越强大，为了中原霸主的地位，楚国和晋国难免一战。

周襄王十八年（前634），宋成公因为父亲宋襄公曾经善待过晋文公重耳，所以背弃了楚国，归附于晋国门下。同年冬天，楚成王命令尹子玉、司马子西带军征讨宋国，第二年冬，宋国向晋国告急。晋文公起兵救宋，拉开了城濮之战的序幕。

晋国上下对这一次的行动非常重视。从策略上来讲，晋国不会直接支援宋国，而是征讨和楚国关系比较好的曹国、卫国，这样一来，楚国肯定会派兵营救，那么宋国的危机也就可以解了。周襄王二十年（前632）春，晋国带兵攻打曹国，借道卫国，卫国人不允许，于是晋军便攻打卫国的五鹿。卫侯见晋国大军压境，晋国和齐国又结为同盟，卫侯便请求参加结盟，晋文公没有答应。卫侯还想要接近楚国，楚国人不同意，便将卫侯驱逐了。晋军最后得到了卫国。在晋国攻打卫国的时候，鲁国曾经派遣公子买帮忙驻守卫国，如今卫国灭亡了，鲁君将公子买撤回，杀了他。

如今，晋国大胜，卫侯逃亡。三月，晋军南下攻打曹国。十二日，攻入曹国国都。

晋军攻打曹国和卫国，本意是想救宋国，但是楚军根本就不上钩，还是一味地攻击宋国，宋国再一次向晋国告急。晋大夫先轸建议：让宋国的使者前去贿赂齐国和秦国，让齐国、秦国力劝楚国退兵。晋国则将曹共公逮捕，把曹国、卫国的田地分给宋人，这样就可以激怒楚国人，让其不听齐、秦的劝解。齐、秦劝楚国不成，就肯定会站在晋国这边，决定和晋国一起对战楚国。

楚成王看到中原形势已经发生了巨大的变化，于是便退兵申邑（在河南南阳市），命令大夫申叔撤回攻占齐国的谷邑，令尹子玉撤回围宋的军队。可楚令尹子玉是一个骄傲的人，他不听楚成王的劝告，并且派人向楚成王请求出战。楚成王既不愿意和晋国交战，却又答应了子玉的请求，支援他兵马。

子玉得到楚成王的增援，为人变得更加狂傲了。他派遣宛春前往晋国营地说："请复卫侯而封曹，臣也会释放了宋国。"子玉虽然为人狂傲，但是作为楚国令尹，也并不是有勇无谋之人。如果晋国答应了他的要求，那么卫国、曹国、宋国都会感激楚国；如果晋国不答应他的要求，那么宋国、曹国和卫国都会怨恨晋国。不过，他的这一计谋被晋国将领先轸识破，说："子与之！定人之谓礼。楚一言而定三国，我一言而亡之。我则无礼，何以战乎？"于是，晋国私底下答应恢复曹国和魏国，让他们断绝和楚国之间的联系，而扣留了楚国的使者宛春以此来激怒子玉。子玉哪能受得了这种刺激，贸然带军北上攻打晋军。

当时，晋文公在外流浪的时候，曾经路过楚国，受到了楚成王的热情款待。在酒席宴上，楚成王询问公子重耳说："如果公子能够重返晋国，那么你该用什么来报答楚国的恩情呢？"公子重耳回答道："如果真的像您说的那样，可以重返晋国。如果有一天，楚国和晋国对峙于中原，那么晋国肯定会退避三舍，以此来报答您的恩情。"这一次，晋文公果然实现诺言，面对楚军的进攻，他命令从曹国后方撤退三舍，和宋、齐、秦三国军队一起在城濮（山东省范县南）驻扎。子玉带兵攻打，依托丘陵等险峻形势安营扎寨，晋军和楚军在城濮对峙。晋文公退避三舍，表面上是为了报答楚成王曾经的厚待，事实上也是运用"卑而骄之"、"怒而挠之"的诱敌之计，子玉却是一次次地上钩了。

楚子玉派遣大将斗勃向晋文公请战说："能不能让你手下的军士和我的军士切磋一下，到时我们就在一边好好欣赏就是，也让我们都开开眼，怎么样呢？"晋文公也派人给了他们答词：我们国君已经知道了您的命令。楚成王往日的恩惠，我们都不敢遗忘，所以才会退到此地，不敢和楚成王为敌。可是如今，既然不能得偿所愿，还麻烦大夫告诉二三子：我们也已经准备好了作战的车乘，根据您的指示，准时相见。

城濮交战的时候，双方的阵容为：晋三军，即先轸为元帅，带领中军，郤溱辅佐左右，狐毛率领上军，狐偃在一旁辅佐。栾枝带领下军，胥臣辅佐。楚国也是三军，即令尹子玉以若敖之六卒带领中军，子西（斗宜申）带领右军，子上（斗勃）则是带领左军。楚国的仆从国郑军、许军附属楚左军，陈国、蔡国附属楚右军。

四月六日，晋军在城濮严阵以待。子玉狂傲声称："过了今天，以后就不会再有晋国了。"当两军接触的时候，晋下军佐胥臣带着其部下用虎皮蒙在马身上，首先冲击楚右翼的陈国、蔡国，陈国、蔡国的军队惊骇逃散，楚右军溃败。楚子玉、子上看到右军溃败，心中怒火中烧，又加强了对晋中军和上军的攻势。晋右翼上军狐毛设置了将、佐两面旗帜，命令其两面旗帜后退，引诱楚军。晋下军栾枝所属部下也以车辆曳树枝奔驰而伪装后退。楚子玉看此情景，以为晋右翼败退，所以又立即命令楚左军追击，所以对于陈国、蔡国以及右翼军溃败也没有多加理会。楚左军追击晋上军的时候，侧翼暴露，晋国大将先轸、郤溱带领中军从中截击，狐毛、狐偃带领上军夹击楚左军，楚左军溃败。楚子玉看到左、右军都战败了，于是便下令中军停止进攻，才没有大败而归。子玉带领残部退出战场，晋军攻占了楚军营地，休整三天后，胜利班师。

城濮战役使得晋文公建立了中原霸主的地位，大大阻止了楚国北进的步伐，楚国被迫退回桐柏山、大别山以南地区。中原诸侯都以晋国为首，每年定期朝拜。

在城濮之战中，宋、齐、秦的军队虽然已经到了城濮，但是却没有参加实际战斗。晋国带领七百多战车、五万多兵力打败了楚国、陈国、蔡国、郑国和许国的五国联军共十几万人，这是一场以少胜多的战役。晋国的胜利在于他们知道楚国轻敌，所以在整个作战过程中都没有轻敌，而是认真对待，君臣一心，在政治、外交、军事上，策划周密，牢牢掌握了战争的主动权，所以最终打败了楚国。楚国则不同，楚国自从打败宋襄公之后，变得骄傲自满，中原也再无敌手，楚国上下形成了一种虚骄之气。子玉虽然是一代枭将，但是却没有革除积弊，反而是更加骄狂。面对晋国这样的硬敌，他竟然意气用事，掉以轻心，最后被晋国牵着鼻子走，从而致使战争失败。楚成王得到楚军战败的消息后，让人前去责骂子玉："如果你回到了楚国，你该如何向申息两地的百姓交代呢？"子玉最终羞愤自杀而死。

四月二十七日，晋军进入郑国衡雍（河南原阳县西，当时在黄河南岸），并且在践土（距衡雍较近，当时亦在黄河南岸，在河南花园口黄河北岸）建筑晋王的行宫。晋文公要求诸侯"皆奖王室，无相害也。有渝此盟，明神殛之，无克祚国"。晋文公在"尊王"的旗帜下，顺理成章地登上了霸主宝座。

第五章

一鸣惊人的国君——楚庄王

国王档案

☆姓名：楚庄王

☆政权：楚国

☆出生日期：不详

☆逝世日期：公元前591年

☆配偶：樊姬

☆在位：23年

☆继承人：楚共王

☆谥号：庄

☆生平简历：

公元前613年，熊旅继承王位，称为楚庄王。同年，楚庄王被公子燮、斗克挟持。

公元前611年，楚庄王平定庸国叛乱。

公元前606年，楚庄王在周朝都城洛邑城外陈兵示威。同年，斗椒发动政变，楚庄王杀死斗椒，大大地削弱了若敖氏家族的势力。

公元前597年，楚、晋发生邲之战，晋国大败，楚庄王成为中原霸主。

公元前591年，楚庄王病逝，他的儿子楚共王继位。

人物简评 ✺

　　楚庄王是历史上的春秋五霸主之一，他继承父辈遗志，将楚国推上中原霸主的地位。楚庄王早期贪图酒色、耽于享乐，在大臣的劝谏下，抛弃不良嗜好。亲政之后，他励精图治，打击若敖氏，任用苏从、孙叔敖等贤臣。在与晋国争霸的过程中，楚庄王多次受挫，却能屡败屡战，最终抓住机会，成就霸业，不愧是一位雄才大略的政治家。

生平故事 ✺

楚国内外形势

　　楚国的祖先姓芈，鬻熊的后代，后人多以熊为姓。鬻熊是祝融氏的后代，在九十岁的时候，周文王把他当作老师，后来武王、成王都很尊重他。周成王分封大量异性诸侯，鬻熊的曾孙熊绎被分封到楚地。熊氏供奉祝融为远祖，周成王册熊氏为子爵，曰楚子。

　　芈姓熊氏在楚地的势力逐渐膨胀，周王室为了防止芈姓熊氏侵扰中原地区，就在江汉地区分封了姬姓诸侯国，以此来牵制楚国的势力。

　　西周末年，王室衰微，各个诸侯国渐渐崛起，楚国也趁势而起。至东周初年，周桓王即位，此时周王室的势力还比较大，统治着黄河以南的广大地区。但是周桓王与郑国的郑庄公关系不太好，周桓王对郑庄公很不满意，于是发动了对郑国的战争，结果战败，周王室的势力衰弱，也渐渐失去了威信。熊通向周桓王要求提升他的爵位，桓王不答应。熊通很生气，楚国的势力比较强大，既然周桓王不同意，熊通便自己称了王，史称楚武王。

楚武王、楚文王、楚成王时期，主要是若敖氏主政，蒍氏、屈氏辅佐。楚国势力渐大，消灭了周王室监督楚国的江汉诸姬，统治范围扩大。楚成王时期，齐国强大，齐桓公称霸，诸侯国都唯齐国马首是瞻。楚成王向北进攻中原的计划受挫。齐桓公死后，齐国很快衰落下去，宋国的势力强大起来，宋襄公想要在中原图霸。宋军与楚军在泓水交战，宋军大败。楚国一时威震中原。

晋文公五年（前632），晋文公率领晋军救援宋国，与楚国的军队对峙。此时楚国的令尹子玉被暂时的胜利冲昏了头脑，轻视了晋国的实力，被晋国的将领先轸大败于城濮这个地方，这场战役即为城濮之战。晋国从此成为中原霸主。这次战役，子玉兵败自杀。虽然楚国损失惨重，但是楚成王称霸中原的野心愈加炽烈。经过几年的发展，楚国恢复了元气。楚成王四十四年（前628），太子商臣害怕被父亲楚成王废黜，于是杀死了父亲楚成王，史称楚穆王。

虽然穆王对晋国长期称霸感到不满，但是现在晋国的势力强大，楚国一时也难以与之抗衡，只好韬光养晦，积蓄力量以壮大楚国。晋襄公死后，权臣赵盾执掌朝政，晋国军政号令都由赵盾所出，他的权势声望和晋国的君主一般。楚穆王在本家江淮、汉阳一带横行无忌，但是受到赵盾的压制，北上总是受阻。虽然不时地夺取了几个盟国，但总是不长久，得到了很快又失去了。而赵盾联合各个诸侯国，称霸中原。楚穆王苦心经营了十二年，但是却一直无法冲破赵盾设置的郑、宋防线。

遭谋反　遇挟持

楚穆王十二年（前614），楚穆王带着遗憾离开了人世。穆王的嫡长子熊旅即位，是为楚庄王。楚庄王此时非常年轻，令尹子孔辅佐楚庄王执政。此时，晋国权臣赵盾趁着楚穆王发丧之际，南下夺回郑国，郑穆公依附晋国。楚穆公花了十年的时间建立起来的楚国在中原的势力范围被晋国的赵盾毁坏，而楚庄王却无可奈何，远远地待在郢都，毫无作为。紧接着，赵盾召集宋、鲁、陈、卫、郑、许、曹等国的诸侯会盟于新城（今河南商丘市西南）。原来依附于楚的陈、郑、宋三国依附了晋国。入秋以后，赵盾又出兵调停周王室纠纷，晋国的势力更加强大。

楚庄王继承王位之际，楚国内部的局势一直不安定，楚国的属国发动了叛乱。早在楚穆王还没有去世的公元前615年，楚国的令尹成大心死后发生动荡，成大心是城濮之战失败后自杀的子玉的儿子。成大心曾率军收服楚国的附属小国。成大心死后，楚穆王任命成大心的弟弟成嘉（字子孔）继任令尹，屈从于若敖氏家族的属国舒国及其附庸宗国、巢国发动叛乱，于是成嘉率军讨伐舒国，俘虏了舒、宗两国的国君，并且包围了巢国。

楚庄王元年（前613），令尹成嘉、太师潘崇下定决心彻底消灭叛乱势力，率军再次出征，而派公子燮与斗克（字子仪）留在国都郢都。

斗克曾经被秦军所俘虏。秦国和晋国在崤之战中秦军惨败，晋军获胜。秦国想要联合楚国抗击晋国，于是将斗克等人释放回国，斗克促成了秦、楚的媾和。斗克自认为功劳很大，但是却一直没有受到重用，心里憋着一股怨气。而公子燮想要代替成大心成为令尹，但是却没有争过成嘉，心里也多有怨恨。两个不得志的人凑在一起，很快便有了谋反之心。

同年秋天，公子燮、斗克趁令尹子孔、太师潘崇出兵征战，宣布郢都戒严，又派人行刺成嘉，行刺成嘉的计划失败，被成嘉获悉了他们的阴谋。成嘉和潘崇迅速撤兵回来解围郢都。八月，公子燮和斗克两个人挟持了楚庄王，想要从郢都突围出去，准备外逃。两个人挟持楚庄王，欲另找一个地方建立楚国政府。在经过庐地这个地方的时候，两人被庐大夫戢梁使计诱杀，楚庄王最终得以获救，重新返回郢都。

楚庄王刚刚即位就遭人挟持，这国君也太窝囊了吧！斗克只是若敖氏的旁支，竟然也足以拥兵自重，挟持楚庄王。如果换成是整个若敖氏家族一起废黜楚庄王，那么楚庄王也毫无反抗的能力吧！此时的楚庄王完全明白了国内的形势。不管楚庄王心有多大，此时也不能暴露出来，因为军权并不在楚庄王手上。

只顾寻欢作乐的楚庄王

楚庄王三年（前612），赵盾派遣上军将郤缺率领晋国上、下二军袭击蔡国（今河南上蔡县一带），蔡国是楚国的属国，现在晋国竟然在楚国的家门口攻打自己的属国。蔡庄侯一面率军抗拒晋军，一面派人向楚国求救，而楚庄王并没有出兵帮助蔡国。不久之后，蔡国都城陷落。蔡庄侯只好忍辱与郤缺签订城下之盟。蔡庄侯失去了家国，第二年便悲愤而亡。

此时，楚庄王白天打猎，晚上喝酒，寻欢作乐，根本不管什么国家大事。楚庄王有一匹心爱的马，他非常宠爱它，对这匹爱马的待遇不仅超过了百姓，而且也超过了大夫。楚庄王让人给它穿上刺绣的衣服，吃有钱人家才吃得起的食物，住漂亮舒适的房子。后来，这匹马的福气太薄了，受到的恩宠过度，得了肥胖症死去了。楚庄王很伤心，让群臣给马发丧，并要以大夫的礼节为马安葬（内棺外椁）。大臣们认为楚庄王太侮辱人，怎么能说大家和马一样呢？众臣对楚庄王的这种行为很不满。楚庄王下令，说再有人议论葬马这件事，就会被处死。

楚庄王的乐人优孟听说楚庄王要按照大夫的礼节葬马的事，跑进大殿，没有说话就仰天痛哭起来。楚庄王很吃惊，问他为什么哭。优孟说，大王心爱的马死掉了，真是让人伤心，这么大的楚国，什么都有，而现在只以大夫之礼安葬这匹马，这也太吝啬了。大王应该以安葬君王的礼节安葬这匹马。楚庄王听了，也不好再说什么，只好下令取消以大夫之礼葬马。楚庄王还不至于太昏庸，而是听进去了优孟的进言。

楚庄王三年（前611），楚国境内粮食收成不好，发生了大饥荒。巴国东部的山戎族趁此机会袭扰楚国的西南边境，一直攻打到阜山（今湖北房县一带）。楚国人组织防御，派部队在大林一带布防。还没有将山戎族打走，东方的夷、越之族也趁着机会作乱，派兵入侵楚国的东南边境，并且攻占了阳丘，直接威胁訾枝（今湖北钟祥一带）。庸国一直臣服于楚国，现在也趁机发动各蛮族部落反对楚国，而前不久才被楚国征服的麇国人，也带领各夷族部落组织军队准备进攻郢都。

短短三年间，各地的告急文书像雪片般传往郢都，各城各地都开始戒严，空气中弥漫着紧张的气氛。楚国不仅面临天灾，还面临着各族之间的战争，几年前强势的楚国已经陷入崩溃的边缘。但是少不经事的楚庄王，却一点儿也不担心，依然躲在深宫之中，整天打猎喝酒，欣赏歌舞，不理政务，朝中的事情都交给成嘉、斗般、斗椒等若敖氏一族管理，还在宫门口挂起块大牌子，上边写着："进谏者，杀毋赦！"

面对楚国严峻的形势，楚庄王照样过着花天酒地的生活，而诸大夫却心急如焚。一天，大夫伍举觐见楚庄王。楚庄王端着酒杯，嚼着鹿肉，颇有兴致地在观赏歌舞。他眯着眼睛问道："大夫来此，是想喝酒呢，还是要看歌舞？"伍举并没有回答楚庄王的话，而是意味深长地说："有人让我猜一个谜语，我怎么也猜不出，特此来向您请教。"楚庄王一边喝酒一边问："什么谜语，这么难猜？你说说！"伍举说："谜语是'楚京有大鸟，栖上在朝堂。历时三年整，不鸣亦不翔。令人好难解，到底为哪桩？'您请猜猜，不唱歌也不飞翔的鸟究竟是只什么鸟？"楚庄王听了，明白了伍举的意思，笑着说："我猜着了，它可不是只普通的鸟。这只鸟啊，三年不飞，一飞冲天；三年不鸣，一鸣惊人。你等着看吧！"伍举听明白了楚庄王的意思，便高兴地退了出来。

过了几个月，楚庄王依然不理朝政，每天喝酒打猎，既没"飞"，也没鸣。大夫苏从忍不住了，也不顾"进谏杀无赦"的警告，便来劝谏楚庄王。他才进宫门，便对着楚庄王大哭起来。楚庄王说："先生，有什么事哭得这么伤心啊？"苏从回答道："我为自己就要死了伤心，也为楚国即将灭亡伤心。"楚庄王很吃惊，便问："你怎么能死呢？楚国又怎么会灭亡呢？"苏从说："我想劝告您，您听不进去，肯定要杀死我。您整天观赏歌舞，游玩打猎，不管朝政，楚国的灭亡不是在眼前了吗？"

楚庄王闻之大怒，斥责苏从："你是想死吗？我早已说过，谁来劝谏，我就杀死谁。如今你明知故犯，真是愚蠢！"苏从十分痛切地说："我是傻，可您比我还傻。如果您将我杀了，我死后还会得到忠臣的美名，而您就是杀死忠臣的昏君。您若是再这样下去，楚国肯定会灭亡。您就是亡国之君，下场一定很可悲。您不是比我还傻吗？我的话说完了，您要杀便杀吧！"苏从等待楚庄王降罪，没想到楚庄王忽然站起来，激动地说："大夫说的话都是忠言，我一定按照您说的办。"随后，他便下令解散乐队，不再吃喝玩乐，下定决心干一番事业。伍举、苏从等人终于让楚庄王下定决心远离酒色，亲自处理朝政。楚庄王也完成了成王、穆王的心愿，称霸中原，成为春秋五霸之一。

楚晋之争　庄王问鼎

楚庄王三年（前611），楚国境内的庸国反叛，楚庄王没有和令尹斗般商量，而是亲自乘坐战车来到抗击庸国的前线。楚庄王与前方部队会师之后，了解了战斗情况，亲自指挥，将楚军分为两队：子越从石溪出兵；子贝从仞地出兵，并派使节联络秦国、巴国及蛮族部落一起合攻敌人。楚庄王督战，将士们的士气高涨，猛烈进攻庸国。不久，庸国抵挡不住，宣告灭亡，楚庄王打赢了亲政以来的第一场胜仗。

楚国的内乱得以平定，又消灭了反对楚国的庸国后，统治已趋稳定，国内再无后顾之忧。于是，楚庄王又萌发了北上图霸之志。此时，中原各个诸侯国以晋国的实力最强，虽然西边的秦国和东边的齐国实力也很强大，但是还不是晋国的对手，晋国一直压制着两国的力量崛起。晋灵公亲政，但是晋国的大权却依旧把持在赵盾的手中。晋灵公逐渐长大，对内残害臣民，对外受赂无信，所以国内的统治既不稳定，国外的威信也不断下降。晋灵公与权臣赵盾之间的矛盾异常突出，两人之间已经水火不容。这是楚庄王北上的机会，只要抓住了，那么就能成为中原最厉害的诸侯国。

楚庄王四年（前610），晋国和卫国、陈国等诸侯国在扈地聚集，因为郑国有依附于楚国的迹象。所以晋国拒绝郑穆公参加诸侯之间的聚会。郑穆公写信向赵盾诉说自己的苦衷，因为郑国处在晋国和楚国两个大国之间，有不得不从强令的苦衷。可以看出楚国已经复强，郑国不得不考虑改善与楚国的关系。

楚庄王六年（前608），郑以晋不守信用，攻打齐国、宋国，但是因为收受了齐、宋的贿赂，所以半途而废。郑国叛晋而"受盟于楚"，于是依附于晋国的郑国主动与楚结盟。随着楚国国内政治的稳定和实力的增强，一些弱小的中原国家，开始认真思考自己到底是依附于晋国，还是依附于楚国了。恰在这时，陈共公去世，楚庄王并没有派人前往吊唁，而继位的陈灵公非常生气，与晋国结盟。楚庄王抓住时机，立刻亲自率领大军攻陈，接着又攻宋。晋国的赵盾率领军队与宋、陈、卫、曹诸国的军队在棐林会合，攻打郑国以救陈、宋。

这年冬天，晋国决定主动出击，不想处于被楚国牵着鼻子走的被动局面，决定攻打秦之属国崇，想要逼迫秦国来救，然后借此机会向秦请求结盟，谁知道秦国并没有理会晋国。晋国于是又攻打郑国，以雪北林之役惨败于楚国之耻。

楚庄王七年（前607）春，郑国接受楚国的命令攻打依附晋国的宋国，借此打击晋国。郑、宋两军在大棘决战，宋军大败，郑军俘虏并囚禁了华元、乐吕两人，还缴获甲车四百六十乘。华元逃回宋国，为宋修筑城池。秦国为报复晋国侵犯崇之仇，派出军队围困晋国的焦。秦、晋的关系一时之间非常紧张。同年夏天，晋国的赵盾解除焦围，接着联合卫、陈两国攻打郑国，以报大棘之役的惨败。楚庄王立刻命令斗椒率领军队救援郑国，赵盾以斗椒属若敖氏"殆将毙矣，姑益其疾"为由，悄然退兵。郑国攻打宋国，秦国攻打晋国，以及赵盾找个理由不敢与斗椒正面交锋，虽然有晋灵公的原因，也从另外一个方面说明了楚国的实力日益上升，连赵盾都害怕了，赵盾可是一个非常强势的权臣。

晋国对外处于不利的地位，国内又因为晋灵公施行暴虐统治而不得人心，这年被赵穿所杀，赵盾等人立晋襄公的弟弟公子黑臀为晋侯，是为晋成公。晋成公刚刚即位，因为畏惧赵氏的势力，对赵氏一族小心侍奉，并且请赵盾继续担任执政。赵盾又以晋没有公族为由，任命他的异母弟弟赵括为首席公族大夫，统帅赵氏的旧部，并且监视晋成公和朝中大臣的举动。赵氏的势力再一次膨胀起来。

晋成公元年（前606），赵盾陪同晋成公率领军队南下攻打郑国，郑国处于两个大国之间，成为两国争夺的战略重地。为了争夺郑国，楚庄王也率领楚军北上。郑国君臣感到害怕，急忙向晋国求和。晋成公答应了，派遣使节到郑国与郑穆公缔结了同盟。楚庄王想要争取郑国的计划破产，对此他并不甘心，于是率领军队攻打陆浑的戎族（散居黄河南、熊耳山北之阴地，又称阴地戎），一直打到了洛水，差不多到了周天子的都城洛邑附近。

楚庄王在周都洛邑境内陈兵向赵盾示威。晋军向后撤退之后，又向郑国进发，想要逼迫郑国反叛楚国，与晋国结盟。郑国成为了两国争霸的牺牲品，国土屡次遭到两国的蹂躏，郑穆公心力不支而去世了。

楚庄王在与晋国争夺郑国的过程中没有成功，不是不郁闷的。但是在绞杀陆浑、陈兵周畿之后，楚庄王好歹也风光了一回，众人也都见识到了楚国的实力，不敢再小看楚国了。楚庄王在周王室边境陈兵示威，周定王感到非常惶恐，深怕楚庄王出兵攻打洛邑，于是派周大夫王孙满慰劳楚庄王。楚庄王自信满满地接见了王孙满，问他周王室里九鼎的大小、轻重。相传九鼎是夏禹铸造，象征九州，拥有九鼎的人将坐拥天下。夏、商、周将九鼎奉为传国之宝，也代表了天子的权力。楚庄王询问九鼎的意思不言自明，就是逼迫周王室退位而谋取天下。

王孙满获悉了楚庄王的野心，虽然非常生气，但是见楚国的国势炽盛，只能委婉地答道："在德不在鼎。……周德虽衰，天命未改，鼎之轻重，未可问也。"也就是说，得天下关键是德行，而不在鼎，现在虽然周王室衰落了，但是天命是不可违的。楚庄王一方面以"楚国折钩之喙，足以为九鼎"，表示对周王室的蔑视；另一方面也意识到现在取代周王室

的条件还没有成熟，思来想去也只好退兵了。楚庄王敢于询问周鼎的轻重，标志着楚国的实力已经进入了空前强盛的时代。

于是，楚庄王撤兵回国。没有想到，国内却发生了惊心动魄的政治动荡，好在有惊无险！

斗椒发动了政变

楚庄王九年（前605），就在楚庄王与赵盾的争霸赛刚刚开始的时候，楚国内部若敖氏家族之间的矛盾日益尖锐并最终发生了火并。当时斗般为楚国的令尹，斗椒为司马，芳贾为工正。斗椒与芳贾两人对斗般不满，双方勾结在一起。芳贾诬陷斗般，斗椒为了夺取令尹的位置，与芳贾一起谋划杀死斗般。芳贾杀死斗般后，斗椒又与芳贾的矛盾日益加深。

楚庄王北征的时候，令尹斗椒攻打芳氏，囚禁了芳贾，并将他杀害，驱除了芳氏一族，并在蒸野这个地方驻兵，等待着楚庄王军队回归。

楚庄王的大军凯旋归来，得知令尹斗椒发动了军变，杀死了斗般和芳贾等重臣。楚庄王感到局势危急，连忙派人去打探情况，获悉若敖氏的叛军势力很大。楚庄王以楚国三王（文王、成王、穆王）之子为人质作为和斗椒和谈的条件，作为双方的缓兵之计。但是斗椒已经赌上了身家性命，决定背水一战，所以坚决地拒绝了楚庄王的条件。

这个时候楚庄王只能迎战。七月初七，楚庄王带兵与斗椒率领的若敖氏家族亲兵在皋浒决战。斗椒从小就在军营里长大，带领叛军对楚王军展开猛攻，斗椒向楚庄王连射几箭，但是每次都差那么一点点，叛军的士气大振，越战越勇。看到斗椒的士兵如此骁勇善战，楚王军士气低落。

在决一死战的危急关头，楚庄王击鼓鼓舞士气，下令对斗椒的军队反攻，王军里的射箭高手养由基拉弓搭箭，命中了斗椒的咽喉，将他射死了。若敖氏叛军一时间没有了首领，军心散失，瞬间军阵大乱。楚庄王趁此机会反扑，打败了叛军。楚庄王乘胜追击，斩杀了若敖氏一族。

若敖氏家族在楚国的势力非常强大，楚庄王自幼就饱受若敖氏家族的压制，现在楚庄王总算抓住机会对斗氏与成氏二族算总账。他将朝中若敖氏家族的多数亲信罢免，此举牵连的人很多。斗椒的儿子苗贲皇在父亲被杀后逃亡晋国，箴尹克黄因为他的父亲子文曾经立下卓越的功勋而免遭杀戮，幸存下来的若敖氏家族里的人也很难再担任高层职位。

若敖氏家族在楚国担任很高的职位，曾立下过汗马功劳，长期垄断甚至可以说世袭了令尹一职，使得若敖氏家族长久以来权倾朝野。

楚庄王剿灭了若敖氏之后，想要将朝中的军政大权完全掌握在他自己手里。为了防止楚国再出现另外一个"若敖氏"，楚庄王决定架空令尹的权力。

楚庄王与若敖氏之间的权力争斗愈演愈烈，到了水火不容的地步。斗椒的强悍成为了若敖氏家族灭亡的导火索，但是如果斗椒没有被一箭射死，那么这场政变的结果对于楚庄王来说可能就不妙了，至少不会这么轻易地一战定胜负。为了防止此类危机的再度上演，手腕强硬的楚庄王决定任用一位性格懦弱且不会威胁到楚国江山的亲信担任令尹，即使这个人物并没有什么才能也没关系。只要他能够按照楚庄王的指示，当楚庄王的代言人就行了。

经过多番慎重考虑，楚庄王最终选择了虞邱子为令尹，朝廷大臣都明白虞邱子不会有什么作为。虞氏在楚国并不显赫，也没有权势，所以只能一切听从楚庄王的命令。虞邱子也明白楚庄王为什么要自己当一人之下、万人之上的令尹，所以他也不敢拂逆楚庄王的意思，只要按照楚庄王的意思办事就行了，千万不要惹来什么麻烦。楚国的王权得到了空前的提高，楚庄王就再也没有什么后顾之忧了。

楚庄王争霸失败

在处理完国内的各种事宜之后，楚庄王整顿军队，充实府库，积极备战，准备大干一场。这个时候的晋国王权却渐渐没落，赵盾已经完全掌握了晋国的政权，由晋国的大族先氏、郤氏拱卫，晋成公只成为一个摆设，虽然想要削弱赵氏的权力但是却有心无力。

楚庄王九年（前605）起，晋、楚之间的争霸赛逐渐进入了白热化的阶段，楚庄王与他的强大对手赵盾屡次出兵攻打郑国、宋国，以夺取中原的霸权地位。

平定了若敖氏家族的斗椒之乱后的当年冬天，楚庄王就再一次亲自率领大军围攻郑国。但是这次对郑国的进攻并没有让郑国对楚国彻底地服从，郑国不愿意投降楚国。

第二年，楚庄王不甘心，为了让郑国背弃晋国依附楚国，又一次出动大军进攻郑国。在短短的一年时间里，楚庄王两次下令远征郑国，这种声势让楚国的邻居陈国害怕不已，陈灵公急忙遣使与楚国议和，选择暂时放弃晋国而依附楚国。赵盾收到郑国求救的告急文书，急忙派遣荀林父日夜兼程援救郑国，但是楚军已经回国。荀林父不甘心就此撤兵，于是决定跨过郑国，向南侵犯陈国，对陈国依附楚国的举动进行报复。

荀林父对晋成公很忠诚，与赵盾之间有矛盾。赵盾对荀林父并不放心，更加害怕荀林父立下大功，威胁到自己的地位，于是赶紧招荀林父回国，并不让他攻打陈国。

晋成公四年（前603）春，赵盾又联络卫国孙免，带领着晋国的精锐部队迅速南下，奔波千里来攻打陈国，强势的大军几乎来到了楚国的势力范围。此时，晋军的气势正盛，楚军并没有准备与晋军交战。

晋成公五年（前602），郑襄公在公子宋的陪同下又一次与晋国议和，建立稳固的同盟关系。赵盾以霸主的名义召集诸侯。这一年冬天，晋成公与周王室的王叔桓公、宋文公、鲁宣公、郑襄公、曹文公、卫成公在晋国黑壤结盟。

在春秋的历史上，赵盾是第一权臣，名声响亮。他掌握国家大权，像国君般发号施令，调令各个诸侯王。正是因为他的存在，才令晋国成为中原地区的霸主，让各大诸侯王畏其声威，使得晋国的一切资源都用来投入争夺中原的霸主地位之中。赵盾执政期间，楚军与晋军没有发生过一次军事冲突，赵盾强势地辅佐晋成公复兴了国家霸权，在他执政的后期，也在对楚逐力中逐渐占据优势地位。

晋成公六年（前601），赵盾完成了黑壤会盟，确立了晋国的中原霸主地位。赵盾可谓是功成名就，但是他的人生却没有多少时间剩下了，而是走到了人生的尽头。为了继续保持晋国的霸主地位不衰落，赵盾选择上军将郤缺为正卿。郤缺是晋国的有才有功之臣，又一直与赵氏结党。他虽然没有赵盾那样压倒一切的权威，但也有一套清晰的执政理念。郤缺与先縠提拔忠诚公正的士会为上军佐，又拉拢正直憨厚的荀林父，不久安排赵盾的儿子赵朔入六卿，提拔栾盾的儿子栾书为卿。郤缺坐稳执政的位置，带领晋国继续称霸。

郤缺有自己的一套争霸策略。他认为对诸侯首先要以德行服人，如果对霸主不服的话，那么就要以武力讨伐，向诸侯表示自己的威势。诸侯服从霸主，那么则应该实行怀柔政策，友好对待，并向对方施以恩惠。果然，就在郤缺升任正卿的当年，陈国就被成功策反了，陈灵公对晋国表示友好，重新回归了晋国的怀抱。

赵盾之死对楚庄王是一个机会，楚庄王也是这么打算的，准备趁着晋国内部的变动大大地干一番惊天动地的事业。但是，楚国周围的偃姓诸国发动了叛乱，楚庄王只好派兵去围剿偃姓诸国，考虑到后院着火，不利于北上，所以楚庄王只好暂缓了北上争霸的脚步，而是将楚军的主力用来剿灭舒氏（舒氏为偃姓）。楚国与崛起当中的吴国和越国结成同盟，军队还没有得到休息，楚庄王又命令军队攻打背叛的陈国。陈灵公考虑晋国内部的人事变动，于是又倒向了以武力威胁的楚国。

晋成公七年（前600）九月，晋成公再一次召集宋文公、卫成公、郑襄公、曹文公在扈会盟，晋成公稳固诸侯国建立的同盟关系，声讨背叛霸主的诸侯，并命亲信将领荀林父率领军队南下进攻反叛的陈国，作为惩罚，有敲山震虎之意。没想到，在争霸的关键时刻，晋成公竟然病逝了，荀林父南征的行动只能停止，赶紧回国了。

这两年对于晋国来说是多事之秋，正卿赵盾和晋成公相继去世，导致晋国内部的政局极度不稳。而此时楚庄王料理完了内部的各种事宜，再一次北上，目的就是要夺回郑国。郑襄公向晋国求救，正卿郤缺戴孝出征，与郑军会师，准备好与楚军作战。楚庄王虽然很想把郑国夺回，但是晋国也不是好惹的，毕竟当了多年的霸主，态度非常强硬，晋、郑联军与楚军在柳棼的战斗结果是楚军战败。

楚庄王的北上受挫，像是头上浇了一盆冷水，好不容易鼓起的激情和勇气也熄灭了。楚国与晋国还是有差距的，楚庄王决定领败军回国，再接再厉。

这次虽然楚军战败，但是郑国朝野上下对楚国的多次攻打已经感到恐慌，对于郑国人民而言处在两个大国之间真是无可奈何之事。郑襄公六年（前599），郑国私下遣使与楚庄王议和。谁知道，消息传开，晋、宋、卫、曹四国伐郑，郑襄公面对几个国家的进攻，也阻挡不了，所以又只能向晋国盟誓。而楚庄王知道郑国的行为之后，更加无法容忍郑国的反复无常，入冬后又率军攻打郑国。郤缺命上军将士会率兵援救郑国，士会联合郑军在颖水打败楚庄王。楚庄王再度失败，心情别提多郁闷了。鉴于楚国屡次攻打郑国，诸侯联军进入郑国国境，由士会统领在郑国驻防。

楚庄王十六年（前598）年初，楚庄王再次率军伐郑。郑襄公与子良（公子弃疾）商议，郑国弱小，只能从强，谁更强大就从了谁，希冀得到强国的保护，并将此作为未来几十年施行的国策。

晋、楚之间的决战时刻就要来了，这是一场决定性的战争，楚庄王和郤缺都在为此做准备。同年，郤缺为了稳固晋国的后方，保证与楚国的决战不受干扰，主动向众狄议和。同时，楚庄王率军攻入陈国，将陈国降为楚国的一个县。楚庄王屡屡出征争夺中原霸权，又屡屡失败。楚庄王本想借着赵盾去世，晋国必定发生变动这一时机来称霸中原，但是晋国却依然非常强大。在赵盾和郤缺两个人的努力下，强劲地压制住了楚庄王的称霸野心。楚庄王发动了一轮又一轮的攻势，但是以晋国为首的中原联盟还是那么的坚固。楚庄王也终于知道不能小看郤缺，他的才能丝毫不逊于赵盾，也是一位非常强劲的对手。难道多年的心血最终化为泡影吗？楚庄王是绝不会甘心放弃的。

知人擅用　断带护臣

楚庄王决定做好一切准备工作，总有一天他会成为中原霸主的。在国内，楚庄王任用贤德的孙叔敖，发展农业生产，整顿内政，改革弊端。孙叔敖在雩娄（今河南省固始县史河湾试验区境内）主持兴修水利，建成了中国历史上最早的大型渠系水利工程，即期思雩娄灌区（期思陂）。他还主持修建芍陂（今安徽寿县安丰塘）。这些水利工程都对当时的农业生产发挥了重要的作用。

孙叔敖敢于向楚庄王劝谏，楚庄王认为当时楚国的车子太小，于是命令百姓将小车子改造成高大的车子。孙叔敖劝谏楚庄王说，这样做会让百姓反感，不如先把都市街巷两头的门限做高，低小的车过不去，人们就会自觉将小车改为高车了。楚庄王认为原来通行的货币太小，于是改铸大币，并且强令百姓使用，但是效果很不好，百姓对此颇有怨言，市场也因为使用大币而引起混乱。孙叔敖认为要将百姓的需要放在第一位，劝说楚庄王重新通行小货币，市场遂又繁荣起来。

孙叔敖不仅以贤能著称，实际上他还是一位杰出的军事家。他根据楚国的国情，制定出适合楚国的条文，立为军法，并且明确规定了各军的行动、任务和纪律等，运用于训练和实战。楚庄王十六年（前598），楚军在诉地（今河南正阳一带）修筑城池，因为孙叔敖事先制定了周密的计划，用人得当，并且准备好了充足的物资，所以在三十天内就完成了任务。

楚庄王任用贤能，心胸开阔，宽以待人。有一次，楚庄王宴请群臣，并让美人宠姬给大臣们敬酒助兴。天色黑了，大家仍然喝得非常高兴，一边欣赏着曼妙的歌舞，一边频频举杯，大臣们都有些醉意了。一阵风吹来，灯火全都熄灭了。于是有人趁着黑暗之际，拉扯了楚庄王的美人许姬的衣裳。许姬趁机扯断了那人的帽带，向楚庄王报告说："刚才灯火熄灭的时候，有人拉扯我的衣裳，我将他的帽带扯断拿在手里了。大王让人赶快把火点上吧！看看断帽带的人是谁，那个人就是调戏我的人。"楚庄王说："宴赐群臣喝酒，有人喝醉而一时失礼，怎么能为了彰显女人的节操而使臣子受辱呢！"于是传令大臣们说："今晚大家一起喝酒，不断掉帽带，就不算尽兴。"大臣有一百多人，大家都将帽带拉断，楚庄王才叫人把火点上，大臣们喝得十分尽兴而离去。

三年之后，晋国和楚国交战，有位大臣一直冲到最前面，与敌人五度交锋，五度奋勇作战，带头将敌人击退，获得了胜利。楚庄王感到非常惊讶，问他说："我的德行浅薄，也没有特别优待你，你为什么作战这么勇敢，一点儿都不顾惜自己的性命吗？你难道不怕死吗？"大臣回答说："我该死！从前喝醉而调戏了大王的女人，大王您宽容大度，不仅保全了面子，还保全了我的性命。我愿意以性命来报答您！"

楚庄王贤良的王后樊姬

楚庄王刚登上王位的时候，沉迷于酒色，每日饮酒作乐，对于朝中大臣不管不问。王后樊姬曾几次劝说楚庄王，可是楚庄王都没有理会，该怎么样还是怎么样，一点都没有悔过的意思。因为这样，樊姬决定从现在开始，不再梳妆打扮，每天披散着头发，蓬头垢面。楚庄王渐渐地察觉到王后的变化，于是便问樊姬："夫人这些天是怎么了，为什么都不愿意打扮自己了？"樊姬一脸忧郁，慢吞吞地说："大王，您每日只知道饮酒作乐，就连政事都荒废了。作为您的妻子，我哪还有什么心思来梳妆打扮自己呢！"听了王后的话，楚庄王很是感动，当下表示，自己一定要痛改前非，不辜负妻子的一片期望。可是，这种决心没有坚持多久，楚庄王便又回到了从前的样子。樊姬看此情景，便让人到南城垣建造了一座高台，她每天晚上都会登上这座高台，一个人伴着月亮和星星，独自梳理着自己的头发。凡是看到的人，莫不觉得此人在装疯卖傻，肯定是个神经病。

　　楚庄王听说这个情形后，心里又非常奇怪，便问道："夫人，您为什么每天晚上都要一个人去野外梳妆呢?"于是，樊姬便把自己内心的想法，一五一十地向楚庄王全部托出："大王，您曾经答应我一定会远离酒色，要把自己的精力全部用在治理国家上，可是到现在为止，大王都没有实现自己的诺言，那么我为什么还要梳妆打扮给一个完全不把我放在心上的人看呢?与其这样，倒不如梳妆给星月欣赏呢。"楚庄王终于明白了王后樊姬的良苦用心，顿时感到很惭愧，决心要痛改前非，专心致志地处理朝中事务。

　　可是，在每一次下决心之后，楚庄王都必须外出狩猎一次，和其他诸侯王相比，楚庄王的狩猎次数名列前茅，久而久之，这也就形成了一种习惯，甚至可以称得上玩物丧志。樊姬把楚庄王的这些事情都一一看在眼里，记在心上，她决定要帮楚庄王改掉这些毛病。樊姬曾经几次苦心相劝，可是楚庄王都充耳不闻，根本就没有放在心上。樊姬最后没有什么办法了，于是又对楚庄王说："如果大王还是这般过下去的话，那么我以后就拒绝吃肉食了!"这一招和绝食有些相似，楚庄王心里只认为王后是跟自己开了一个玩笑，所以根本就没有把王后的话放在心上。可是樊姬却是一个说到做到的人，从那天开始，她果然都没有食用过一丁点的肉食，渐渐地，容颜逐步衰老，人也消瘦了许多。楚庄王看着心爱的王后几天不见，竟然变得这般憔悴，哪里还有什么心思出去打猎。从那儿之后，楚庄王也就收敛了不少，樊姬看到楚庄王有悔过之心，才算是肯吃肉了。

　　就这样，楚庄王被王后樊姬一点一点地感化，而且还立志一定要专心治理好国家。不过，男人天生就喜爱美人，这已经是个不争的事实，更何况楚庄王还是一代君王呢!在那个时候，诸侯王妻妾成群是一件十分平常的事，樊姬担心楚庄王为了寻找美人而荒废了朝政，更担心楚庄王会把大量的时间花费在美人身上。于是王后决定，这件事情自己亲自去操办，为楚庄王四处寻找美女。作为妻子，却为丈夫四处搜罗美女，可真不是一件容易的事情，由此也可以看出，王后是一个宽宏大量的人。樊姬所寻来的女子，美艳的外表并不是最重要的，最重要的则是她们每一个人的修养，不能为了争夺大王的宠爱而日夜纠缠大王。在挑选这些女子的时候，樊姬便是以自己为标准而招进来的，这样一来，楚庄王自然就很难沉迷于酒色，就连自己后宫的妃子都是通情达理之人，楚庄王也就没有了乱来的心思，便一门心思地扑在朝政上了。对于樊姬的作为，楚庄王心里非常满意，而且还更加器重樊姬，认为她是一个非常贤惠的好妻子。

在楚庄王身边，有一个非常受宠的臣子，名为虞邱子，两人经常在一起商讨国家大事。通常情况下，他们在一起聊天的时候，都会达到废寝忘食的地步。樊姬知道这件事情后，心里很是担心。有一天，楚庄王下朝后，樊姬便找到他说："大王，到底是什么重大的事情竟然让您如此劳心，甚至连吃饭都顾不上了？"楚庄王说道："我能够和朝中贤良说会话，就已经十分开心了，都不知道时间过得这样快，不知不觉连吃饭的时间都错过了。"樊姬接着问道："到底是哪一位贤良的臣子能够让您这般呢？"楚庄王非常淡定地回答道："除了虞邱子，还能有谁让我这样啊！"

樊姬听了之后，很是诧异，之后又捂嘴大笑，楚庄王很是不解，急忙问道："这有什么好笑的，竟然能够让夫人如此开心？"樊姬见到楚庄王发问，便回答道："我笑的自然是大王您了，刚才您说谁贤良？说虞邱子是一个非常聪明的人，我倒是认同；不过如果说他是贤良，我可就不这么认为了。"楚庄王心生疑惑，忙问道："夫人怎么会这么说呢，何以见得？"

樊姬盯着楚庄王说道："到目前为止，我已经嫁给大王十几年了，而我们夫妻之间的相处确实非常和睦，不过我从来都没有独占大王的意思。因为这样，我还特地四处奔波，为大王挑选美女，将那些有才有德的女子召进宫来，给大王做妃子。其中，比我还要优秀的有几个，而和我差不多的也有很多。如果我想要得到大王的恩宠，我可以设计陷害她们，可是我没有这么做，相反我还让她们和我一起侍奉大王呢。"

楚庄王听得糊里糊涂，樊姬接着说道："这主要是因为，我心知大王是一国的君主，能够在您身边侍奉的女子必定是贤良的女子，所以我不能那么自私，想要把大王留在我的身边，而却耽误了贤良的人来辅佐您治理国家。如今，虞邱子已经是楚国的丞相，他为官也有十几年的时间了。可是，他所推荐的人无外乎是自己的亲人，却从来没有推荐过一个自己不认识的人，也没有听说过他处置什么不贤的人，难道这就是大王所认为的贤臣良将吗？阻挡真正的贤德臣子为国效力，就好比蒙蔽君王，这道理都是一样的。即便知道他人贤德却不给大王推荐，这就是不忠；不知道他人的贤德，便是没有智慧。所以我刚才才会发笑，大王您觉得我说的不对吗？"

楚庄王这才恍然大悟，如梦初醒，认为樊姬说的很有道理。第二天上朝的时候，楚庄王便把这件事情告诉了虞邱子，虞邱子听了之后，面色大变，最后一句话也没有说，只能灰头土脸地离开了朝堂。虞邱子回家后，便谎称患病不愿意上朝，然后自己在家里四处搜罗贤臣，希望能够通过这种方法来弥补自己的过错。最终，黄天不负苦心人，他结识了贤才孙叔敖，并且还亲自将其带到楚庄王的面前。直到这个时候，虞邱子才又开始上朝了。

经过一番考察之后，楚庄王认为孙叔敖的确是一个人才，所以便决定重用他，让他处理楚国的事务。三年之后，孙叔敖帮助楚庄王登上中原霸主的宝座。

邲之战　成为中原霸主

晋景公二年（前598）年末，晋国再次遭受到重大打击，中军元帅郤缺去世，这对于晋国来说可谓是损失巨大。楚庄王已经敏感地意识到这是一次北伐的好机会，晋国必定会忙于内部的权力重组。

楚庄王十七年（前597）春天，经过一个冬天的休整之后，楚庄王决定趁势发动军队北伐。他以令尹孙叔敖将中军，两位弟弟子重和子反分别将左军和右军。楚庄王亲自率领楚国三军精锐部队北上。这一次，楚庄王集全国的兵力北伐，势在必得。这次军队的规模最大，气势最宏伟，攻势最猛。不久，楚军就将郑国团团围住，郑国成了瓮中之鳖。

郑国被楚国围困了十七天，面对来势汹汹的楚军，郑襄公准备求和，命人占卜，不吉利；准备与楚军决一死战，吉利，于是全国上下都痛苦不已。郑国派出军队迎战楚国，经历了漫长的三个月激战后，郑国被楚军占领。郑襄公祖胸露臂向楚军请罪求和，楚庄王同意了，楚、郑结盟，楚军答应后退三十里。这一次楚庄王的目标并不是夺取郑国，而是打败晋国。郑国只是楚庄王小试牛刀的战场。楚军驻扎在郑国的土地上，准备迎接晋国军队的到来。

在楚国攻打郑国之际，晋国国内的六卿们却正在瓜分利益，谁也不让谁。楚国攻打晋国的消息传来，时任正卿的荀林父率领晋国的三军六卿七大夫南下，面对楚庄王的强势，荀林父非常谨慎地在黄河北岸安营扎寨。

这个时候已是六月，楚军进驻郑国之地的根基在这半年里已经巩固。晋国将帅打听到郑国早已经同楚王议和，知道已经错过了最好的时机。荀林父不敢与楚国交锋，决定领兵回国，士会也认为这是明智的选择。中军佐先縠立即表示反对，说："晋国之所以能够称霸中原，是因为将士勇敢，臣下尽力，现在救援郑国却不敢作战，这是不尽力；大敌当前却怯战，这是不勇猛。"于是，也不向荀林父说一声，就带领先氏的军队渡过黄河。

司马韩厥将先縠的行为报告给荀林父，荀林父担心先縠有所闪失，于是立刻率领全军跟上，晋军因此陷入被动局面。楚军的哨兵打探到晋军渡过黄河的消息，楚庄王的军队驻扎在郏与晋军对峙。楚庄王本来想撤军回国，城濮之战的阴影至今仍然影响着他，让他胆战心惊。这几年的交手，楚军一直处于失利的状态，这场仗到底打不打呢？楚庄王还在犹豫中。

这个时候，伍参提议楚庄王与晋军一决高下，孙叔敖认为应该采取谨慎的作战政策，并不支持，说："去年攻陈国，今年攻郑国，不是没有战争。交战而不能取胜，伍参的肉够大家吃吗？"伍参毫不示弱："如果作战且最终获胜，那就是孙叔敖你没有谋略；就算战败，我伍参的肉也会落到敌人的手里，哪里轮得到你吃啊？"

听了他们的话，楚庄王并没有说什么，伍参只是个将官，孙叔敖高居令尹，决定率中军向南撤退。伍参向楚庄王进言："晋国这个正卿（荀林父）刚刚上任，难以集权；他的副手先縠刚愎自负。他们三军将佐之间充满了矛盾，根本无法有效地调动军队，不能团结一心。这场战斗一旦拉开，晋师必败！况且敌人的主帅只是臣子，而我们的主帅却是君主，君主逃避臣下，可谓是奇耻大辱！"

楚庄王听完之后很不高兴，已有对晋军决战的冲动，他领军驻于管地，并且传令孙叔敖改变行军方向，继续向北进军。但是楚庄王还是担心晋军的势力庞大，恐怕这次依然战败，于是几次三番地派遣使臣向晋国求和。荀林父、士会、赵朔等人都同意握手言和，双方退兵，因为两方对这场战斗都没有必胜的把握。可以说双方的实力相当，对战争的胜负更加难以预知。但是，先縠、赵同、赵括等好战派坚决反对议和。晋国贵族们的矛盾无法调和，给了楚国人胜利的机会。

赵旃、魏锜二人对谨慎的荀林父早就不满，以向楚军请和为借口，假传荀林父的命令，向楚军宣战，并来到楚军的阵前骂阵。赵、魏之流，在楚军阵前撒泼，让楚国的将士非常愤怒。楚庄王气愤地亲自带兵出营来追杀二人，赵旃、吕锜见楚军被他们气得上当了，撒腿就跑。楚庄王愤怒得不能自持，继续追剿两人。

晋元帅荀林父害怕赵旃、吕锜二人被楚军杀害，于是派荀罃接二人回营。荀罃战车一过，疆场之上，黄土弥漫。潘党望见远处飞扬的尘土，以为晋军向楚军发动总攻，急忙派人报告："晋师至矣！"

楚国诸将听说晋军已经向楚军发起了攻势，深恐楚庄王孤军深入，为了楚庄王的安危，军中最高指挥官令尹孙叔敖下令："进军！速速进军！宁可我们接近敌人，也不能让敌人接近我们！"于是，楚国的主力大军全部出动，战车驰骋，军士狂奔，杀向晋军。荀罃带领的一小股部队面对强大的晋国根本就无力抵抗，荀罃被俘，楚军顺势向晋军大营杀去。晋国诸卿依旧在争论是否和楚军开战，但是还没有得出结论。荀林父不足以让众人信服，正在犯愁的时候，哨兵来报告说，楚军已经不宣而战，而且越来越逼近晋营。晋军面对楚军的强势，只是象征性地抵抗了一会儿，在两军激战期间，荀林父还没有作出决战的决心。荀林父下意识想逃，于是在军中击鼓，向三军下达了命令："撤军！率先渡过黄河之人有赏！"

三军之中，中军与下军已被楚军攻击得乱作一团，听到元帅的命令之后，将士们慌忙向北撤退，来到了黄河岸边，楚军也跟着来了。幸亏中军大夫赵婴齐早就备好了船只，晋军将士抢夺舟楫，争先恐后地上船，先上船的人甚至砍断后来攀着船舷上不去的人的手指，有很多人被挤进了水中，非常的惨烈。

晋国的中军与下军只顾着逃命，失去了战斗力，只剩下上军在士会、郤克、韩穿等人的率领下迎击楚军，上军的将士们临危不惧，表现出了强大的决心和勇气。为了给敌人以致命的一击，楚庄王命亲信潘党率领机动战车四十乘，跟随唐惠侯攻打晋上军，上军顽强抵抗楚军的强势攻击，掩护大军向黄河北岸撤退。

到了傍晚，晋军已经被楚军打得不成样子，依然在喧嚷中撤退，楚庄王下令停止进攻，楚军进驻于邲，楚军大获全胜，晋军惨败！有人劝楚庄王乘胜追击，将晋军赶尽杀绝，以绝后顾之忧。但是楚庄王说："楚国从城濮失败以来，在诸侯国面前一直抬不起头来。这回总算打了一次大胜仗，洗刷了以前的耻辱，何必多杀人呢?"晋国的残兵逃了回去，楚庄王带领荆楚将士饮马黄河。可以说，邲之战的胜利让楚庄王成为了新的中原霸主。

晋国欲重谋霸主之位

虽然在邲之战中晋军大败，但是晋国的实力还是不容小觑的。晋国内部的矛盾是导致邲之战失败的根本原因。回国后，荀林父为此次战役的失败承担了主要责任，请求晋景公赐死，保护了此次战争的罪魁祸首先縠。

晋国此次在诸侯国面前威严大损，而且极可能失去诸侯的拥护，晋景公认为在此关键时刻要拉拢诸侯以挽回晋国的颓势。先縠是邲之战失败的罪魁祸首，他毛遂自荐主动出使各诸侯国。就在战败的这年冬天，趁楚庄王征萧国的机会，先縠与宋国华椒、卫国孔达及曹国人在清丘会盟，稳固了晋国与各诸侯国的关系。但是第二年，卫国背弃了条约，竟然去救援楚国的盟友陈国。晋国人感到恐慌，揣测卫国的行为是向楚国示好靠拢，于是立刻派遣使臣去朝歌（卫国国都）问罪，卫穆公遭到晋国使臣的逼问，迫不得已之下只能杀死正卿孔达来讨好晋国。卫国在晋国的逼迫之下依然依附于它。

晋景公五年（前595），晋国正卿荀林父对晋景公说，虽然楚国强大了，但是晋国也没有衰弱，必须要向郑国出兵，向各个诸侯国示威。晋景公同意了荀林父的建议，亲自率领晋国的军队向郑国进发，郑襄公躲避在城内，不敢出门应敌。晋景公带着荀林父、士会、郤克、赵朔、荀首、栾书等人在郑国的国土上检阅部队，对诸侯国有一定的威慑作用。

晋国人必须要一雪邲之战战败的耻辱，为了能够再成为中原的霸主，晋国人团结起来了，气势强大。楚国认为晋国的气焰太嚣张，决定灭灭晋国的威风，楚庄王决定教训一下晋国忠实的盟友宋国。

同年，楚庄王派遣申舟出访齐国，申舟需要从宋国取道才能到达齐国，一般而言，从别的国家通过要知会这个国家一声，也算是礼貌。但是楚庄王特意嘱咐申舟不要对宋国人说，也就是说楚庄王明显藐视宋国，宋文公及右师华元等人对楚国的行为表示反感。宋国人　怒之下也没有考虑后果，就将申舟杀死了。楚庄王找到了攻打宋国的借口，立刻出兵。这一年九月，楚庄王亲自率领楚国的精锐部队包围宋国都城，作为对晋国向郑国示威的报复。宋国人认为楚国欺人太甚，宋文公带领臣民坚守城池长达半年，城内的粮食早就吃完了，军民已经抵挡不住了。

第二年春天，宋文公派遣乐婴齐到晋国向晋景公求救。晋景公想要派遣军队救援宋国，但是大夫伯宗反对出兵，他认为楚军的风头强劲，晋国出兵有可能会被楚国打败。晋景公听了他的进言，于是派遣解扬通知宋国人，晋国的援兵很快就到了，并鼓励宋国人坚持抗战。实际上，晋景公对邲之战中晋军失败这件事忌讳颇深，如果没有必胜的把握，不敢轻易向楚军宣战。

楚军围困郑国长达九个月，至楚庄王二十年（前594）五月，双方都觉得再也不能坚持下去了。楚庄王很想退兵回国，但是申舟的儿子申犀拦住楚庄王说："我父亲以生命完成大王的使命，大王难道要食言吗？"楚庄王无话可说，进也不是，退也不是，简直骑虎难下。宋国人也坐不住了，宋右师华元趁着天黑潜入楚营，挟持了子反，此刻子反还在睡觉，没有防备。

华元对子反说："我国君派我前来与你们谈判，现在城内的粮食已经吃完了，人们交换死去的孩子吃，用拆散的尸骨当柴烧。但是，即使我们亡国，也不会签订丧权辱国的城下之盟。"子反也告诉了华元楚军的情况，双方决定私下盟誓。后来子反将事情经过如实地告知了楚庄王。楚庄王知道吞并宋国是不可能的事情，更担心晋国此时发兵，那么楚国就将处于不利的地位，于是下令撤军回国，与宋国达成了友好协议，华元作为人质去楚国居住。这次战争一共持续了九个月，楚国无功而返，宋国以弱胜强。

邲之战是晋国霸业衰败的转折点，也可以说从邲之战之后，晋国就不可避免地开始衰落。诸侯越来越不想被晋国控制了，第一个想要摆脱晋国控制的就是齐国。楚国目睹齐国反抗晋国准备坐收渔翁之利。齐惠公十年（前599），齐惠公驾崩，他的儿子齐顷公继位。齐顷公年轻气盛，很想摆脱晋景公的控制。

邲之战结束后的第二年，齐顷公下令攻打自恃有晋国撑腰的莒国。同时，齐顷公联络鲁国的鲁宣公，两人一拍即合。晋景公八年（前592），晋景公命时任中军佐的郤克出使齐国，征召齐顷公参加会盟。齐顷公竟然在朝堂之上捉弄郤克。后在敛盂之会上，齐国代表高固又逃席而去，这些行为简直是对晋国的侮辱。

晋景公九年（前591）春天，晋景公对齐国的行为忍无可忍，率军与卫太子臧伐齐。在晋国失去霸权欲重新谋划成为霸主的几年间，楚庄王背地里支持齐国反抗晋国的战略得到了很大的成功，将晋国牵制在北方与齐国周旋，基本就没有闲暇的精力与楚国争锋。

楚庄王去世　楚国衰落

楚庄王二十一年（前591），楚庄王的病情加重，他已经预感到自己很快就会离开人世。他将重臣召到病榻之前，将年仅十岁的太子审交给弟弟子重、子反和大臣申公、巫臣等人。这年入秋，楚庄王驾崩。令尹子重、司马子反按照楚庄王的意思拥立太子审为楚君，是为楚共王。公子婴齐辅佐幼王，掌握了楚国的军政大权。

楚庄王去世没多久，还没有下葬，楚国内的贵族之间就发生了很多矛盾，削弱了楚国的国力。晋国正卿郤克趁着楚国内部权力重组之际，于晋景公十一年（前589）出动大军攻打齐国，齐顷公大败，不得已与晋国结盟。楚国联齐制晋的计划彻底失败。楚国为了挽回颓势和霸主的荣誉，这一年冬天，子重辅佐楚共王出兵北上，攻打到鲁国，号召诸侯会盟。十三国代表一起在蜀城会合，虽然规模很大，但是在楚庄王死后，诸侯对楚国并不信服，这只是楚国最后的风光。

第六章

秦国霸业的奠基者——秦穆公

国王档案

☆姓名：任好

☆政权：秦国

☆出生日期：不详

☆逝世日期：公元前 621 年

☆配偶：穆姬

☆子女：1 个儿子

☆在位：38 年

☆继承人：秦惠文王

☆谥号：穆

☆生平简历：

公元前 651 年，晋献公去世，秦穆公派百里奚带兵送夷吾回国，是为晋惠公。

公元前 648 年，晋国旱灾，秦穆公运了大量粟米给晋。

公元前 637 年，晋惠公去世，公子圉继位，继续迫害逃亡的公子重耳。秦穆公将重耳从楚国迎来，并且把女儿文嬴及四位宗女嫁其为妻，第二年送他回国，做了晋文公。

公元前 630 年，秦穆公出兵帮助晋国围攻郑国。

公元前 628 年，晋文公和郑文公去世了，秦穆公便想借此机会攻打晋国，谋求霸业。

公元前 624 年，秦穆公亲自率兵讨伐晋国。

公元前 623 年，秦军征讨西戎，以迅雷不及掩耳之势，将绵诸包围，并且活捉了绵诸王。

公元前 621 年，秦穆公去世。

人物简评

　　他是历史上有作为的一名君主，他内修国政，外图霸业，促使秦国崛起；在他的统治下，把秦国的影响力扩大到了中原；他是一位宽宏大量的君主，就算坐骑被平民吃掉，他也不会追究一分，也正是他的这点做法，后来救了自己一命。他就是秦国霸业的奠基者——秦穆公。

生平故事

秦穆公求贤

　　秦穆公，名为赢任好，是秦德公的儿子，秦宣公、秦成公的弟弟，春秋时期秦国霸业的奠基者。他任用百里奚、蹇叔、由余为谋臣，打败了晋国，俘虏了晋惠公，灭掉了梁、芮两国。并且扶持了晋文公，实现秦晋联盟。晋文公去世后，秦晋之好彻底瓦解，由结好到敌对。后来又两次被晋国的军队打败，秦国东进的道路被晋军牢牢地控制住了。

　　秦穆公是一个野心勃勃的政治家，他统帅秦国后，便一心想要超越其他的国家，成为春秋的霸主，但是身边却没有多少有用之才，这让他很是苦恼。

　　有一天，秦穆公召见了善于识马的伯乐，秦穆公对他说："您年事已高，在您的子孙中间，有没有人可以担任寻找好马的任务呢？"伯乐回答说："一般的好马从外形筋骨上是能够观察出来的。那些天下间难得的好马，都是恍恍惚惚、似有非有的。这种马跑起来的时候就像飞起来一样，而且是尘土不扬，不会留下任何足迹。在我的子孙中，都是一些才能低下的人，可以让他们去识别一般的好马，但是却不能告诉他们识别天下难得的好马的方法。不过，以前和我在一起担柴挑菜的人中，有一个名为九方皋的人，他可以识别天下间难得的好马，他的本领绝对不比我差。您可以任用他。"于是，秦穆公又召见了九方皋，并且派遣他去全国各地寻找难得的好马。三个月之后，九方皋回来报告说："在沙丘我找到了一匹好马。"秦穆公急忙问道："那么，到底是一匹怎样的马呢？"九方皋回答说："是一匹黄色的母马。"于是，秦穆公让人将那匹马牵来，一看，却只是一匹纯黑色的公马。秦穆公心里很不高兴，他又将伯乐找来对他说："你举荐的那个人，连马的毛色和公母都分不清楚，我不明白，他怎么能够识别哪个是好马、哪个不是好马呢？"

伯乐叹息了一声说道："九方皋相马的境界竟然高到这个地步了吗？这就是他胜过我千倍万倍的地方！九方皋所观察的是马的天赋和内在素质，深得它的精妙，而忽视了它的粗糙之处；洞察它的内部，而没有细观它的外表。九方皋看到的是他所需要的，看不到的是他所不需要的；只观察他所要观察的，而不会观察他不需要的。像九方皋这样的相马者，可要比一般的相马者高明多了，比相马本身的价值还要更高！"

后来，将那匹黑色的公马驯养使用后，才知道它果然是一匹天下间难得的好马。

从这件事情中，秦穆公也得到了很大的启示，他开始让人四处收揽人才，希望那些有才能的人可以投奔到他的门下来。

羊皮换的百里奚

秦穆公五年（前655），秦穆公派遣公子絷前往晋国替自己去求婚，想要迎娶晋献公的女儿。当年，晋献公攻灭了虞，俘虏了虞公以及虞国的大夫井伯、百里奚。百里奚虽是一个亡国大夫，但是他却是一个很有才能的人。晋献公原本想要重用他，但是百里奚却宁死不从。这一次，有个大臣对晋献公说："既然百里奚不愿意在朝为官，那么就让他做个陪嫁的奴仆吧。"

公子絷带着晋国公主等一行人到达秦国时，百里奚却在半路上偷偷地逃跑了。

秦穆公和晋献公的大女儿完婚后，在陪嫁奴仆的名单中发现少了一个人，这个人正是百里奚。于是，秦穆公便追问公子絷。公子絷说："就是跑了一个奴隶而已，不是什么大不了的事情。"

朝中有一位从晋国投奔到秦国的武士，名为公孙枝。听说百里奚逃走的事情后，便找到了秦穆公，对他说百里奚是一个难得的人才，得到他就好比得到了天下。秦穆公听了之后，便一心想要找到百里奚。

百里奚逃走之后，逃到了楚国的边界上，被楚国将士当成奸细抓了起来。

百里奚说："我是虞国人，以前在一户富裕人家看牛，如今国家灭亡了，我是出来逃难的，并不是什么坏人。"

楚国兵将看这个六七十岁的老头一副老实相，也不像是个奸细，于是便相信了他的话，把他留下来，给军队看牛。

对于牧牛，百里奚倒还有一套自己的办法，他把牛养得肥肥壮壮的，人们还送给了他一个外号，名为"肥牛大王"。楚国的国君楚成王知道后，便让百里奚到南海去放马。

后来秦穆公打听到了百里奚的下落，于是便准备了一份大礼，想着派人送给楚成王，请求楚成王将百里奚送到秦国来。

公孙枝阻拦道："这份大礼可万万送不得。楚成王只是让百里奚去看马，是因为他不知道百里奚是一个贤能之士。如果我们用这么贵重的礼物去换一个看马的人，那么楚成王肯定会起疑心，他就绝对不会放百里奚回来的。"

秦穆公听后，觉得有道理，于是便又问："那你认为该如何是好呢？"

公孙枝回答说："应该按照一般的奴隶价格把他换回来，就用五张羊皮换他回来吧。"

于是，秦穆公便派遣使者去拜见楚成王，并且对他说："我们秦国有一个叫作百里奚的奴隶，他在秦国犯了法，逃到贵国来了，现在秦王让我们把他赎回去治罪，还请您把他交给我们。"说着便呈上了五张黑色的上等羊皮。

楚成王想都没想，就让人将百里奚装上囚车，让秦国使者把他带回去了。

秦穆公亲自接见了百里奚，一看，原来只是一个六七十岁的老头，秦穆公脱口说道："真可惜，就是年龄有点大了。"

百里奚说："大王，如果您把我抓来是为了让我逮捕天上的飞鸟，或者是追捕地上的野兽，那么臣的年纪确实大了一点；但是如果您想要和我一起讨论国家大事，那么臣的年纪可不算老呢。"

秦穆公听后，心中不由升起一番敬意，说道："我想让秦国强大起来，想要让它成为一方的霸主，我该怎么做呢？"

百里奚说："虽然秦国处于边陲地区，但是其地势险要，兵马强悍，进可以攻，退则可以守，我们应该充分利用自己的先天优越条件，伺机而动。"

秦穆公听了，心中便感觉百里奚确实是一个不可多得的人才，于是便封他为上卿，治理国家大事。谁知道，百里奚却拒绝道："大王，臣有个朋友叫蹇叔，他的才能要远远在我之上，大王还是把他封为上卿吧。"

秦穆公听后，又急忙派人带着重金，前往蹇叔隐居的地方，想要请他出山。

蹇叔得知是自己的好朋友百里奚推荐的自己，为了让好友能够安心辅佐秦国，他便跟着使者来到了秦国。秦穆公开心极了，他对蹇叔说："百里奚曾经好多次都对我提起你，我对你的才能也是仰慕已久，所以我想听听你的看法。"

蹇叔说："秦国之所以不能跻身于强国的行列，主要是因为威德不够。"

秦穆公说："那么要如何做才可以呢？"

蹇叔说："治法要严厉，其他的国家就不敢欺负您；对百姓一定要宽容，那么百姓就会拥戴您。要想让国家强盛，就必须教会百姓礼节，贵贱分明，赏罚公正，不能贪心，也不能急躁。如今很多的强国，霸业都已经有衰退的迹象，而秦国则一步步地富强起来，秦国称霸的日子已经不远了。"

秦穆公被蹇叔的这番话说得心服口服，心花怒放，于是立即封百里奚为左庶长，蹇叔为右庶长，并称为"二相"。

因为百里奚是秦穆公用五张公羊皮从楚成王那里赎回来的，所以人们也称其为"五羖大夫"。

随后，百里奚还向秦穆公举荐了蹇叔的儿子西乞术、白乙丙。

过了没多久，百里奚的儿子孟明视也来到了秦国，秦穆公封其为将军。

智谋由余

此外，秦穆公还很戏剧性地招纳了由余。秦穆公原计划是向东发展，但是却受到了东边的强国晋国的遏制，没能得偿所愿；最后只能调整好方向，改为向戎人控制的西部拓展领地。

西戎人感受到了秦国的威胁，为了了解秦国的国力和真实的想法，戎王派遣由余出使秦国。秦穆公特意向由余展现了秦国宫殿的雄伟、积蓄富饶，借此想要炫耀秦国的富强。谁想到，由余却说："这些宫室，就算让鬼神来建筑，鬼神也会变得疲劳不堪；而这些建筑都是让百姓来建筑的，肯定给百姓带来了不少的苦难。"

秦穆公听了，心中暗生敬佩。秦穆公不愿意让西戎的使臣占上风，于是便故意提出挑衅性的问题："秦国用诗书礼乐法度当成治国的依据，却还会经常发生变乱；西戎却缺少这些文明制度，那么你们是用什么来治国的呢？"由余笑着回答："您最终所说的文明制度，也正是秦国出现变乱的原因所在。上古圣人黄帝创出了礼乐法度，并且带头示范，躬身实践，尽管这样，也只是达到了天下小治的境界。黄帝之后的统治者，变得骄横荒淫，仗着严威的法度，督促其臣子，臣子心中无法忍受，便会从心里怨恨君主违背了仁义之道，最后落得上下怨恨、相互残杀，而引来了灭族之祸。而戎人却不会这么做。主上用淳厚的道德来对待我们国家的臣民，臣民也用忠信的准则来服侍主上，一国的政治就好比一个人的身体一样，要协调自然。不知不觉之间，也就达到了国家大治，这才是真正的圣人治国之道。"秦穆公提出这个问题，本想要羞辱使者，但是却没有想到，由余所讲的一番道理，却让人感觉到，中原的治国体制远远不如西戎国。

由余的多智巧辩和独特的政治智慧，让秦穆公生起了爱才之念，他对内史廖说："西戎使臣由余是一个贤才，如果让他继续为西戎服务，那么肯定会对我秦国造成危害，我们该怎样才能让他为秦国效力呢？"内史廖提议道："西戎君主常年住在偏僻的地方，从来都没有领略过秦国的音乐。王上大可以送给他一些女伎乐舞，以此来消磨他的雄心大志；然后再公开向西戎国王请求留用由余，以此来离间他们君臣二人的关系；挽留由余不让他走，延误他回国的时期。西戎国王琢磨不定，肯定会起疑心，怀疑由余生了二心。他们君臣之间出现隔阂，那么要招降由余也就不难了。何况，只要西戎王迷恋声色乐舞，那么必定会疏于处理国事，这样也就为我们征服西戎创造了有利的条件。"秦穆公心中大喜，立刻按照计划行事。秦穆公经常在宫中大摆筵席，招待由余，而这两个人也经常食案相接，并肩而坐，关系十分融洽。随后，秦穆公又派遣内史廖出使西戎，献给了西戎王十六位能歌善舞的女伎和乐队。西戎王果然大为高兴，沉迷不已，终年不倦。由余回国的请求被秦穆公一拖再拖，直到秦穆公认为时机成熟的时候，才让由余回到了西戎。

由余延迟了归国日期，西戎王早就对他失去了信任；对于西戎王贪恋女色的行为，由余也多次劝阻，可是西戎王竟然一概不理，君臣之间的关系形同陌路。由余空有一腔尽忠报国的抱负，却失去了施展才干的机会，最后也变得心灰意冷。在这段时期内，秦穆公曾经几次派人私下里邀请由余进入秦国，由余被秦穆公的真诚所感动，而他也认为秦穆公是一个有作为的明君，于是便决定离开西戎投奔到秦国。由余来到了秦国，最为高兴的莫过于秦穆公了。他把由余当成了宾客，和他共商征服西戎的计策，对他百般信任，由余也是感激不尽，更加尽心尽力了。

经过充分准备后，秦穆公根据由余的策划，带兵出击西戎，最后是"益国十二，开地千里，遂霸西戎"。这一功业，让秦国在诸侯国间名声大噪，当时的周天子派遣大臣专程入秦，赐赠金鼓以表示祝贺。

秦晋恩怨之争

秦穆公为了坐上霸主的地位，极力拉近和当时势力强大的晋国的关系，向晋国求婚，并且迎娶了晋献公的大女儿。后来，晋献公晚年时期，昏庸无道，为了讨好年轻的妃子，竟然想要把最小的儿子立为王位的继承人，还杀死了当时的太子申生。而晋献公的其他两个儿子重耳和夷吾为了活命，分别逃到了其他国家去避难。后来，晋献公去世后，晋国大臣邳郑和里克合力杀死了骊姬母子，想要迎接新君回国。夷吾得知后，向秦国求助，想要秦穆公帮助自己返回晋国，并且对秦穆公许诺："如果你们真的能助我登上王位，我愿意将晋国的八座城池送给秦国。"可是，夷吾即位之后，却违背了给秦国的诺言，不愿意给秦国八座城池。

晋国大夫吕饴甥说："土地是祖宗们留下来的，怎么可以割让给其他国家呢？"

而里克却极力反对他的看法，说："主公之所以能够登上王位，完全是依靠秦国的帮助。我们绝对不能对秦国失信，还是要把城池给他们的。"

郤芮生气地说："如果将八座城池给了秦国，那么晋国就相当于丢失了一半的领土！"

里克继续说道："既然都知道是先君打下的江山，那么当初又何必轻易许给别人呢？"

郤芮大声呵斥道："里克，你这是在为秦国做事情吗？"

邳郑担心，如果继续闹下去，里克肯定会吃亏的，便用胳膊推了一下里克，里克也只好敢怒而不敢言了。

晋惠公采纳了吕饴甥的主意，还让人写了一封信给秦穆公，信中说道：我刚刚继位不久，不敢轻易将八座城池交给秦国，怕再引起内乱。等到国家稍微安定了之后，再行划拨。同时还让邳郑带着一大批金银珠宝前往秦国谢罪。

邳郑动身后，里克前往送行。

郤芮暗中对晋惠公说："里克这个人心术不正，一心向着秦国，看来他早就对主公不满了呀。邳郑临走的时候，二人还在那里嘀嘀咕咕，不知道在商议什么阴谋。倒不如把里克杀了，以绝后患。"

晋惠公说："里克可是有功之臣，我怎么可以将他处死呢！"

郤芮说："里克杀死了两名王室，可谓是罪大恶极，王上是顾念他保驾有功才不愿意杀他。但是这只是私人的事情，而清算他杀害王室人员的罪行，这才是公事。主上千万不要因私忘公啊！"

晋惠公想了一会儿后，便说道："照你这么说，里克是不得不除了，这件事情就交给你来办吧！"

郤芮和里克早就结下了仇恨，他听了晋惠公的命令，带人将里克的住宅团团围住，并且对内喊道："晋惠公有命，如果没有里克，那么国君也不可能这么顺利地继位，这是他的功劳；可是里克接连杀了两位君王，其罪难容，这是他的罪过。王上不敢因私忘公，命里克自刎谢罪！"

里克反驳道："如果我不杀掉奚齐、卓子，晋惠公怎么可能成为国君呢？想要妄加的罪名，又何惧找不到借口呢！"说完，便拔剑自刎了。

后来，邳郑从秦国返回晋国，郤芮又在晋惠公面前说邳郑的坏话。晋惠公听信了郤芮的谗言，将邳郑等八位老臣全部处死，邳郑的儿子邳豹则逃到了秦国。这就是晋国历史上有名的屠杀大臣事件。

晋惠公即位后不久，晋国连年遭受蝗灾，庄稼颗粒无收，晋国灾荒严重。

晋惠公五年（前646），晋国又遭遇了一场大旱灾，曲沃、绛州一带的庄稼全部都旱死，那些地区没有一点收成。晋国的百姓带着家里老小，背井离乡，四处乞讨。晋国国库空虚，士兵挨饿，怨声载道。

要想度过难关，唯一的办法就是向秦国借粮，可是当初许诺的八座城池还没有送给秦国，秦国怎么会把粮食借给晋国呢，晋惠公心中很是矛盾。

郤芮说："君主不必发愁，我们并不是不给他们八座城池，只是说等国家安定后再履行诺言，我们可以向秦国借粮，如果他不答应的话，那可就是他的不对了。到那个时候，我们就收回八座城池的承诺，秦国也就无话可说。"晋惠公听了，觉得有理，于是便让大夫庆郑带着书信和珠宝玉器，前往秦国借粮。

秦穆公听了使者的来意，便召集秦国大臣商量，秦穆公生气地说："夷吾当初答应给我八座城池，可是到现在一座城池都没有履行，如今他又向我们借粮食，你们说到底是借还是不借呢？"

秦国大臣蹇叔和百里奚回答道："哪个国家也避免不了天灾荒年。救灾好比救火，晋国的难处，就好像是秦国的难处，这是人之常情，主公应该借给晋惠公！"

秦穆公说："可是我给晋国的好处，已经够多了！"

大夫公孙枝说："这倒是没什么，我们借给晋国的越多，到时候他们还的也就越多，对于秦国的富强之路并没有什么影响。如果晋国忘恩负义，那么晋国百姓就住在对面，人心归秦，我国威望将会更高！"

而刚从晋国逃出来的郤郑的儿子郤豹，心里想着就是为父亲报仇的事情，他说："晋惠公残忍无道，天灾人祸一并降到了晋国，这说明是上天在惩罚晋国。秦国可以趁着晋国发生饥荒的时候，起兵征讨晋国，机不可失啊！"

秦穆公严肃地说："辜负我的是晋惠公，而受苦的却是晋国的百姓，我们不能因为憎恨晋惠公，而不管晋国的百姓啊。"

于是秦穆公发出诏命，把粮食借给晋国。他派人用车辆、马匹、船只运送粮食，并且还有专门的部队护送粮食，一直到晋国首都。那个时候，从渭水河畔，到黄河、汾河沿岸，到处都是秦国运送粮食的车队、船队。晋国百姓听说秦穆公给晋国送来了粮食，心中都万分感激。

不曾想第二年，秦国渭河流域也遭到了特大旱灾，庄稼全部枯死，所收无几。说来也巧，这一年晋国的收成却非常的好。

秦穆公这时想到了蹇叔、百里奚当年所说的话来，深感欣慰："真是丰歉难料呀！如果去年没有把粮食借给晋国，今天我又怎么好意思向晋国借粮食呢？"

邳豹深知晋惠公的为人，就说："晋惠公是一个贪得无厌、不守信用的昏君，我看他不会把粮食借给秦国的。"

秦穆公却不这么认为："人心换人心，我去年帮助他，他今年肯定会帮助我们的。"于是，便命大夫泠至带着大批财物前往晋国，向晋惠公借粮。

刚开始，晋惠公想到秦国曾经帮助过他，于是答应给秦国一部分粮食。

大夫隙芮立刻劝阻说："君王给了秦国粮食，难道也想把土地送给秦国吗？"

晋惠公疑惑地说："我只是借给秦国粮食，没有说要给秦国土地啊？"

隙芮说："君王只记得秦王借粮的小恩，而忘记秦王辅佐您即位的大德，舍大报小，不合情理。"

大夫庆郑说："去年我前往秦国借粮，秦穆公没有推辞，便将粮食借给了我们，晋国的百姓都夸赞秦穆公的美德；如果今年我们不借给秦国粮食，这不仅会让秦国生怨，就连我们晋国的百姓都会不开心的。"

吕饴甥说："秦国借给晋国粮食，是图谋我们的城池；而我们借给秦国粮食，是为了什么呢？"

大夫虢射对晋惠公说："去年，晋国发生了饥荒，上天把这个好的机会送给秦国，秦国并没有好好抓住，反而是借给我们粮食，帮助我们度过了难关，真是愚蠢之极；如今，秦国发生了灾荒，这也是上天将秦国送到了我们面前，这可是个大好时机，不能错过呀。现在最紧要的就是，我们去联合梁国，趁此机会征讨秦国，共分秦地，才是上策。"

晋惠公原本就是一个忘恩负义的吝啬鬼，而吕饴甥、虢射的话正合他的心意，于是便不借给秦国粮食。秦国使臣泠至生气地说："我们国君历来想着秦晋之好，不贪图晋国的一分土地，还将粮食借给了晋国。如今你们竟然不顾旧情，恩当仇报，我回去肯定会如实报告给我们君主的。"

吕饴甥和郤芮等人大声喝道："想要吃晋国的粮食，你们就发兵来取吧！"

泠至气愤地离开晋都，回秦国去了。

晋惠公背信弃义，不愿意借给秦国粮食，至秦国困境于不顾，这让秦穆公很恼怒，他立刻集结三万兵马，攻打晋国。

秦穆公和宰相百里奚亲率中军，大将西乞术、白乙丙保驾，大将公孙枝率领右军、公子絷率领左军，直接朝着晋国杀来。

这下，可急坏了晋惠公等一干大臣。

大夫庆郑说："秦国出兵，就是因为我们没有把粮食借给他们，还没有给他们八座城池。依臣所见，直接给他八座城池吧，免得再动干戈，晋国遭殃。"

晋惠公大怒，要将庆郑斩首，经虢射求情才免去死罪。

晋惠公带领六百辆战车，亲率三路大军，向西进军，准备迎击秦国。中途，庆郑见晋惠公坐着郑国送来的"小驷马"，便好心劝说道："如今遇到了秦国这一强敌，君主还乘坐他国送的马匹，马不熟悉晋国的路，恐怕对王上不利啊！"

晋惠公不仅不听，还呵斥道："再多嘴，我就杀了你！"

这时候，秦军已经渡过黄河了，连战连捷，长驱直入，一直打到了晋地韩原。晋惠公命令部队在离韩原十里处的地方安营扎寨，并且让大夫韩简带兵前往秦营刺探虚实。韩简回来后报告说："虽然秦军的人数比我们少，但是他们个个都是精兵勇将，士气上面可是比我们强了不止十倍啊！"

晋惠公听了十分生气，说："这是庆郑的言语，长他人志气，灭自己威风。我一定要和秦军决一死战！"于是他便命令韩简到阵前请战。

双方在龙门山下摆开阵势，厮杀起来。瞬间，天昏地暗，血流成河。

在混战之中，晋惠公的坐骑"小驷马"累得筋疲力尽，后又遇到了秦国的大将公孙枝，晋惠公让大将家仆徒接战，公孙枝有万夫不当之勇，家仆徒怎么可能是他的对手，没一会儿的工夫便败退下来，而晋惠公的"小驷马"也惊得狂奔乱跑，最后因为不认识路而陷入泥潭，拔不出腿来。就在这十分危急的时刻，晋国大将庆郑冲杀过来，晋惠公高声叫道："庆郑将军快快救我！"

庆郑看了晋惠公现在的状况，说了几句风凉话："国君乘着小驷马倒是很稳当，还是让别人来救你吧！"说着扬鞭策马而去。

最后，战争以晋军的失败而告终，秦国将晋惠公和家仆徒、虢射等一批晋军将领俘虏回秦国，而六百辆战车，逃掉的也只有一百多辆。

秦穆公在巡视将领受伤情况时，却发现不见了大将白乙丙，于是便立刻派人四处寻找。原来白乙丙和晋国将士屠岸夷交手后，两人扭打在一起，滚入窟中，已经筋疲力尽了，但还是互相扭打着不松手，最后秦国将士只好将他们用力拆开，抬到了兵车上。屠岸夷当了俘虏，被秦军斩首，这么一个勇将，落了个可悲的下场。

秦穆公带着晋国俘虏回到秦国，想要将晋惠公杀掉。但是大将公孙枝却认为：杀了，对于秦国也没有多大的好处；如果赶走的话，还是会有其他国家收留他，那时会给秦国带来隐患；眼下最好的办法是仍然让他做晋国的国君，不过要把之前答应的八座城池给秦国，然后让晋国的太子圉作为人质，留在秦国，这样才能够保证秦晋两国世代友好。

秦穆公为了拉拢公子圉，还把自己的女儿怀嬴嫁给了他。后来，公子圉听说夷吾病重的消息，担心晋国的君位会被别人抢走，于是便偷偷地溜回了晋国，将妻子怀嬴扔在了秦国。第二年，夷吾因病去世，公子圉做了晋国君主，没想到这公子圉也是一个忘恩负义的人，他刚一即位，便和秦国断绝了友好关系，这让秦穆公非常生气。于是他派人将公子重耳接到了秦国，要帮助重耳当上国君，而且还将公子圉的妻子怀嬴改嫁给了重耳。

如今，秦国和晋国的关系变得微妙起来，秦穆公是夷吾和重耳的姐

夫，是夷吾的儿子公子圉的前任丈人，现在又变成了自己小舅子重耳的丈人。最后，重耳在秦穆公的帮助下，如愿以偿地赶走公子圉，当上了晋国的新国君，成为有名的"春秋五霸"中的晋文公。

殽之战

周襄王二十四年（前628），晋文公和郑文公去世。这时候，在郑国驻扎的秦国将领杞子向秦穆公建议："郑国人让我掌管他们的北门，如果我们趁机攻打，绝对可以一举歼灭郑国。"

秦穆公收到了杞子的密报，感觉这是一个图谋霸业的好机会，可以里应外合，将郑国歼灭。不过秦穆公倒没有自己做决定，而是向老臣蹇叔询问。蹇叔说："兴师动众去攻打离我们甚远的郑国，我可没有听说过这样的做法。大老远的赶过去，军士已经异常疲惫，哪还有什么战斗力呢？再者，这么远的距离，这么多的部队，行动是无法保密的，郑国人也必定会察觉。郑国的国君肯定会做好一切迎战的准备。我们的将士长途跋涉，花费了那么多的力气到达郑国，也不会得到一点好处，而将士们也会怨声载道、军心溃散。这种仗，还是不能打啊！"

秦穆公认为蹇叔是多虑了，便不顾他的劝告，执意任命百里奚、孟明视为主帅，西乞术、白乙丙为副帅，带领秦军出雍（秦的都城，今陕西凤翔县）的东门，征讨郑国。孟明视的父亲百里奚和蹇叔都是秦国的重臣。秦军出东门的时候，蹇叔哭着对孟明视说："孟明视啊，我能够看着这支秦军走出东门，却看不到这支队伍再走进东门了！"蹇叔的儿子也在这次征讨的大军中，蹇叔哭着送别，说："晋国的军队抵抗秦军肯定会选择殽（即崤山），那里地势险要，有两个陵墓，南陵是夏朝君王皋的墓，北陵是周文王的墓地所在，你们肯定会战死在那里的。我也只能去那里为你们收尸了！"

秦穆公听说蹇叔哭着送师的情形，很生气，让人去骂蹇叔："你懂什么呀？如果你六十多岁就死去，现在你坟墓上的树恐怕都能够合抱了！"

秦军先来到了晋国边境的国家——滑国，被郑国的商人弦高撞上了。弦高听说秦国大军要去攻打自己的国家，于是便假装郑国派来的使者，迎接秦军的到来。弦高送给秦国大军四张熟牛皮，随后还献上了十二头肥牛。弦高对孟明视说："我们国君听说您带着军队前来郑国，特意派遣我来犒赏你们的。虽然郑国的资源并不富厚，但是贵部的人在外面边境驻扎，我们理应保证你们所需要的粮食草料，保卫各位将士的安全。"弦高一边安慰秦国大军，一边立刻派人前往郑国，给郑国国君通风报信。

郑穆公收到了弦高从滑国送来的情报，立刻让人去杞子所住的驿馆观察，只见杞子的车子早就收拾妥当，厉兵秣马，只等着秦国一动手，他们就来个里应外合。于是，郑穆公就派人到驿馆同杞子等人说：你们在郑国耽误的时间太长了，你们想要回秦国，可能是因为没有吃的东西了。不过，你们也不需要急着走，郑国和秦国一样，也有打猎场。你们可以去郑国的打猎场打些麋鹿来，补充供应，这样也能够继续留在郑国，你们看好吗？"

杞子等人心知机密已经泄露了，便立刻逃离了郑国。

孟明视知道郑国已经有所准备，就说："郑国对此已经有警觉了，我们成功的希望不大。强攻，攻不下来；包围，也没有后补的部队。我看我们还是算了吧！"接着，他们便攻灭了滑国，抢夺了很多金银财宝、衣服和粮食，然后又来到了渑池（今河南渑池县），白乙丙对孟明视说："这个地方靠近崤山，地势复杂，我们不能掉以轻心啊。"但是孟明视却并不这么认为，他认为秦军势力强大，根本就没有人敢偷袭。走了一段路之后，就有人来报告，前面的路被乱木给挡住了。孟明视上前一看，只见路上横七竖八的都是木头，上面还立着一根三丈多高的旗杆，旗子上写着一个大字——晋。虽然孟明视心中有了一点警惕，但还是没有停下来想好对策，而是让士兵将乱木移开，继续前进。

谁知，秦军刚刚将大旗扳倒，一时间锣鼓震天，晋军从四面八方杀了出来。原来这是晋军的暗号，只要这旗子一倒，便发动全面进攻。这时候，前有堵截，后有追兵，秦军到了走投无路的境地，只好又退回到乱木的地方。哪知晋军早就在乱木上洒了一些硫磺等引火物，等秦军退到这里的时候，就射来火箭，将这些乱木引燃，山谷顿时就成了火海。秦军死伤无数，争相逃命，孟明视、西乞术和白乙丙三员大将被俘。

晋军打败了秦穆公，想要杀掉秦国的这三员大将，用他们的脑袋祭奠祖先、庆祝胜利。晋襄公的后母是秦穆公的女儿，她听说之后，心中十分着急，就对晋襄公说："秦、晋两国原本是亲戚，关系非常好，可不要因为这三个大将而坏了两个国家的和气。如今，秦军战败，秦国国君肯定怨恨他们。不如将他们放回去，让秦国国君自己来处置他们，以免落得别人的口实。"晋襄公听她说的有理，于是便将孟明视等人放了。可是后来他又后悔了，急忙派人去追。等到追兵赶到黄河边上时，孟明视三人已经坐船离岸了。追兵没有船，只好作罢。就这样，孟明视、西乞术和白乙丙捡回了一条性命，回到了秦国。

秦穆公听说孟明视、西乞术和白乙丙三人侥幸从晋国逃脱，于是便穿着丧服，亲自到城外去迎接他们。孟明视等人看到秦穆公后，急忙跪下请罪。秦穆公不仅没有责备他们，而且还将责任怪在自己的身上，希望他们不要忘记这一耻辱，以图再起。孟明视等人见秦穆公没有怪罪他们的意思，依然让他们掌管兵权，内心都十分感激，决心立功赎罪。他们日夜操练军士，演习阵法，一心想要报仇雪恨。

又过了一年，孟明视认为秦国军队的实力已经可以攻打晋国了。秦穆公三十五年（前625），孟明视向秦穆公请示，要带领军队攻打晋国。秦穆公同意后，孟明视、西乞术、白乙丙三人便率领四百辆兵车出发了。

秦、晋一战后，晋襄公心知秦国肯定不会就此善罢甘休，所以对于军事训练一刻也没有放松。这时，他得知秦国派遣部队前来攻打晋国，也立刻派出军队相迎。两军厮杀一场，秦军败下阵来。孟明视原本以为这一次战争，秦国可以取胜，却没有想到最终还是打了败仗，他感觉这一次秦穆公肯定不会放过他的。可是，这一次他又想错了，秦穆公不仅没有责怪他，而且还是让他继续掌控兵权，这使他对秦穆公感恩不已。

两战皆败，孟明视开始从自己身上找原因。他意识到，在作战中，自己的指挥才能并不出色，就连训练方法和作战方法都有着很大的缺陷，这两次失败在很大程度上都是因为他的指挥不当造成的。为了安抚伤亡将士的家属，他变卖了家产，补贴给他们。他还亲自训练军队，同士兵朝夕相处，同甘共苦。就在他紧张训练部队的时候，晋襄公命令大将先且居（晋国大将先轸的儿子）带领晋、宋、陈、郑四国军队攻打秦国。面对士气高昂的四国联军，孟明视很是冷静，他认为秦国军队还没有做好万全的准备，这个时候不适合出城迎战。于是，他就下令紧闭城门，加紧训练。很多秦国人都认为孟明视是输怕了，成了胆小鬼，所以都建议秦穆公解除他的指挥权。秦穆公却对大家说："孟明视一定能将晋军打败的，我们等着看吧。"

秦穆公三十六年（前624），秦军在孟明视的严格训练下，已经成为一支勇猛顽强、志气高涨的军队了。孟明视这才认为征讨晋国的时机到了。于是，他向秦穆公请求，自己亲自挂帅出征，临行前还发下重誓："如果这一次征讨不能成功的话，我就不回来面见家乡父老了。"秦穆公让孟明视带着五百辆兵车，准备好充足的粮食和精良的兵器，随后还给那些从军的家属发放了一点银两和钱财，解除了出征士兵的后顾之忧。经过充分的精心准备，秦穆公、孟明视亲率大军，朝着晋国杀去。

秦军渡过了黄河，孟明视下令将渡河用的船只全部烧毁，意在如果没有获胜就绝不活着回来。孟明视亲自带领先锋部队，秦军一路上势如破竹，几天的时间，便把过去晋军占领的土地收了回来。这则消息传到了晋国的都城，朝野上下一片恐慌，朝中大臣见秦军这般凶悍，都建议回避一下，不要和秦军正面交锋，就连晋国大将先且居都不敢贸然迎战。晋襄公没有办法，只能命令晋军继续坚守，不要和秦军发生正面冲突。

在晋国的土地上，秦军犹入无人之境，晋军根本就不敢上前迎战。秦穆公看到秦军已经收复了失地，也沉重打击了晋国的威风，而忍了三年的气终于出了，于是便带着大军来到了崤山，来到了当初晋军设计堆放乱木的地方，埋葬了在此阵亡的将士，并且还亲自祭奠了一番。孟明视、西乞术和白乙丙跪在坟前，失声痛哭，手下将士无不感动。

秦穆公亡马

秦穆公在岐山有一个马场，那里饲养着全国各地的宝马。有一天，有几匹马从马场跑了出去，管理牧场的官员赶忙派人四处搜寻，最后在山脚下发现了一堆马骨。牧官心想，那几匹马肯定被山下的农夫给吃了，这下要被爱马如痴的秦穆公知道之后，他非得掉了脑袋不可。于是，牧官派人将山下的三百多农夫全部抓了起来，交给秦穆公定夺。

牧官害怕秦穆公震怒，便带着这三百多村民对秦穆公说：臣下无能，跑出去的几匹马被这些村民给吃了，所以臣判了他们死刑，还请君上责罚。秦穆公听了之后，不仅没有生气，还说那些马都是良马，肉自然也是上品，如果光吃肉不喝酒，很容易出人命的。于是，秦穆公立刻让人准备了好酒，给这些村民喝。最后，秦穆公免除了这三百个农农人的死刑，放他们回家了，而这三百个人心中也都对秦穆公充满了感激。

几年之后，秦穆公和晋惠公交战，秦穆公陷入了绝境，被晋军团团包围，危在旦夕。这时候，敌军的一角突然被人冲破了，冲进来一支骑马的部队，协助秦穆公作战。这些突然冒出来的部队异常勇猛，他们一路保护着秦穆公到达安全地带。秦穆公对此非常感激，于是便问他们是什么部队。这些人回答道："以前我们吃了君上的良马，您不仅没有怪罪我们，而且还赏给我们酒喝。我们这一次是来报答您的恩情的。"原来，这些人正是偷吃马肉的三百多村民，他们比秦穆公的正规部队作战还要勇猛。秦穆公得救，也完全是因为他几年前的一个善举。

残酷的葬礼

秦穆公三十九年（前621），秦穆公去世，秦国上下悲痛万分。秦穆公死后，他的陪葬品可谓是震惊万人的。

相传，秦穆公生前便想到了自己去世后的事情。他想，自己死后，去了那个常年看不到阳光的阴曹地府，一个人肯定是没有意思的，死了之后拉上几个做伴的，或许不会那么孤独。有一次，秦穆公宴请群臣，酒兴正浓的时候，秦穆公对大家说："咱们君臣，生的时候一起享乐，死了之后也要一同哀伤啊。"奄息、仲行、铖虎三位大臣当场就表态，愿意跟随秦穆公同生共死。而就是这一句话，便葬送了他们几个人的性命。秦穆公死后，他们都成了第一批陪葬品。

所说第一批，意思就是说给秦穆公陪葬的人不仅仅这几位，还有后来的第二批、第三批。最后，根据史书记载，给秦穆公陪葬的总共有七十七人。

秦穆公的死属于正常死亡，所以人们除了哀悼之外，并没有其他的情绪。而那三位大人的死，秦国百姓还是异常痛心的。因为这三个人可谓秦国的忠臣良将，他们骁勇善战，保卫秦国的安定。为了表达对他们的不舍和悲痛，人们还作了一首赋《黄鸟》：

彼苍者天，歼我良人；如可赎兮，人百其身！

意思就是：苍天啊，这么善良的人怎么能够做陪葬品呢？如果可以赎其命的话，我们宁愿用一百个人的性命将他们换回来。由此可见，秦国百姓对这三位大臣的留恋。

秦穆公去世后，被安葬在了雍，也就是今天的陕西凤翔东南。

穆姬救弟弟

穆姬，是秦穆公的妻子，晋献公的大女儿，晋国太子申生的同母姐姐。秦、晋两国是邻邦，而秦穆公和穆姬的婚姻也属于政治婚姻。穆姬给秦穆公生了一个女儿、两个儿子，儿子嬴罃，便是后来即位的秦康公。

穆姬嫁到秦国不久，晋国发生内乱，晋国太子申生被晋献公的宠姬骊姬诬陷而死，晋国公子重耳和夷吾逃到了其他的国家。晋献公死后，秦穆公帮助夷吾夺回王位，杀掉骊姬母子，夷吾便是晋惠公。

晋惠公继位后，竟然将秦穆公对他的恩情抛之脑后，撕掉了秦、晋两国签下的友好协议。不久，秦国遭遇大饥荒，秦国向晋国借粮，晋惠公却担心秦国强大，于是一粒粮食也没有借给秦国。秦穆公一气之下，带兵攻打晋国，俘虏了晋惠公。秦穆公让人将晋惠公押到广场上，想要用火烧死他，以祭上苍。

穆姬听到消息后，她穿上麻衣草鞋，将身上的珠宝取下，又扯乱了自己的发髻，领着三个儿女来到了西边的城墙根，堆起了一堆柴火。她和自己的子女一起站在柴堆上，对城外的士兵道："你去禀告君主，如果他不释放我的弟弟，我们就要自焚！"士兵们看这情况，赶忙报告给了秦穆公。

秦穆公在士兵的指引下，来到城墙下，看到穆姬这个样子，着实吓了一跳，三个小儿女也被这样的情景吓坏了，都哇哇大哭起来。秦穆公原本就是一个忠厚之人，见此，他也只好妥协了："好了好了，我不会处死晋惠公的，只将他遣送回国，这样总可以了吧？"谁想，穆姬还是不愿意。秦穆公说："那你说该怎么办？"穆姬道："应该按照国君的待遇，好吃好喝，好生伺候！"就这样，晋惠公被秦穆公请到宫中，尊同上宾。

穆姬到了中年的时候，因病去世了。

宝鸡山的来历

关于宝鸡山的来历，充满了传奇色彩，而且这还得从鸡峰山说起。

鸡峰山峰如雕，云雾缭绕，巅挡鸟道，被称之为宝鸡八景之冠。约公元前 23 世纪之前，鸡峰山还被称为陈仓山。山上古祭石鸡，后祀铁鸡。因为鸡峰山高耸，景色离奇，并且还有仙境般的宝鸡鸣祠，所以从古时候开始，每到了农历六月六，就是人们朝山观光的一天。

据《史记·索隐》记载：有一次，秦穆公外出游猎，无意间得到了那只雄野鸡，也立祠祭祀。后来，秦穆公便成了中国历史上著名的春秋五霸之雄。

还有记载道：陈仓山，山鸡和石鸡做伴，恩爱相守。秦国、赵国崩离，放火烧山，山鸡飞走了，石鸡晨鸣山顶，呼救之声传了几十里。后来也有人说，秦穆公在打猎的过程中，听到两只神鸡斗架，声音传了几十里，当他跟着声音追踪到祭鸡台的时候，一只神鸡飞往鸡峰山，另一只神鸡则飞到了陵原边。于是人们便把祭鸡台称之为斗鸡台。

还有一个传说：秦文公时期（前765～前716），陈仓地方，有一个猎人，抓住了一只怪兽，不知道是什么东西，于是便想要将其献给秦文公。路上碰到了两个孩童，他们争相嚷嚷道："这兽为猬精，经常在地底下吃死人的脑浆。"猎人听了之后，想把野兽打死，这时，野兽突然大声说道："这两个儿童才不是人呢，他们都是野鸡精，名叫陈宝。得到雄鸡，可以成为天下之王；得到雌鸡，则可以称霸于天下。"本来面目被揭开之后，孩童就变成野鸡飞走了。雌的，飞到陈仓山北坡，被逮捕后，变成了石鸡，而雄的则飞到了东南方。

猎人把这件事情告诉了秦文公，秦文公便在古陈仓县城斗鸡台，也就是今市东（陕棉十二厂）火车隧洞上，修建祭鸡台，也就是陈宝祠，也叫陈宝夫人祠；把陈仓地方这种神奇的野鸡，当宝贝鸡供奉起来。从那儿之后，每年祭祀陈宝，就成为秦国一项规模宏大的盛典。陈仓山也逐渐叫为宝鸡山。

秦穆公小女儿弄玉的传说

传说，当初有一位使者给秦穆公献上了一块璞玉，秦穆公让人将璞玉剖开以后，里面竟然是一块上好的美玉，晶莹剔透，秦穆公非常喜欢。后来，秦穆公的小女儿出生。小女儿周岁的时候，后宫的嫔妃将一些玩物放在盘子里，让她抓周，其中就有那块美玉。这个小公主对盘中其他的宝物都视而不见，唯独喜欢上了这块美玉，拿在手里，爱不释手。因

此，秦穆公就为这个小女儿取名为弄玉。

弄玉不仅长得美艳动人，聪慧活泼，而且还能歌善舞，吹得一口好竹笙，技艺精湛。每当弄玉在凤凰台上吹碧玉笙的时候，都会召得百鸟合鸣。秦穆公也将她看作是掌上明珠，很是宠爱。秦穆公想要为这个小女儿召邻国的王子为夫，以后也能够做国君夫人。可是弄玉却不愿意，她说，如果对方不是一个懂音律、善吹笙的高手，那么她就不嫁。秦穆公疼惜女儿，也就由着她了。

有一天，弄玉正在凤凰台上吹笙。突然，她好像听到了悦耳轻柔的音乐声，这声音貌似从天边传来，如泣如诉、委婉动听，仿佛在召唤远方的亲人。弄玉心中大喜，不由得对这位乐者充满了敬佩之情。再次吹笙的时候，这乐声竟然和着弄玉吹奏的节拍、曲调，吹起和音，两人默契十足。弄玉这才听清楚，原来此人吹的是箫！只有这般技艺高超的人才是自己的夫君啊。

弄玉将此事告诉给秦穆公，秦穆公立刻派人循声而去，最后从百里之外的太华山将吹箫的人请到了凤凰台，而此人名为"萧史"。萧史长相英俊，举止潇洒。只见他从腰间取出一把玉箫，玉箫在阳光下泛着红光，耀眼夺目。他吹第一曲的时候，阵阵清风飘过；他吹第二曲的时候，天上的彩云都聚集于此；他吹第三曲的时候，天空飞来了一对对丹顶鹤，还有一对对开屏的孔雀在树间栖息；百鸟随着飞来，争相鸣叫。穆公、弄玉以及朝中大臣都惊呆了。

于是，秦穆公便将自己最为心爱的小女儿许配给了萧史，两人相亲相爱，生活得非常幸福。

有一天，夫妻二人正在月下吹箫捧笙，忽然看到天空中飞来一龙一凤。紫色的凤停靠在左边，而金色的龙则盘踞在右边。凤鸣龙吟显得亲切和善，似乎正在召唤他们。弄玉带着碧玉笙乘上紫凤，萧史带上赤玉箫跨上金龙，一瞬间，龙凤双双展翅，乘着祥云飞向了浩瀚的太空。到现在为止，人们似乎还能够听到那凤鸣般悦耳动听的合音呢。

百里奚听琴认妻

百里奚做了秦国的大夫后，他勤勉政事，爱民如子，累了都不会坐马车，在炎热的天气里也不会打伞。他巡游全国的时候，不用随从的车辆，不带武装的护卫，因此也深受秦国百姓的爱戴。对内，百里奚提倡教化，开启民智，依照周朝的官制和朝仪，改变秦朝落后的体制；对外，加强和周边国家的紧密联系，尽量避免战事，使秦国短期内实现大治。

有一次，百里奚在相府宴请宾客，席间欢声笑语，好不热闹。在相府内，有一个洗衣的女仆听到了乐器的声音后，主动提出要为百里奚演唱一曲，百里奚欣然同意。这位洗衣的老妇人走到大堂的中间，拿起琴弹唱起来：

百里奚，五羊皮。忆别时，烹伏雌，炊扊扅，今日富贵忘我为？
百里奚，初娶我时五羊皮。临当别时烹乳鸡，今适富贵忘我为？
百里奚，百里奚，母已死，葬南溪。坟以瓦，覆以柴，舂黄藜。
搤伏鸡。西入秦，五羖皮，今日富贵捐我为？

这歌声委婉幽怨，字字暗含玄机，百里奚听后，心中大惊，急忙上前询问，这时他才知道此人正是自己的结发妻子杜氏，为了寻找百里奚，她千里迢迢地来到这里。百里奚的妻子杜氏自从和丈夫离别后，几十年都没有一点音讯。百里奚的家乡碰上了灾荒年景，光景惨淡，杜氏便带着儿子外出乞讨。杜氏讨饭来到秦国，打听到百里奚已经是秦国的大夫。为了找到百里奚，她想方设法进入相府，做了一名洗衣工。

大堂之上，俩人相认后，竟然抱头痛哭起来。秦国人得知这件事情，都被百里奚的品质所感动，秦穆公还专程让人送来了很多金银财宝，对他们夫妻俩的重聚表示祝贺。从那儿之后，百里奚位高不忘旧情，相堂认妻的故事在民间广为流传，深受人们的称赞和追捧。

第七章

廿年如一日的忍者——越王勾践

国王档案

☆姓名：姒勾践

☆政权：越国

☆出生日期：公元前 520 年

☆逝世日期：公元前 465 年

☆配偶：雅鱼（记载不详）

☆子女：1 个儿子

☆在位：31 年

☆继承人：鹿郢

☆谥号：无

☆生平简历：

公元前 520 年，勾践出生。

公元前 496 年，越王允常去世，其子勾践继位。

公元前 494 年，吴王夫差带领军队杀向越国。越国军队几乎全军覆没，越王勾践逃到会稽山，越国向吴国屈辱求和。

公元前 484 年，吴王向北进攻齐国，越王勾践听说了非常高兴，就拿贵重的珍宝贿赂太宰嚭，鼓励吴攻齐。

公元前 482 年，越王乘夫差去黄池会盟，偷袭吴国成功，吴国求和。

公元前 473 年，越王又攻打吴国，将吴王包围，吴国灭亡。

公元前 465 年，勾践因病去世。

人物简评 ✎

　　他忍辱负重三年，只为了重回越国；他吞下粪便，来表"忠心"；他卧薪尝胆十年，就为了报仇雪耻；他可共患难，却不容忍同富贵；有人说其为兔死狗烹的小人，有人则称其为成大事的忍者。由古至今，人们对此褒贬不一，议论不休。他就是廿年如一日的忍者——越王勾践。

生平故事 ✎

忍辱负重　幸得回国

　　越王勾践是夏禹的后裔，是夏朝少康帝庶出的儿子的后代。少康帝的儿子被封在会稽，恭敬地祭祀着夏禹。他们身上都刺着花纹，头发很短。就这样，传了二十多代后，终于传到了允常。允常在位时期，和吴王阖闾产生了极大的矛盾，相互攻击征讨。允常离世后，他的儿子勾践继承王位，也就是越王。

　　越王勾践元年（前496），吴王阖闾听说允常离世的消息，便想趁着这个机会带兵征讨越国。越王勾践派遣了一批敢死的勇士前去迎战吴军，勇士们排成三行，冲进吴军阵地，口中大喊着自刎身亡。吴国士兵哪里见过这般模样，一个个看得目瞪口呆，越军趁此机会偷袭了吴军，在槜李将吴国军队打败，并且重伤了吴王阖闾，吴军匆忙撤退。阖闾因伤势过重，最后不治而亡，他在临死之前交代自己的儿子夫差说："一定不要忘记了和越国之间的血海深仇。"

　　阖闾去世后，越王勾践听说吴王夫差没日没夜地训练士兵，目的就是为了报杀父之仇，与越国一决高下。越王心想：与其让他来偷袭，倒不如先发制人，在吴国还没有发兵之前，便带兵前去攻打吴国。越国的大夫范蠡劝谏道："万万不可。我听说兵器是凶器，攻战则是背德，争先打则是这些事情中最为下等的。带着阴谋去实施有违道德的事情，并且还喜欢使用凶器，亲身参与到这种下等事中，肯定会遭到天帝的反对，这样做是绝对不可以的，对我们的战局也非常不利。"越王说："你不要再说了，我已经决定了。"于是越王便带兵去攻打吴国。吴王夫差听说这个消息后，立刻将全国的精锐之师全部集结起来，去迎战越军，在夫椒将越军打败。越王最后只剩下了五千名残兵败将一起退回到会稽，吴王乘胜追击将会稽团团围住。

越王对范蠡说："这一次战争的失败，都是因为我没有听从你的建议，现在落得这样的田地，我们该如何是好呢？"范蠡回答说："能够将功业完全保住的人，肯定都是效法天道的盈而不溢；能够平定倾覆的人，也必定懂得人道是崇尚谦卑的；能够克制事理的人，便能够遵循地道而适时地因地制宜。如今，您唯一的办法就是放下身份，要谦虚有礼地派遣使者去给吴国夫差送去丰厚的礼物，如果这样都无法得到他的原谅，那么您只能自己前去服侍他，把自己也抵押在吴国。"勾践心知也没有其他的办法，随即说道："好吧！"于是他便派遣大夫文种去向吴王求和，文种跪在地上，边用膝盖行走便叩首道："君王的亡国臣民勾践让我带了一句话给您：希望您能够允许我们的君主勾践来做您的奴仆，将他的妻子给您作为侍妾。"吴王夫差听了之后，想要答应文种的条件。吴国大夫伍子胥急忙说道："如今，越国是在劫难逃，既然天帝已经将它送给了我们，我们就没有推脱的理由，所以不能答应越国的条件。"文种回到越国后，把这种情况告诉了勾践。勾践想要将自己的妻子儿女杀掉，然后焚毁所有的宝器，亲自带领军队在战场上与他们决一死战。文种急忙阻止勾践说："吴国的太宰嚭是一个极度贪婪的人，我们可以花费重金将他收买，还请王上您允许我偷偷地前往吴国，去通融通融。"

勾践听了，便让人给文种准备好上等的宝物和美女，带去献给太宰嚭。太宰嚭欣然接受，于是便将大夫文种引见给吴王。文种磕头道："希望大王能够赦免勾践的罪过，我们越国会把所有的宝物全部贡献给您。如果不能得到大王您的赦免，那么越王将会把自己的妻子儿女全部杀掉，然后同您决一死战。虽然他现在只有五千士兵，但是人在危急关头总会有无穷的力量，我想到那个时候，大王您也不可能会全身而退的。"太宰嚭收了别人的好处，也乘机说道："越王现在已经服服帖帖的，他还甘愿来吴国服侍您。如果现在将其赦免，对我们吴国可是大大有利的呀。"吴王刚要答应文种，伍子胥又劝阻道："如果现在不抓住时机，灭掉越国，将来后悔可就晚了。勾践是一位贤明的君主，大夫文种、范蠡也都是一些贤能的大臣，如果勾践能够有机会重返越国，那么越国将是吴国最大的威胁。"吴王夫差根本就听不进去子胥的谏言，最后答应了越王勾践的要求，将勾践及其妻子留在吴国服侍自己，而文种则返回越国，主持越国国事，范蠡为了服侍越王也留在了吴国。

范蠡选择让文种留守越国，是为了让他多多发展男耕女织，暗地里训练军务。

越王勾践一行人来到吴国都城拜见吴王夫差，当下便进贡给夫差很多美女宝物，并且低声下气地极尽献媚奉承的事情；再加上伯嚭在一边帮腔，最后总算是得到了吴王夫差的谅解。

夫差让人在阖闾墓的一侧建造了一间石室，将勾践夫妇、君臣赶入石室内，脱掉身上的华丽衣服，换上罪臣的粗糙衣物，让他们从事一些养马扫除的工作。

每当夫差乘车出游的时候，勾践都要拿着马鞭，徒步走在马车的后面。等走到闹市的时候，吴王的下人便会指着勾践说："看哪，这个就是打了败仗的越王，大家都来看呀！"顿时，嘲讽的声音不绝于耳。

勾践每每遇到这种情况，心里都异常地痛苦和绝望；但是在范蠡看来，这倒是一个不错的时机，可以掩饰勾践的锋芒。所以，范蠡也一直侍奉在勾践的身边，心甘情愿地和他一起受人侮辱，他知道他在等待一个时机。

就这样，勾践在吴国待了三年的时间，范蠡陪着勾践夫妇也受了不少的辛苦和委屈。曾经有很多次，勾践都想放弃自己的宏图伟业，可是都被范蠡劝住了，这也成了勾践在吴国生存的主要力量！

几乎所有人都知道越王勾践在等待一个上好的时机。吴国大夫伍子胥曾经多次要求夫差一定要尽早除去勾践，灭掉越国，以绝心头大患。可是，夫差却是一个非常高傲的人，他认为，将勾践留在身边，不断地羞辱他，要比一刀将他杀掉有趣得多，所以他并没有听从伍子胥的话。

范蠡和夫差算是早早就认识了，他们两人曾经交过几次手，实力也不相上下。夫差和范蠡两人或许有种英雄惜英雄的感觉，都将对方视为最大的对手。夫差能够对勾践另眼相看，也是因为范蠡的缘故。其间，他曾经几次要把勾践一行人放回国，最后都被伍子胥劝住了。

勾践在吴国的第三年，有一次，吴王夫差染了病，范蠡心知只是平常的小病，用不了多久就会痊愈的，但是范蠡却给夫差出了一个主意：他让勾践去品尝夫差的粪便，并且告知病情不重，很快就能够痊愈的消息，以此来取悦夫差！果然，夫差被勾践的这一行为感动得稀里哗啦，立即让勾践夫妇搬出石室，居住在附近的民房中，依然从事养马的工作。过了没多长时间，夫差就病愈了，就好像范蠡预料的那样，吴王夫差通过这一次的事情，心中认为勾践对自己是忠心耿耿的，于是便决定将勾践一行人放回越国，并且还命人在文台摆下了酒席，隆重地欢送勾践还越。伍子胥得知后，大怒，对夫差说："勾践哪是吃了大王的粪便，分明是吃了大王的心啊！"夫差不听伍子胥的劝阻，执意将勾践放回越国。

回到越国后，勾践开始处心积虑地整顿军队，苦心经营，伺机要报仇雪恨。他在自己的座位上放了一个苦胆，坐着躺着的时候，一仰头就能够尝到苦胆的味道，吃饭的时候也会尝尝苦胆。他时常对自己说："你忘记会稽的耻辱了吗？"他还亲自耕种，让妻子亲自纺织，吃饭的时候，从来不吃荤菜，也从来不穿过于华丽的衣服。他对待贤人彬彬有礼，能够委曲求全，并且热情诚恳地招待各路宾客，时常救济穷人，悼慰死者，和百姓共同劳作。越王想把国家大事交给范蠡管理，范蠡却回答说："如果说带兵打仗的事情，那么文种是不如我的；但是要说安抚百姓和国家，让百姓过上好日子的话，我是不及文种十分之一的。"于是，勾践便将国家大事全权委托给大夫文种，让范蠡和大夫柘稽求和，去吴国当了人质。两年后，吴国才放范蠡回国。

卧薪尝胆　一举灭吴

勾践回到越国后，他一直在安抚自己的百姓，抚慰士兵，想要用这样的办法来养精蓄锐，报复吴国。大夫逢同进谏说："国家刚经历过战火，险遭毁灭，到现在才算是慢慢地好起来。如果我们整顿军备，吴国肯定会害怕我们会强大起来，那么最后还会引发战火。再说，凶猛的大鸟在攻击目标的时候，一定会先把自己隐藏起来。如今，吴国大军压在齐、晋国境上，和楚国、越国还有莫大的仇恨，虽然说吴国在天下间的名声显赫，但是实际上却是危害到周天子的利益。吴国没有基本的道德仁义，可他所立的功劳并不少，他的统治者也必定会骄横狂妄。如果您真是为越国着想的话，那么越国倒不如和齐国结交，和楚国亲近，依附于晋国，并且厚待吴国。吴国志向高远，一向很轻视战争，这样一来，我们可以联络这三个国家的势力，和他们一起攻打吴国，越国便可以趁着他应顾不暇的时候，给他致命的一击了。"勾践听后，连连拍手叫好。

两年之后，吴王夫差想要出兵征讨齐国。伍子胥进谏说："这万万不可。我听人说，越王勾践回国之后，餐桌上从来都没有好菜、荤菜，他和百姓一起劳作、同甘共苦。这个人如果不除掉，那么必将成为我吴国的大患。越国对于吴国来说，就是心腹大患；而齐国对于吴国来说，就好比身上的一块疥癣。所以，现在最主要的并不是攻打齐国，而是要征讨越国。"吴王夫差听不进去伍子胥的劝告，执意出兵攻打齐国，在艾陵将齐国大军打败，俘虏了齐国的高、国氏，胜利回国。吴王因此还责备了伍子胥，伍子胥说："您不要高兴得太早！"吴王非常生气，伍子胥无奈，想要自杀了事，最后还是吴王制止了他。

越国大夫文种说："现在吴王夫差的态度越来越骄横，请您允许我以借粮为借口，前去打探一下，以此来揣测一下吴国对我们越国的态度。"勾践恩准了文种的请求，他派遣文种向吴王夫差借粮。吴王想要借给他们粮食，伍子胥则建议不借，可是吴王夫差最后还是把粮食借给了越国。越王勾践见此，心中暗自高兴。伍子胥说："大王根本就不愿意听从我的进谏，再过三年的时间，吴国的基业可就要不保了！"而这些话正好被太宰嚭听到了，他和伍子胥在政事问题上一向不和，于是他借机诽谤道："伍子胥表面上看起来忠厚老实，事实上他是一个非常残忍的人，他连自己的父亲兄长都不能顾及，怎么可能会爱惜大王呢？上一次大王想要派兵攻打齐国，伍子胥从中多番阻拦，后来你拿下了齐国，伍子胥却从心里怨恨您。您如果对他不防备的话，以后他肯定会作乱的。"为了让夫差相信他的话，他还联合逢一起谋划，三番五次地在夫差面前讲伍子胥的坏话。夫差刚开始也不相信，于是便派遣伍子胥前往齐国。后来，听说伍子胥将自己的儿子托付给齐国的鲍氏照顾，夫差这才生气道："伍子胥果然欺骗了我！"伍子胥从齐国回来之后，吴王夫差便让人赐给伍子胥一把"属镂"剑让他自杀。伍子胥大笑道："我辅佐你的父亲称霸，后来又将你拥立为王，当时你想要和我平分吴国，我都没有答应，事情还没有过去多长时间，今天你竟然因为小人的谗言而要将我杀害。唉，你一个人是肯定治理不好国家的！"伍子胥告诉使者说："我死之后，请把我的眼睛取出来，挂在城门上，我要亲眼看着吴国是如何被越国取代的。"伍子胥死后，吴王夫差开始重用太宰嚭，并让他管理朝政。

三年之后，勾践召见范蠡说："吴王处死了伍子胥，现在他身边都是一些阿谀奉承的小人，可是攻打吴国的好时机吗？"范蠡回答说："不行。"

到第二年春天，吴王夫差前往北部的黄池和诸侯会盟，吴国的精锐部队全部都跟着吴王夫差前去赴会了，只留下了老弱残兵和太子在吴国的都城留守。越王勾践又召来范蠡说："现在可是攻打吴国的好时机吗？"范蠡回答说："可以了。"

于是勾践派出两千多名熟悉水性的士兵，四万多训练有素的士兵，还有六千多受过良好教育的近卫军，各类管理技术军官一千人，前来攻打吴国。吴军大败，越军将吴国的太子杀死。吴国的使者将这个消息急匆匆地传给了吴王夫差。此时，吴王夫差还在黄池会合诸侯，他担心这个惨败的消息被他国人知道，于是便咽下了这个秘密。吴王在黄池和各路诸侯订立盟约后，便派遣使者带上重礼前往越国求和。越王勾践也深知自己现在还没有能力灭掉吴国，于是便答应了吴国的求和。

之后四年，越国又派兵攻打吴国。吴国军民疲惫不堪，精锐士兵在和齐国、晋国的交战中，死伤过半了。最后，越国将吴国打败，并且派兵围困吴国都城三年的时间，最后吴国军队大败，越国还将吴王夫差困在了姑苏山上。吴王派遣公孙雄将上衣脱去，裸露着胳膊，跪着前行，以此来向越王求和说："臣子夫差冒昧前来表达自己的意思，以前我在会稽曾经得罪过您，如今我不敢违抗您的命令，希望能够和您讲和，也好带兵返回国去。今天您亲自带兵前来征讨孤臣，我一定会听从您的命令，但是我私底下还是想要您看在往日我对您的份上，赦免了我的罪过吧！"勾践心有不忍，想答应吴王。范蠡说："会稽之事，是上天将越国送给了吴国，但是吴国却不接受。如今，上天又把吴国赏赐给越国，越国怎么可以违背天命呢？再说，君王很早就上朝，很晚才下朝，不就是为了这一天吗？谋划征讨吴国已经二十几年了，就这样放弃，可以吗？而且上天赐给你吴国，你却不要，这肯定会受到惩罚的。'用斧头砍伐木材做斧柄，斧柄的样子就在身边'，难道君主忘记会稽所遭受的苦难了吗？"勾践说："我很想采纳你的建议，但是我又不忍心回绝他的使者。"于是，范蠡便只身鸣鼓进军，说："君王已经把这件事情全权交由我来处理，吴国使者你还是赶快回去吧，否则我可要对不起你了。"吴国使者听后，知道吴国快要灭亡了，便伤心地哭起来。勾践看到这样的场景，心中不免升起了怜悯之情，他派人对吴王说："我把您安置在甬东，统治一百家。"吴王推辞说："我年龄已经大了，无法再侍奉您了！"说着便拔剑自刎了。自尽的时候，他还用衣袖遮住自己的面孔，说："我哪有脸面去见伍子胥啊!"越王厚葬了吴王,杀死了太宰嚭。

勾践三十二年(前465),勾践因病去世。

勾践敬蛙

越王勾践和吴王夫差在会稽一战,被吴王夫差打败,并且立下了城下之盟,作为俘虏跟着吴王返回吴国,在吴国从事养马的工作。后来,勾践品尝夫差的粪便,以此来打动夫差,最后才得以被释放,返回越国。勾践回到越国后,便立志报仇雪恨,卧薪尝胆,十年生聚,十年教训。

有一次,越王勾践乘车经过一处禹穴边,看到马路的中央蹲着一只青蛙,眼见勾践的马车行驶过来,它竟然也不躲避,而且还气冲冲地瞪大了眼睛,好像对于勾践的突然打扰很是不满,准备和他们一决高下似得。

其下人想要下车将其赶走,却被勾践拦住了。只见他从车上立起身来,对着青蛙行了一个礼。车夫看到这种情况后,问道:"大王,它只是一只青蛙而已,为什么要向它行礼呢?"

越王说:"你可不要小瞧了这一只青蛙,区区一只青蛙就能够拥有这样的勇气,竟敢拦住路过的车驾,就凭这一点,就值得我去尊敬的。"

这件事情很快就在越国臣民间传开了,全国上下无不欢欣鼓舞。在人们看来,越王勾践对于一只拦路的青蛙都能够如此敬重,那么就不用说对他的部下了!所以,越国的战士个个都勇猛非常,为勾践尽心尽力,拼死效劳。就这样,经过几年的养精蓄锐,越国最终将吴国消灭。

兔死狗烹　鸟尽弓藏

春秋时期,吴国和越国之间经常会起战乱纷争。勾践元年(前497),吴国将越国打败,最后越王勾践成了吴国的俘虏,被囚禁了三年的时间,给夫差做牛做马,受尽了屈辱。后来,在大夫范蠡的帮助下,越王勾践得到了夫差的信任，三年之后，被释放回越国。勾践为了报仇雪耻，他每天晚上睡在柴草上，坐卧的地方也挂着一个苦胆，每天吃饭之前也会先尝一口苦胆，以此来铭记曾经受到的苦楚。就这样，经过十年的卧薪尝胆，越国最终打败了吴国。

其中，在这场战争中，有两个人起到了关键性的作用。第一便是范蠡，第二则是文种。当时勾践在会稽山被吴国打败，国力急剧衰退，无法和吴国继续抗衡。于是，他便和范蠡、文种商议策略。范蠡提议，让越王勾践主动向吴王示好，以此可以争取一些发展生产的时间，来提升国力，提高军事战斗能力。

这时候，吴王夫差因为做了霸主，而开始变得目中无人起来，一味地沉迷于酒色之中。文种则建议给吴王夫差进献美女。于是，越王勾践就派人四处搜罗绝色美女，最后在浣纱溪边看到了闭月羞花的浣纱女西施。越王让范蠡将西施送给了夫差。夫差看到美貌的西施，顿时像着了迷一样，认为她是一个下凡的仙女，对西施很是宠爱，也因此慢慢地放松了对越国勾践的监视。其后，范蠡又帮助勾践赢得了夫差的信任。后来，他们还设计让夫差处死了吴国的股肱之臣伍子胥；送给吴国浸泡过、不能发芽的种子，使得吴国当年没有一点收成，四处饥荒连连，人心惶恐不安。

越国之所以能够灭掉吴国，范蠡和文种是功不可没的。吴国被灭后，越王勾践为了奖励这两位功勋卓越的辅臣，他想要将范蠡封为上将军，而文种则为丞相。可是范蠡并没有接受越王勾践的赏赐，而是想要退出越国朝堂，离国远去。越王勾践见他去意已绝，也就不再多加挽留，最后范蠡离开了越国，在齐国隐居。范蠡离开之后，心里还放不下自己的好友文种，于是私底下偷偷地让人给文种送了一封信，信中奉劝文种：我们的任务已经完成了，你也应该赶快离开那里了吧？勾践是一个心胸狭隘之人，只能够容忍他人共患难，但是却无法容忍别人共富贵。以前，在灭吴王夫差的时候，吴王派人前来请降，越王曾经说过："吾将残汝社稷，灭汝宗庙。"那个时候，吴王夫差便对我说过一句话："飞鸟尽，良弓藏；狡兔死，走狗烹。"如今看现在的形势，恐怕也真的不远了。可是，文种却不相信越王勾践会如此对待自己，所以他并没有听从范蠡的劝谏，执意留下来继续辅佐勾践，而且还给范蠡回信道："我给他立下了这么多的功劳，现在功成名就，正是好好享受的时候，我怎么可能就这样离开呢？"不久，事情果然如范蠡所说，文种的宰相位置还没有坐好呢，勾践便派人将夫差当年让伍子胥自杀的剑送了过来，同时还让人传话说：先生传授给寡人七种灭吴的办法，寡人只用了其中的三种，就把吴国给灭了，如今还有四种方法没有用，还请先生带给先王观看。文种听了之后，心中也就明白了，这才想起范蠡的话，顿时后悔万分。最后，无奈之下，文种也只好举剑自杀了。

越王勾践剑

　　越王勾践有一把绝世兵刃——越王勾践剑。这把剑寒气逼人、锋利无比，经过两千多年的沉淀，剑上的纹饰依然能够清晰可见，纹饰之精美，再加上"物以人名"，这把剑被当世人誉为"天下第一剑"。

　　1965 年，在湖北江陵望山处的一号墓发现了越王勾践剑，这把剑保存完整，剑身长 55.7 厘米，出土的时候还泛着寒光，剑刃依然很锋利。剑身周围布满了黑色的菱形花纹，纹饰精致，镂刻最细处仅仅有 0.1 毫米。近剑格处还有两行鸟篆铭文："越王鸠浅（勾践）自乍（作）用（剑）"八字。剑柄、剑格乌黑，剑格双面都雕刻有花纹，分别镶嵌着蓝色玻璃和绿松石。剑首向外翻卷作圆箍形，内铸了 11 道宽度不到 1 毫米的同心圆。越王勾践剑做工精美，由此也可以看出当时铸剑师傅高超的技艺，堪称我国的国宝之一。

范蠡三聚三散

　　根据《史记》记载，范蠡还有一个"三聚三散"的故事。

春秋时期，范蠡竭力辅佐越王勾践，最后使越国繁荣复兴。胜利之后，越王想要封范蠡为上将军。但是范蠡心知勾践是一个能共患难、不能共富贵的人，于是便写了一封请辞书，放弃了高官厚禄，带着少量的珠宝，乘舟远行，从此就再也没有回来，这就是所谓的"一聚一散"。

范蠡辞去越国的官职后，只身来到了齐国，更名改姓，在河畔居住耕种，过了没几年的时间，范蠡的家产就已经累积了几十万。齐国国君非常仰慕他的贤能，于是想要请他任职宰相。范蠡感叹道："居家则至千金，居官则至卿相，此布衣之极也。久受尊名，不祥。"于是他便把自己的身家财产分给了乡邻，第二次归隐。这就是所谓的"二聚二散"。

到达了陶地，范蠡看到这个地方是贸易的要道，是一个致富的好地方。于是，他便称自己为陶朱公，就此居住在这个地方，根据时机来进行物品贸易。没过多长时间，他便累积了数万的财富。后来，范蠡的二儿子因为犯了杀人罪而被囚禁在楚国。范蠡道出了大儿子和小儿子对待钱财的态度，猜中了二儿子的结局。这也就是人们所传的"三聚三散"。

后来，因为这三聚三散的故事，人们还将范蠡尊称为"财神"。

是谁杀了范蠡的儿子

范蠡功成名就，离开了越国，先在齐国居住了一段时间后，又去往陶地。他认为陶地道路顺畅，在这里做生意肯定能够发财致富，于是便取名为陶朱公，和自己的儿子一起开始了经商的工作。过了没多久，他们便积累了相当雄厚的家资。

在陶地，陶朱公又有了自己的小儿子。小儿子长大后，陶朱公的二儿子因为杀人罪而被囚禁在楚国。从古至今，凡是家里有千金的犯人都不会在闹市中被处死，以此为那些家族保留一些颜面。所以，陶朱公决定派遣自己的小儿子去探望二儿子，并且让他带了一千镒黄金。准备就绪，就在小儿子即将出发的时候，大儿子说道："我是家里的长子，如今弟弟犯了重罪，父亲宁愿将小弟派去也不派我前去，看来我真是一个不孝的人哪。"说着便要举剑自杀。他的母亲看到这种情况，急忙对陶朱公说："现在就算派小儿子前往，也未必能够救得了二儿子的性命，现在老大又因为此事而要自杀，到底该怎么办呢？"无奈之下，陶朱公也只好派遣大儿子前往，并且给他昔日的好友庄生写了一封信，同时还交代说："到了楚国之后，你就把这些金子送到庄生家，然后一切都听从他的安排。切忌，千万不要和他发生争执。"

大儿子来到楚国之后，按照父亲的叮嘱将他所带来的黄金全部都交给庄生。庄生说："现在你赶快离开，万不可在这里逗留。即便你的弟弟被释放了，也不要询问缘由。"老大满口答应，但是没有看到弟弟安全地出来，他总归是不放心的，于是便悄悄地留在楚国，并且用自己另外私带的黄金贿赂楚国当事的其他贵人。

庄生是一个清正廉洁之人，楚国上下对他尤为敬重。陶朱公的大儿子将黄金送给庄生后，庄生对妻子说："这些全部是陶朱公的钱，以后我们还要还给他，所以千万不要动用。"

后来，庄生便寻了一个机会进宫拜见楚王，并且告知楚王根据近日的天象来看，楚国最近将会有大难，必须实行德政才能够化解。楚王听了之后，于是便准备大赦天下，这样一来，陶朱公的二儿子自然也就可以释放了。这一消息被接受了贿赂的楚国达官贵人传达给了陶朱公的大儿子。大儿子听了之后，便开始寻思：既然要大赦天下，那么弟弟的罪自然也就可以赦免了，那自己的一千镒黄金不就等于白白送给庄生了吗？于是他前往庄生的家，拜见庄生。庄生看到他，心里很是惊奇，问道："你怎么没有离开呢？"大儿子说："当然没有，我就是为了弟弟的事情而来的，如今楚国要实行大赦了，我弟弟自然也就可以无罪释放，现在我是来向您告别的。"庄生明白大儿子话中的意思，于是对他说："黄金我放到房间了，你自己去拿吧！"老大听了之后，心里高兴不已。

庄生感觉自己受到陶朱公大儿子的欺骗，心里气愤不已。于是，他又进宫，拜见楚王，说："现在，很多人都在议论陶朱公的二儿子因为杀人罪也被囚禁在楚国，因为陶朱公家产万贯，所以便四处派人贿赂王上身边的人。所以，有人说王上您大赦天下并不是为了体恤国人，而是因为陶朱公的二儿子才这么做的。"楚王听了之后，心中大怒。他即刻命人处死了陶朱公的二儿子，之后才下达了大赦天下的诏令。

最后，大儿子只能带着弟弟的尸体回家了。他的母亲和乡亲们都为此感到难过，只有陶朱公一人笑着说："其实，我早就知道大儿子是救不了二儿子的，这并不是他不疼爱自己的弟弟，只是大儿子从小便跟着我东奔西走，受了不少的苦，知道生活的苦楚和不容易，所以他非常看重钱财。而三儿子一出生便是生活在钱财富足的环境中，哪会知道钱财来之不易的道理呢？丢掉了也不会感到可惜，这就是我想让小儿子前去的道理。大儿子爱惜钱财，不愿意舍财，所以最终害了自己的弟弟，这在我的意料之中，不必过分悲伤了。我日夜所盼望的就是希望大儿子能够平安将二儿子的尸体带回来。"

毫无疑问，上面的故事充分表现了范蠡非凡的识人眼力。

那么，二儿子杀人偿命，算是属于咎由自取，但是抛开这些不谈的话，到底是谁要了二儿子的命呢？第一，庄生。因为庄生的提议，才使得楚王杀掉了二儿子；第二，大儿子。因为大儿子爱惜钱财，而惹怒了庄生，才搭上了自己弟弟的性命；第三，庄生的母亲。因为她经不住大儿子自杀的威胁，在无奈之下，才改派大儿子前往的；第四，则是陶朱公，如果他真的想要救出自己的二儿子，在此之前，他大可以把其中的利害关系，告诉给自己的长子，可是他简单交代几句了事。所以，杀害陶朱公二儿子的罪魁祸首就是他自己。

西施爱的到底是谁

西施，名夷光，越国人，春秋战国时期出生在浙江诸暨苎萝村。父亲在苎萝山上以砍柴来维持生计。苎萝山下面有东、西两个村庄，西施住在西村，因为村子里大部分的人都姓施，所以才有了"西施"的称号，意思就是西村姓施的女孩子。

西施家境凄苦，西施从很小的时候就帮着家里干活，日常的时候，西施经常在溪边浣纱。那个时候的西施或许没有想到，以后自己竟然是吴、越两国的主角，是美人计的实施者。

西施是中国四大美人之首，她的美是有目共睹的。"东施效颦"的故事被众人所熟知。西施的美貌可谓是远近闻名，不过她的身体却有些羸弱，还有心口疼的毛病。每次病情发作的时候，西施就会皱着眉头，捂着心口，慢慢地前行，人们把这种姿势称之为"西施捧心"，由此也可以看出，西施就算生病了，也还是美得楚楚动人。正好东村有一个丑女知道了这件事情，于是她便在路边学习西施病发时的模样，不过她走路的姿势却是异常难看，比她平时的样子要丑得多，因此也成了人们茶余饭后的笑点。

春秋末期，各国诸侯争霸，吴国和越国开战，最后越国大败而归，越国国君勾践向吴国国君夫差乞降。吴王夫差不听大夫伍子胥"将勾践杀掉，以绝后患"的提议，而是采用了被越王买通的权臣太宰嚭的主张，答应越国投降，并且将勾践夫妇和越国大夫范蠡囚禁在姑苏虎丘，为夫差养马。勾践忍辱负重，装得很是温顺，夫差认为他们已经真心臣服于自己，于是在三年之后，他不顾伍子胥的反对，执意把勾践放回国。

勾践平安回到越国后，立志报仇雪耻，他卧薪尝胆，励精图治，静候时机。经过"十年生聚，十年教训"，越国慢慢地强大起来，一心想要把吴国打败，但是那个时候，越国的军事实力远远不敌吴国。勾践在训练军队、发展农业的同时，还接受范蠡的意见，在全国挑选美人，进献给夫差，这就是历史上有名的"美人计"。

"美人计"最主要的策划者就是越国大夫范蠡。范蠡曾经跟着越王勾践一起去吴国做了三年人质，对吴国夫差的弱点是了如指掌。吴国夫差沉迷于美色，所以范蠡为其精心策划了一场"美人计"。

范蠡根据越王勾践的要求，在民间四处寻找绝色女子。这个美女不仅要脸蛋漂亮，还需要有过人的胆量，机智聪明，能够随机应变。经过千挑万选之后，范蠡挑选了西施和郑旦。那个时候，范蠡和西施刚一碰

面，西施的美貌与纯真便深深地打动了范蠡，而西施的心里也对这个年少有成、气度不凡的将军一见倾心。范蠡对西施讲解了这次选美的主要意图，西施看着面前的范蠡，想也没想便答应下来。

勾践亲自接见了她们，并且还有专门的人员来教授他们歌舞、化妆和礼仪，有人专门给她们讲解历史、时局和权谋。越王勾践有时候还会亲自给西施上课。勾践将这一神圣的政治任务交给她们的时候，还特地交代了三件大事：第一，要让夫差沉迷于酒色中，荒废朝政；第二，要怂恿夫差出兵他国，耗费其国力；第三，要离间吴王夫差和大夫伍子胥的关系，只要除去了伍子胥，吴国也就算没有什么指望了。过了三年，西施的各项技能已经达到了要求，于是范蠡便亲自将西施等人送往吴国，而这两个一见倾心的人也终于有了相处的时间。一路上，两个人饱受爱的苦楚。由于难分难舍，范蠡还有意拖延行进的时间，这样一来，竟然用了一年多的时间才到达吴国。当他们走到嘉兴县南一百里的时候，西施和范蠡的儿子已经可以牙牙学语了。后来，人们为了纪念范蠡和西施的爱情，在这里建造了一个"语儿亭"。唐陆广微在《吴地记》一书中记载说"县南一百里有语儿亭"，是西施入吴国王宫之前和儿子窃窃私语的地方。一方面来讲，范蠡很对不起西施，他为了国家的事业，而牺牲了自己最心爱的女人；而从另一方面来讲也衬托了西施的伟大，为了爱的人，她能够牺牲自己。后来，范蠡和西施约定，吴国灭亡后，他会来接她回去，并且娶她为妻，两人白首偕老。

好色的吴王夫差看到貌美的西施后，心底万分喜欢。大夫伍子胥却一眼看穿了勾践的意图，称这是"美人计"，对夫差是百般劝谏，但是夫差却怎么都不听，还立即将西施纳入后宫。

西施聪明伶俐，虽然她也舍不得自己的如意郎君而投入陌生人的怀抱，但是她也知道此次前来的目的和使命，所以她只能暂时忘却自己，使出浑身解数来讨好吴王夫差，赢得了夫差的信任和宠爱。

吴王夫差让人为西施在灵岩山上建造了一座馆娃宫，在馆娃宫的周围还修建了玩花池、玩月池、吴王井、琴台，还有采香径、锦帆径和打猎用的长洲苑等；此外，他还修筑了响屐廊，便是在地上凿一个大坑，然后在坑里放上一大缸水，最后在上面铺上木板，再铺平。夫差让西施穿着木屐从上面走，铮铮有声，所以才称之为"响屐廊"。

春天到了，夫差便和西施一起去采香径、玩花池游玩；夏天到了，夫差便和西施在洞庭的南湾避暑，享受清凉的夏天。南湾被山环绕，绵延十几里，因此吴国也将这个地方称之为"消暑湾"，并且还让人在附近开凿了一个方圆八丈的白石池子，将山中的清泉引来，以方便西施在此洗浴，所以这个池子也称之为"香水溪"；秋天到了，吴王夫差就和西施一起攀登灵岩山，看灵石，欣赏秋叶；冬天到了，夫差和西施便披着狐皮大衣，让十几个嫔妃拉着车子寻访梅花，完全不顾嫔妃们的感受，每一次都要尽兴了才可以回去。如此挖空心思地玩乐，由此也可以看出，吴王夫差确实对西施宠爱有加，就连政事也顾不得了。

吴王夫差越来越喜欢西施了，而西施也时时刻刻想着如何讨夫差的欢心，如何让夫差的心事全部放在自己的身上，好让吴王夫差成为一个无道之君，荒废国事。值得庆幸的是，西施在吴国还有一个得力助手，名为伯嚭。伯嚭是吴国的大夫，深受吴王夫差宠信，此人奸诈贪婪。越国便是利用他的这一弱点，才常常送给他一些珠宝，有时候也会进献给他一些美女，所以他对越国可谓是死心塌地，和西施两人一起为越国效力。

自从夫差有了西施之后，便一直在姑苏台居住，一年四季就只知道游玩享乐，再也不问朝中大事了。朝中的一些大臣有劝谏的，便都被夫差训斥，或者是驱逐，或者是罢官。渐渐地，臣子们也就不敢再说什么了。只有老臣伍子胥，看到吴王夫差这般荒淫无道，便在姑苏台下进谏劝阻，但是吴王夫差还是不理睬。伍子胥认为吴王这般行为肯定会惹来霍乱的，可是吴王就是听不进去他的劝谏。于是，一气之下，伍子胥干脆就不上朝了。

那个时候，越国在勾践的治理整顿下，国力日渐强盛起来，军队也已训练有素。吴王夫差这才感觉到一丝丝威胁，想要举兵征讨越国，而被伯噽大夫巧言阻挠。

后来，齐国和吴国的关系紧急恶化，夫差想要带兵攻打齐国。伍子胥却认为，真正的威胁并不是齐国，而是现在不断壮大的越国。但是伯噽大夫却主张进攻齐国，并且还对夫差保证，此战肯定会出师必捷。

一向和伍子胥有矛盾的伯噽大夫不顾国家的安危，趁这个机会来挑拨夫差和伍子胥之间的矛盾。结果吴王夫差赐死了伍子胥，并且将伯噽大夫提拔为相国，还要给越国增加封地，最后被越王勾践谢绝了。就像后人所说的那样："吴国的灭国，最主要的负责人便是吴王夫差和奸佞伯噽大夫。"

勾践十五年（前482）夏初，越国征讨吴国，大获全胜。

经过上述的事情，范蠡和吴王夫差两个人，西施到底喜欢谁呢？从一个女人的角度来说，这个答案很容易得到。这个问题可以换一个角度去看，那就是范蠡和吴王夫差，哪一个更爱西施呢？其实这件事情也很容易得出答案。范蠡，为了自己的国家，竟然愿意牺牲自己的爱人西施，甚至不顾西施已经为他生了一个儿子；夫差，为了西施，不顾自己的国家和子民。或许有些人觉得，夫差只喜欢西施的美貌。那么再看看范蠡，他爱西施的灵魂吗？如果说西施没有过人的美貌，他还会对其一见钟情吗？

所以，即使在当时，还没有遇到夫差的时候，西施便接受了范蠡安排的美人计时，或许她的心里也是有委屈的。不过，那个时候，范蠡的一番花言巧语已经深深打动了西施，并且还承诺，事成之后，自己肯定会娶她为妻。可是到了吴国后，夫差对西施宠爱不已，这时，西施才反应过来，自己以前是被爱情冲昏了头，真正爱自己的其实是夫差，所以，西施在实施自己计划的同时，内心是极度痛苦的。

而关于西施最后的去处，有两种说法：第一，她为自己的国家做了应该做的事情，但是夫差对于西施的爱却是发自内心的。与夫差相处的时间久了，西施感觉到夫差对她的宠爱，等到任务完成的时候，她才发现自己已经爱上了夫差。这样一来，因为无颜面对范蠡，内心更是对不起夫差，最后羞愧之下，她投湖自尽；第二种说法便是，吴国灭亡后，范蠡找到了西施，从此两人泛舟湖上，过起了神仙眷侣的日子。在《吴地记》中也有一些关于范蠡和西施泛舟湖上的记载，对此有着不同的说法。相传范蠡、西施曾经在宜兴居住，今天的蠡墅就是他们当年居住过的地方。而江苏一些地方有叫"施荡桥"、"西施荡"等名称也都与西施有关。

伍子胥的传说

一夜白头

伍子胥原本是楚国人，姓伍，名员，字子胥。楚平王因为听信小人谗言，将伍子胥的父亲和兄长杀死，伍子胥则带着太子建的儿子胜逃往他国，楚平王则派人一路追杀。

伍子胥两人辗转来到了一座小山下，这里距离韶关还有六十里的地方，从这里出了韶关后，便是一条大河，这条河径直通往吴国。可是，这个关卡被右司马远越带兵把守，要想蒙混过去，实属不易。

扁鹊的弟子东皋公就在这山中居住，他从悬赏令上的图例中认出了伍子胥，对于伍子胥的遭遇和冤屈非常同情，决定要帮他一把。东皋公找到伍子胥两人，将他们带进自己的住处，好心招待，就这样七天很快过去，但是他还是闭口不提出关的事情。伍子胥心中有些着急，他急切地对皋公说："我身负血海深仇，度日如年，在这里停留了这么几天，就好像死了一般，不知先生还有什么办法呢？"东皋公说："我早就为你们准备好了一切，也想好了可行的方法，现在只差一个人了。"伍子胥有些怀疑，到了晚上，他愁得无法入眠：他想和皋公告别，尽快离去，可是又担心过不了那道关口，最后却惹祸上身；如果不走的话，不知道还要耽搁多久？就这样翻来覆去，他的内心好像被针扎一般，起来坐下，坐下起来；一会儿躺在床上沉思，一会儿又起来绕屋踱步。天亮之后，东皋公看到他，心里大吃一惊："你到底有多少心事，你的头发一夜之间怎么全白了？"伍子胥听后，回身照了照镜子，果然全白了头，心中不由叫苦。皋公想了一会儿后，却哈哈大笑起来："我的计谋已经成了！几天前，我已经让人把我的朋友皇甫讷请来，他和你长得很像，我想用他来混淆官兵的视线，让你好出关。如今，您的头发已经全白了，现在连化妆都不用，人们也不容易认出来你，这样一来，出关变得更容易了。"

当天，皇甫讷按时到达皋公的住处。皋公将皇甫讷打扮成伍子胥的样子，而伍子胥和公子胜则扮成他的仆人，四个人朝着韶关走去。守关吏看到远处而来的皇甫讷，以为是伍子胥来了呢，于是便号令所有的士兵全力缉拿之。伍子胥两人趁着混乱时机，出了韶关，等到官兵将皇甫讷捉拿之后，才发现抓错了人。幸好，官兵和皇甫讷都认识，东皋公和守关长官远越的关系也不错，于是，这件事情也就不了了之了。

伍子胥顺利过关，来到了吴国，帮助吴公子姬光夺取王位。后来又和孙武一起带兵攻打楚国，那个时候，楚平王已经去世了，他为了解心头之恨，让人挖开了楚平王的坟墓，曝尸荒野。

伍子胥和七星龙渊

伍子胥逃跑后，楚军紧追不舍，伍子胥一天也不敢停歇，没日没夜地赶路。这天，伍子胥来到了长江之滨，看到这浩荡的江水，波涛万顷。前面有大水挡路，后面则有凶煞追兵，正在这万分危急时刻，伍子胥看到河的上游驶过来一条小船，船上渔翁连声呼他上船，伍子胥上船后，小船迅速划入芦花荡中，等到追兵赶到时，哪还有小船的影子，追兵只好扫兴而归了。渔翁将伍子胥载到岸边，给伍子胥拿来了一些酒食，让其饱餐一顿。伍子胥吃完之后，内心感动不已，便询问渔翁的名字。渔翁笑笑说，自己浪迹波涛，姓名也没有什么用处，只让伍子胥称其为"渔丈人"即可。伍子胥休息了片刻，便辞别继续前行，刚走了没几步，伍子胥又返身回来，解下腰间祖传的宝剑——七星龙渊，想要把这个无价之宝赠给这位渔人，以报答他的搭救之恩，并且叮嘱渔人，万不可泄露了自己的行踪。渔丈人接过七星龙渊宝剑，仰天长叹，对伍子胥说道：

我救你只是因为你是一个忠良之人，并没有图什么回报。如今，你却怀疑我贪图名利，我也只能用这把剑来彰显自己的高洁。说完，便拔剑自刎了，这让伍子胥追悔莫及。

端午节的传说

在我国，端午节最为广泛的说法便是为了纪念爱国诗人屈原。不过，还有另一个说法，端午节还是伍子胥的忌辰。伍子胥是楚国的贤臣，他的父亲和兄长被楚平王杀害，后来伍子胥便投奔到吴国，帮助吴国征讨楚国，五战而入楚都郢城。那个时候，楚平王已经离世，伍子胥让人挖开楚平王的坟墓，鞭尸三百，以报杀父兄之仇。吴王阖闾死后，儿子夫差继位，吴军士气高昂，百战百胜，打败了越国，夫差不顾伍子胥的反对，答应了勾践的求和。后来，吴国大臣受越国贿赂，谗言陷害伍子胥，结果夫差相信了，赏赐给伍子胥一把剑，让他自杀谢罪。伍子胥告知，自己死后，要把双眼挂在城墙上，亲眼看着越国灭掉吴国。夫差听说后，一气之下，便于五月五日命人把伍子胥的尸体扔进江中。苏州人为了纪念这位大忠臣，才将五月五日这一天称之为端午节，而那条江便是胥江。

第八章

北方草原的霸主——赵武灵王

☆姓名：赵雍

☆政权：赵国

☆出生日期：公元前 340 年

☆逝世日期：公元前 295 年

☆配偶：吴娃

☆子女：2 个儿子

☆在位：28 年

☆继承人：赵惠文王

☆谥号：武灵王

☆生平简历：

公元前 340 年，赵雍出生。

公元前 326 年，赵肃侯去世，赵雍继任王位，也就是赵武灵王。魏惠王立即联合楚、秦、燕、齐四国以会葬为名，各派精兵，趁着赵雍年幼，想要抢占赵国。

公元前 325 年，魏惠王攻击失败，便带领太子嗣到赵国祝贺赵武灵王正式即位。

公元前 323 年，赵国向中山国施压。

公元前 322 年，赵武灵王与韩宣王相会，敲定韩、赵联姻的细节。

公元前 310 年，赵武灵王游大陵。

公元前 306 年，赵武灵王进攻中山，彻底控制了太行山的重要孔道井陉。

公元前 301 年，赵武灵王的王后吴娃去世，赵武灵王答应了吴娃临死前的请求，废黜了太子章，立吴娃的儿子王子何为太子。

公元前 299 年，赵武灵王将王位传给王子何，任肥义为相，兼任赵

王何的师傅。赵武灵王自号主父，专心赵国的军事建设和对外战争，国内政治、经济事务则全部交由赵何负责。

公元前 296 年，赵武灵王大举进攻中山国，中山国国王投降，中山国灭。

公元前 296 年，赵武灵王本人在沙丘之乱中被幽禁饿死。

人物简评

　　他是一位很有作为的君主，初登王位，便计退五国之兵；他重视农耕文化，重视改革，消除了国内大多数的隐患；他消除了国家的外在威胁，是举足轻重地位的国君；他建立了高度的中央集权，捍卫王位，使得赵国实力大增。他就是北方草原的霸主——赵武灵王。

生平故事

巧破五国

　　赵肃侯二十四年（前326），赵肃侯离世，魏、楚、秦、燕、齐五国各自派遣了一万余人的军队前来参加赵肃侯的葬礼。赵肃侯生前英雄一世，同魏、楚、秦、燕、齐等国连年的交恶都没有落于下风，很明显，赵国已经成了北方新一任的霸主。魏惠王后期，赵肃侯听了苏秦的进言，对魏国连续发起了合纵攻势，给魏国造成了沉重的打击，使得魏国百年霸业再一次受到了重创，再无能力阻挡赵国南下，为赵国横扫中原清除了一个最为强大的敌人。赵肃侯去世后，魏惠王立刻和楚、秦、燕、齐四国联合起来，以"奔丧"的名义，各自派遣了精兵万余人，想要趁着赵国新君年龄还小的时候，攻占赵国。

　　那个时候，赵武灵王只有十五岁。当时的情形实在凶险，稍有不慎赵国便会被这五国吞噬掉。在赵肃侯的托孤重臣肥义的辅佐下，赵武灵王决定采用同样的强硬措施，与这五个趁人之危的国家来个鱼死网破。

　　赵武灵王命令赵国士兵要全面戒备，尤其是代郡、太原郡、上党郡和邯郸等地的赵军，要做好随时战斗的准备。他联合韩国、宋国这两个位于这五国之间的国家，使得韩、赵、宋三国形成品字型结构，让秦、魏、楚、齐四国处于两面受敌或者三面受敌的被动局面。后来赵国又重金收买越王无疆，让其带兵攻打楚国，先把楚国的注意力转移到了老敌人越国的身上。接着他们又重金收买楼烦王，使其带兵攻打燕国和中山国。燕国是五国中势力最弱的国家，在楼烦的猛力攻击下，燕易王自顾不暇，一方面抵挡着楼烦的攻势，一方面还得提防赵国来个两面夹击。虽然中山国并不是什么一流的大国，但是因为其楔入赵国的版图内，经常受齐国的派遣，从背后攻打赵国的都城邯郸，对赵国的威胁也是比较大的。中山国在楼烦的攻击下，也无法再惦记攻打赵国的事情了。就这样，分派掉燕国、楚国后，韩赵宋三国对峙魏齐秦三国，也就没什么可怕的了。

赵武灵王下令阻止前来奔丧的五国军队进入赵国边境，只允许五国的使者带着各国国君的吊唁之物进入赵国，由赵国的大臣们将他们护送到赵国的都城邯郸。魏、秦、齐三国见赵国竟然如此戒备，再加上韩、赵、宋三国已经达成共识，最后才不得不打消了占领赵国的念头。五个国家的使者进入赵国后，看到赵国的精锐之师都齐聚在邯郸，局势紧张、一触即发。看到此情景，他们便不敢再作他想，每一步都小心翼翼，生怕出了什么差错。同赵武灵王一起厚葬完赵肃侯之后，便都匆匆离开了。魏惠王所发动的五国灭赵的阴谋算是被彻底击败了。由此也可以看出，赵武灵王是一个大智的国君，初登王位便遇到这么严峻的考验，最后还能够从容化解，不得不说他确实是适合君主之位的。

赵武灵王元年（前325），魏惠王的阴谋破灭后，又忙着弥补魏、赵两国的关系。他带着魏国的太子前往赵国祝贺赵武灵王即位为君，赵武灵王和肥义也以礼相待。赵国的重要盟国韩国的韩宣惠王和太子仓也前来赵国，祝贺赵武灵王即位之喜。

赵武灵王三年（前323），赵国向中山国施压，在靠近中山国边境的鄗（今河北柏乡北）处，修筑了宫墙。赵国最大的敌手就是中山国，严重威胁了赵国领土的完整。

中山国原本是白狄族，春秋时期，中山国被称为鲜虞（也称为鲜于）。魏文侯四十年（前406），魏文侯派遣乐羊带领魏、赵两军攻灭中山国。后来赵国和魏国交恶，中山国又远离魏国本土，魏国对于中山国的控制力大大减弱。魏国占领中山国还没有三十年的时间，中山国便脱离了魏国的控制，重新复国。

中山国正好位于赵国的中央地带，全国只有东北角的一小块地方和燕国接壤，剩下的全部被赵国包围。中山国将赵国的领土占得四分五裂。代郡、邯郸、上党郡和旧都晋阳（今山西太原西南）为赵国的四个重镇，因为中山国的从中穿插而使其交通变得很是困难。赵国的北面以游牧为生，南面则是以农耕为主，原本就存在着很大的分裂趋势，中山国的横亘中央，因赵国中央政府位于南端的邯郸，这也使其不利于对赵国的控制。何况，中山国是建立在游牧基础上的国家，横穿在以农耕为主的重镇邯郸和以游牧文明为主的重镇代郡之间，让代郡和赵国中央邯郸的距离更加远了。

虽然中山国并不是一个大的强国，但其承载"千乘之国"，并且位于赵国的心脏地带，是赵国安全和统一的巨大威胁。周边的齐国、燕国和中山国相互勾结，企图攻打赵国。齐国、燕国把中山国当作牵制赵国的最佳选择，所以给予中山国很大的资助。因为齐国、燕国的从中阻挠，而使得赵国一直都没能除去自己的心头大患。虽然说赵国的每一代国君都想成就一番大事业，但是因为中山国的牵绊，大大限制了赵国的这一抱负。虽然赵肃侯打败了齐国、燕国、魏国等强国，但是在这中山国问题上却没有实质性的进展。赵武灵王即位后，便继承了赵肃侯的遗志，在肥义的帮助下，对中山国展开了猛烈的进攻。肥义是肥人的后裔，和中山国同为白狄族。

北向战略

这一年，魏相公孙衍发起五国相王的合纵运动，以此来抵挡秦国相

士张仪拉拢齐、楚图魏的连横策略。赵武灵王并没有答应魏国的结盟请求，只说赵国的实力很弱，还没有称王的资格，最后还自降了一格，让国民称自己为君。结果，魏国的五国相王运动被楚国击败，被迫割地求和。

赵武灵王四年（前322），赵武灵王和韩宣王在区鼠相会，仔细研究赵、韩两国的形势，以此来应对当时复杂的国际局面。与此同时，韩、赵两国还商定了两国联姻的事宜，韩、赵联姻是赵肃侯生前所定下的政治婚姻。第二年，赵武灵王迎娶韩女为夫人。

赵武灵王见中原各个国家的争霸战争处于纠缠状态，在短时间内很难决出胜负，于是他便改变了赵肃侯逐鹿中原的南向战略，而改为北向进军胡地。

攻略燕国

赵武灵王十一年（前315），燕国发生了重大内乱。首先燕王哙受到了苏代和鹿毛寿的蛊惑，将王位让给了相邦子之，造成燕国内乱。燕太子平和齐宣王联合攻打子之，齐宣王答应下来。于是，太子平和将军市带领军队攻打子之，最后惨败而归。第二年，子之带兵反攻，将军市战死。齐将匡章带兵攻打燕国，杀死了子之和燕王哙。齐军大胜后，在燕地大肆捕获，这让燕人极度的不满，太子平却没有能力制止这一恶行。赵武灵王看到这样的情况，决定插手燕国的内政，派遣乐池前往韩国，迎接燕国在韩国做人质的公子职为太子。乐池原本是中山国人，曾经为赵武灵王出使秦国，担任秦相。

赵武灵王从韩国迎回燕公子职，是一次政治行动，关乎到很多国家的利益。赵武灵王想要通过迎立新的燕王，使得燕王能够感恩赵国，继而和赵国形成稳固的结盟形势。同时，赵武灵王还想破坏掉韩国和燕国的结盟，以此减少燕国的周边威胁。虽然，赵国和韩国已经结为同盟，但是韩国为了制约赵国，还和燕国结成了同盟，形成了对赵国的夹击之势，防止赵国对韩国不利。燕公子职便是因为韩国和燕国的盟约而前往韩国的。赵武灵王将公子职迎立之后，因为人质公子职的回国，使得燕国和韩国的夹赵盟约自动解除。拆散了韩、燕两国的联盟，这对于赵国来说是大大有利的，可以分别加强对韩国和燕国的控制。而韩国的想法和赵国是一样的，只是思考问题的角度不同而已。虽然赵国想要迎立燕公子职为新的燕国国君，但是韩国对于燕国公子却有着绝对的质押权，可以决定是否让燕国公子回去。原本，韩国可以应燕太子平和齐国的要求，将公子职杀死，但是韩国却没有这么做，这让公子职对韩国充满了感激。韩国同意赵国迎接公子职归国，最主要的还是考虑到，如果韩国放公子职一条生路，那么往后，韩国就可以利用燕国，来制约赵国和齐国。

燕公子职便是后来的燕昭王，他是燕易王后的儿子，易王后则是秦惠王的女儿。

赵武灵王打着平叛驱齐的号召，派遣乐池带着军队进驻燕国，支援公子职，与太子平、匡章所带领的齐军交战。齐军所到之处，烧杀抢掠，无恶不作，老百姓苦不堪言，对于太子平引狼入室的做法非常不满，反而对公子职却是异常地拥护。

赵武灵王很成功地说服中山国王趁着燕国内乱的时机，带兵进攻燕国。中山国取得了最终的胜利，占领了几百里土地和十几座城池。

虽然太子平已经失去了民心，但是当时齐国将领匡章却是有名的将士，公子职要想打败太子平和匡章是一件非常困难的事情。齐宣王看到赵国想要插手燕国的内政，与齐国为敌，于是便派遣精锐的齐军，想要在本土之外，借助燕国的军备潜能与赵国决一死战。赵武灵王并没有将精锐部队投入到和齐国的战争中来，因为他不愿意为燕国而损害赵国的实力。这样，两方进入到了相持状态。赵武灵王对公子职和易王后声称齐国军队很强大，赵国军队根本无力抵挡，所以还烦请公子职向自己的外公秦惠王求救。这个时候，秦惠王正忙着和义渠、韩国、齐国、楚国的战事。

赵武灵王十四年（前312），秦惠王派出部队，兵分两路进攻齐国，以解救燕国，很快，齐军便被击败。以后，燕国很长的一段时间里，都和赵国、秦国保持着很好的盟友关系。赵武灵王十五年（前311），公子职正式即位为王，即历史上的燕昭王。

王后孟姚

赵武灵王十六年（前310），赵武灵王游览大陵。有一天，他做了一个梦，梦到一个妙龄少女鼓琴而歌："美人荧荧兮，颜若苕之荣。命乎命乎，曾无我赢。"

赵武灵王梦醒后，十分想念梦中的那位少女，于是便在酒宴的时候，将自己的这个梦告诉了大臣们，并且还将少女的容貌具体描述出来。吴广听了之后，认为赵武灵王口中的少女和自己的女儿孟姚很是相似，于是便将孟姚献给了赵武灵王（这或许就是梦中情人的原型）。赵武灵王对孟姚很是宠爱，赵人将其称之为"吴娃"。吴娃当了赵国的王后，没过几年，便产下了一个王子，名为何，是日后的赵惠文王。

乱战

赵武灵王十九年（前307），秦武王在周国因为举鼎而折断膝盖骨，最后因不堪重负而死亡。秦武王没有儿子，他的亲生母亲惠文后想要立秦武王同母的弟弟公子壮为王，秦武王的庶母宣太后则想要立秦武王的异母弟弟公子市为王，于是这两派便展开了激烈的斗争。赵武灵王密切关注秦国的局势动态，想要趁机插手秦国的政事。

这一年，作为第一大国的楚国和第二大国的越国爆发了一场巨大的战争。原本，越王无疆和楚威王商议，要一起攻打齐国。最后楚威王却是敷衍了事，并没有出兵帮助越国，这引起了越国方面的强烈不满。齐国在越国的猛烈攻击下，抵御能力越来越弱，于是便派人向越国求和，提出一起讨伐楚国的建议。结果，楚威王将越国、齐国联军打败，杀死了越王无疆。齐国的注意力也全部集中在这场巨战中去了。

这个时候，秦、楚、齐、韩、魏、越等国全部都处于混乱的状态中。燕昭王刚刚即位，在其母亲易王后的协助下，他们建筑黄金台招纳贤士，国破民弊，百废待兴。在这些国家中，赵国和宋国没有参与到这场混乱中，而是全力谋划兼并土地。赵武灵王与宋康王结成联盟，利用宋国来牵制齐国和魏国、韩国，这些国家对赵国都有着很大的威胁，这样牵制，可以使得赵国歼灭中山国的计划顺利实施。宋国也想要利用赵国牵制齐、魏，便于兼并齐国和卫国之间的邻近土地。

胡服骑射

如今天下大乱，各国根本没有时间去顾忌赵国的内政，这对于赵国来说可是一个绝佳的机会。赵武灵王向全国发布实行"胡服骑射"的法令。与此同时，他还派兵攻打中山国。

在全国范围内实行"胡服骑射"之前，赵武灵王已经允许赵国的北部事先实验。全面游牧化的赵国骑兵，汲取了胡人机动性强的优势，丢弃其纪律性差的缺点，在和北方胡人的战斗中，取得了不少的胜利。

赵国和中山国的宿怨是胡服骑射的主要原因。赵武灵王和中山国连年征战，几乎每战必败，为了报仇雪耻，他们开始练习胡服骑射，但是这一计划却遭到了赵武灵王的叔叔赵成的反对。而赵武灵王这样说道："赵国，东面有齐国和中山国，北面有东胡部落和燕国，西面则有齐国、韩国和楼烦部落，这些都危及到我们国家的边境安全。而赵国的边境部队，仍然使用传统武器，没有先进的武器设备，一旦这些敌人图谋赵国，那么赵国就毫无抵挡能力。从前，中山王国依仗着齐国，四处侵犯赵国的土地，侵扰赵国的人民，挖掘河水口浇灌鄗城（邢台市柏乡县北），如果不是上天的保佑，鄗城可能早就失守了，这件事一直被先祖们认为是最大的耻辱。我之所以改变服装，更新战备，也只是为了迎接边境的突变，报中山王国之仇。叔父大人却坚决维持原本的传统政策，忘记了鄗城的耻辱，这还真是出乎我的意料。"赵成听了赵武灵王的这一番话后，也不再阻止改革，欣然接受。第二天，赵成穿着胡服上朝。于是，赵武灵王下令全国人民都该抛弃长袍宽袖，改穿胡服；淘汰战车，练习骑马射箭。

赵国所使用的骑兵、胡服在很久以前就已经存在了，不过那个时候，只是士兵们的一种自发行为。这个可不是某一个人的杰作，而是根据当时军事情况的需求，自然而然地采取的一种更容易获胜的手段。可以这么说，游牧民族和中原刚接触不久，中国便已经出现了最早的骑兵，只是不管从数量、质量还是战术上，都比较原始，对战争根本起不了什么决定性的作用。在中国，骑兵发展成一个独立的兵种，经过了很长时间后，进而变成了一个主要兵种。胡人的游牧生活和军事训练一体化，而中原是农耕文明的国家，所以在两者的交战中，胡人的骑士机动性高，冲击性强，所以才能够经常取胜，使得中原败北。赵国和秦国、燕国等是和游牧民族国家接壤的国家，在几次战争中都败给了胡人，于是他们便采纳胡人的作战方式，招募胡人骑兵充当教官，有的干脆就直接充当士兵，为中原地区服务。但是这种雇佣方式非常的不可靠，而且很难进行统一指挥，中原地区的将领非常少，而骑术精湛、深通胡语的人就更少了，一些胡人崇拜英雄主义，不愿意服从他们的领导，致使军营混乱，统帅艰难。赵武灵王想要将赵国的将士培养成优秀的骑兵，并且招募胡人骑兵，将其两者相结合，想要建立一支完全由国君掌控的骑兵部队。

赵武灵王建立"胡服骑射"的目的，除了加强和周边国家竞争的军事能力外，其最主要的一个目的便是解决以代郡和邯郸为代表的两种文化、两种政治势力造成的南北分裂局面。

赵国的游牧文明要重于农耕文明。赵国是华夏系统中和北方戎狄各部落交流最全面、最深刻的国家，公室和戎狄的通婚程度也远远在秦国和燕国之上。秦国和燕国公室的通婚对象主要是面向中原地区的各个王国。赵国的文化也是北方游牧民族和中原农耕民族的结合体，赵国的戎狄文化比秦国要严重得多。赵武灵王即位后，楼缓、仇液和肥义是赵武灵王最为信任的三个大臣，楼缓出生于楼烦，仇液出身于匈奴，而肥义则是赵肃侯的托孤重臣，这样一来，戎狄外族的大臣成为赵武灵王最重要的一批助手。虽然赵国之前也采用一直施用的大臣异地就任制，也就是让有着戎狄背景的大臣前往农耕文明的中心邯郸，华夏族大臣则前往游牧文明重镇代郡为官，以此想要达到两地文化交流的目的。不过这一方法并没有收到预期的效果，一百多年后，代郡和邯郸成为了赵国政变的两个牢固据点。而且代郡的势力还不断渗入到游牧文明的另一个重镇太原郡，邯郸则只是将中原的上党郡控制住了，就这样，赵国南北分裂的局势也在一步步扩大。赵国的两种文化、两大政治势力一直在不断地争斗，而且越斗，分离就会越远，这个时候就需要赵武灵王站出来，明确其各自的地位，将其整合为一个依赖重于排斥的整体。

赵国的内政和其他中原的国家还大有不同。其他一些国家的主要矛盾出现在王室贵族和农耕地主出身的军功贵族之间，而赵国的内政矛盾却体现为中原大臣和有着戎狄背景的外族大臣之间的矛盾。两派之间的矛盾大都是因为中原大臣排挤、轻视戎狄大臣而引起的。在赵武灵王之前，赵国就曾经发生过很多起争立国君的政变，其发生的频率可以说是中原各国之最。争立国君主要是两大派别，一个是以代郡为根据地的戎狄大臣，另一个则是以邯郸为根据地的中原大臣。邯郸和代郡分别位于赵国的南北两方，是赵国进军中原的基地和制约戎狄的据点。邯郸和代郡之间还有一个中山国，邯郸和代郡之间的交通很不便利，需要经过太行山西侧的上党郡和太原郡才能够进驻原本位于邯郸北面的代郡，很不方便。邯郸和代郡的联系也比较生疏，远远不如和它接近的中原和戎狄之间的关系。两个重镇原本就有很大的民族文化差异，再加上交通不便，最后使得这种差别越来越大。邯郸对代郡的控制非常低，而代郡出于同戎狄国家军事斗争的需要还拥有自治权力，邯郸和代郡实际上也就成了赵国执行下的拥有不同政策的南北两个国都。赵国大多的贵族都是在完全控制了代郡后，才敢向中央政府挑战。赵国国君选拔背景简单、出身戎狄的大臣做政事，他们的能力出众又容易掌控，要比那些能力一般却有着狼子野心的宗室成员好得多。

赵国和林胡、东胡、义渠、空同、楼烦、中山等游牧民族国家接壤，国民中有很大一部分的人都是胡人或者胡人的后裔，这也致使胡人文化在赵国的地位非同一般。因为在赵国，游牧文明占据主要位置。所以说，赵武灵王适应客观情况，大力提倡胡化是符合实际的。

为了说服国民认同"胡服骑射"政策，赵武灵王在和中山国的战斗中，使用了骑兵战术，并取得了一系列的好成绩，这在声势上给"胡服骑射"的好处做了最为有力的宣传。

赵武灵王带着他数量不多但却非常精锐的骑兵北上攻打中山国，在房子（今河北高邑西南）地区打败了中山国的主力部队，从南至北横穿中山国，到达赵国的代郡，就好比进入无人之境一般，大大鼓舞了赵国国民的信心。赵武灵王又来到赵国和楼烦边境的重镇无穷之门（今河北张北南），接着又穿过楼烦和林胡的势力范围，向西直奔黄河。赵武灵王渡过黄河后，登上了黄河西侧、林胡人长期活动的黄华地带。在这一次的行动中，赵武灵王和游牧民族骑兵发生了很多次的战斗，没有一次败绩。

就这样，在取得一系列的胜利后，赵武灵王开始找两郡的负责人征求意见。肥义、楼缓、仇液都有戎狄背景，他们自然同意赵武灵王的意见。从赵国的国情、地形、人文等现实情况出发，也证实了施行胡服骑射可以帮助赵国提前结束分裂，增强国家的竞争力，促成国家统一。以赵武灵王的叔叔公子成和赵文、赵造、赵俊等人为代表的赵国宗室贵族们，不愿意放弃手中的大权，他们以施行"胡服骑射"肯定会引起赵国上下的波动和不安，会引起赵国局势的不稳定为由，阻止赵武灵王的"胡服骑射"。

赵武灵王耐心地说服宗室贵族集团的首领公子成，对他表明了自己改革的决心和关于胡服骑射改革的全面构想。最后公子成被说服了。在公子成的带领下，赵国的宗室贵族也都同意了胡服骑射改革的建议。

影响

于是，赵武灵王正式颁布法令，赵国上下全部实行"胡服骑射"，任用贤能的人为官，并且明确了游牧文化的主导地位，最后使得一大批出身低微和有着戎狄背景的贤人得到了重用。赵武灵王的这一举动，在当时来说可谓绝无仅有。

赵武灵王将自己培养出来的精锐骑兵当作军官教导团，然后开始准备骑兵军官的事宜。步兵和步兵将领想要成为骑兵，必须要经过很严格的考试，合格者才能够入选。与此同时，赵武灵王还招募很多的胡人，将其充实到骑兵队伍中。因为骑兵军官的控制权在赵武灵王的手中，所以这支新组建起来的骑兵军和以前的雇佣军不同，所有的指挥权都被牢牢控制在赵武灵王的手中。赵武灵王借着这一次机会，也对赵国的兵将系统来了一场大整顿，亲自挑选步兵的将领。而赵武灵王在挑选军事将领的时候，最为看重的就是能力。这样一来，在赵国百姓中，很多有能力的人都得到了任用，裁汰了一大批赵国的宗室贵族。通过这一系列的军事改革、重建工作，大大稳健了赵国的军权。

骑兵的技术性比较强，对于战士和将领的选拔、训练也要比其他的兵种严格。培养和装备一个骑兵的费用就好比十个步兵，而且骑兵的待遇相当于贵族的待遇。当时的特种兵便是骑兵了，是赵国的军事特权阶层。"胡服骑射"后，赵国的军事将领也主要从骑兵队伍中选拔，至少是要在骑兵部队服役过的兵才有被选拔的可能。因为骑兵的待遇很高，而且还有着很好的官兵前途，所以赵国的普通人家都希望家里可以出来一个骑兵，最好是一个骑兵将领。于是，赵国一时间兴起了养马的风气。

就装备而言，骑兵的装备要比步兵的装备复杂得多。一个骑兵最好要有两匹马，而且使用特制的骑兵弓，配置不同用途的箭，要佩戴长刀和短刀，还有可以御寒的皮篷和充足的粮食和水。为骑兵服务的人员也有很多，有专门养马的，有专门收集牧草的，有专门的马医生，还有直接服务于骑兵的奴婢。骑兵的武器装备和步兵也大有不同，主要由胡人工匠负责生产。骑兵中需要大量的皮革制品，所以对牛羊的需求很大，这也使得游牧行业得到了很大程度的发展。

骑兵原本就是一种胡人文化，自从赵武灵王实行了"胡服骑射"政策后，原本在赵国就占有主要地位的胡人文化更进一步地得到了肯定、扶持和发展，胡人的生产方式和生活方式的地位得到了很大的提高。胡人歌舞、胡人医药、胡人服饰、胡人语言，在赵国得到了更大范围的推广和普及。

赵国士兵的形象和中原各国士兵的形象也有着很大的差别，和楼烦、林胡这些胡人倒是比较相似。赵武灵王自己也能够说胡语，住在胡人帐篷中，喜欢水草生活。骑兵有着很强的流动性，兵籍管理和给养保障也要比步兵复杂得多，所以一定要建立一个专门为此服务的部门。赵国国内的马匹都成立了马籍，便于国家对此的调用和掌控。赵武灵王让人对于赵国的户籍和牛、马等大型牲口进行了大调查，成立了可靠的管理体系，并且大力推广军功贵族制度，赵武灵王借助这次普查和统计，把宗室贵族以及地主隐瞒的人口全部都查了出来，扩大了国家掌握的税源和劳动力资源，沉重打击了赵国原有的宗室贵族荫亲体系，赵武灵王所实施的军功制度也成了赵国军民求富贵的主要途径。

开疆拓土　力压秦国

赵武灵王对人力物力的重新整合，使得赵国向军政府更加迈进了一步，而赵国的军事实力也得到了大大的提高。赵武灵王二十年（前306），赵武灵王带兵再一次攻打中山国。赵军频频传出捷报，直到打到了中山国都城灵寿（今河北平山）附近的宁葭（今河北获鹿北），太行山的重要孔道井陉全部控制在赵武灵王的手中。

此时的秦国内战剧烈，赵武灵王想要趁着这个机会，西渡黄河，夺取秦国和林胡接壤的榆中地区（今陕西北部与内蒙古交界的河套地区），这对秦国造成了严重的压迫之势。林胡在和赵军的战斗中损失惨重，林胡王最后被迫求和，向赵武灵王进献了大批良种马。在得到良种林胡马的补充后，赵武灵王又开始招募勇士，将他们编入到自己的骑兵军中。

五国乱战

楚怀王二十三年（前305），发生了一件震撼各国的事情，越国被楚国灭掉了。楚怀王攻下强大的越国后，成为长江中下游的巨无霸，对黄河流域的国家虎视眈眈。齐国则因为估计错了形势，低估了楚国的实际力量，没想到楚国能够这般轻易地就将越国灭掉。楚灭掉越国后，与楚国接壤的齐国开始紧张起来。原本与楚国接壤的韩、魏、秦，也开始害怕楚国这咄咄逼人的气势。不过恐怖的事情还是发生了，楚怀王带兵开始对魏国、韩国、秦国、齐国进行大规模的进攻，占领了四国不少的土地。于是，四国开始向赵国求援，而楚怀王也派遣使者前往赵国，与赵武灵王商议，想要两国联系起来夹击四国。赵武灵王希望楚国能够保持这种咄咄逼人的气势，但是还不希望楚国变得更强大。于是，赵武灵王派遣仇液前往韩国、富丁前往魏国、赵爵前往齐国，以此来表达自己的抗楚之心。秘使王贲前往楚国，按照赵武灵王的意思，同意了楚国南北夹攻的建议。赵武灵王派遣楼缓前往秦国，秘密注意秦国内乱的最新动向。同时派遣代相赵固监视胡人的动静，注意燕国对秦国内乱的反应。

立秦昭襄王

赵武灵王二十一年（前305），赵国带兵攻打中山国，从南、北、西三个方向围攻中山国的都城灵寿。这时，出使秦国的楼缓派人送来消息，说是秦国内乱最后以宣太后的胜利而结束。于是，赵武灵王决定暂缓对中山国的进攻，先解决好秦国的新君问题才行。

宣太后胜利后，想要立二儿子泾阳君公子芾为新的秦王，赵武灵王听说后，立刻派人通知楼缓，让其转达自己的旨意，希望能够迎接宣太后的长子，在燕国做人质的公子稷为新的秦王。与此同时，赵武灵王命令赵固前往燕国迎回公子稷。燕国从心里也希望公子稷能够即位，成为新的秦王，所以对赵武灵王的建议非常支持。秦国经历了三年多的内战，这个时候可谓是国气耗尽、疲惫不堪。在北边，赵国占领了榆中后，对秦国形成了压顶之势。在南边，楚怀王早就已经垂涎汉中、巴蜀地区。如果宣太后不赞同赵武灵王的意见，那么赵国和燕国之间免不了一场恶战。无奈之下，宣太后只得答应了赵武灵王的意见，立公子稷为新的秦王。虽然公子稷是宣太后的长子，但是因为公子稷的王位是赵武灵王所立的，为了担心赵武灵王干涉燕国的政事，所以宣太后夺去了公子稷的实权，重用自己的兄弟穰侯魏冉和华阳君芈戎，亲自治理朝政，与赵武灵王周旋。而公子稷便是后来的秦昭襄王。

废太子章

赵武灵王二十四年（前302），赵武灵王将贵族私藏的、不在国家户籍的奴隶迁往九原（今内蒙古包头西北）和原阳（今内蒙古呼和浩特东）的骑邑，让他们服务那里的骑兵。赵武灵王命令，对于那些不听从国家"胡服骑射"政策的人，都要采取强硬措施。赵武灵王二十五年（前301），王后吴娃去世，赵武灵王万分伤心。吴娃临死之前，要求赵武灵王立她的儿子为太子，于是赵武灵王废黜了长子太子章，而改立吴娃的儿子王子何为太子。

修建长城

赵武灵王二十六年（前300），赵武灵王继续带兵攻打中山国，并且将中山国和代郡、燕国的交接地夺了过来，将中山国全境都囊括在赵国内，对中山国进行严密的封锁。林胡与楼烦想要联合中山国，攻打赵国的代郡，遭到了赵武灵王的沉痛打击。赵武灵王攻下了林胡和楼烦的大片土地，建立了云中郡（今内蒙古大青山以南、黄河以南，长城以北之间）和雁门郡（今山西北部神池、五寨、宁武以北至内蒙古间地区），逼迫林胡和楼烦等人大量地向北迁移。赵武灵王派人修筑了两道长城，以此来阻止林胡和楼烦的南下。第一道便位于今内蒙古乌加河、狼山一带，第二道则是在今内蒙古乌拉特前旗、包头、呼和浩特至河北张北一线。

虽然公子稷被赵武灵王立为秦国的新君，但是政权却掌握在宣太后的手中，对于赵武灵王的要求也都是敷衍了事，这让赵武灵王很生气。这个时候，赵国已经占领了秦国北边的榆中、云中地区，而秦国国防的软肋便是北部边境，于是赵武灵王决定从北面进攻秦国。

出使秦国

赵惠文王元年（前298），赵武灵王对秦国施压，最后只能逼迫宣太后将楼缓任职为秦国宰相，以谋得更多的赵国利益。楼缓前往秦国的时候，赵武灵王曾经扮成随从人员，跟在楼缓的左右。进入秦国后，赵武灵王对于沿途的风土人情仔细考察，为进攻秦国做好充分的准备。楼缓到达秦国的都城咸阳后，拜见了很多秦国的大臣，赵武灵王也都在一边暗自观察，对秦国大臣的贤庸强弱有了比较详细的了解。楼缓劝阻赵武灵王不能在秦国久留，免得别人识破，徒增危险。而赵武灵王则说自己离开之前，要先拜会一下宣太后和秦昭王。因为以前发生过秦昭王扣留楚怀王的事情，使得各个国家的国君都开始对秦国有了戒心，不愿意入秦，免得重蹈楚怀王的覆辙。

楼缓害怕秦国也会对赵武灵王不利，刚开始怎么都不同意赵武灵王冒险见秦昭王，后来抵不过赵武灵王的再三要求，只好答应了。赵武灵王很少会抛头露面，就算在赵国本土内也不会有人认出他来，除了一些军中的将领和少年时期与韩、魏两国的国君见过之外，他几乎很少和外人见面。燕昭王和秦昭王都是赵武灵王自己所立，他都因为军中事务而没有接见。而这一次，赵武灵王提出要见秦昭王和宣太后也并不是一时兴起，他想要看看这对母子的为人，以方便以后攻秦策略的制定。楼缓和宣太后、秦昭王还算比较熟悉，因此赵武灵王想要通过这种私人会面能够更多地了解这对母子。

秦昭王和宣太后是极其敏感的人，他们在接见楼缓的时候，发现向来孤傲的楼缓竟然对他的随从有点屈顺之意，心中顿时起了疑心。在和这位男子的问答中，秦昭王母子发现此人有着非凡的胸怀和见识。楼缓起身告辞后，赵武灵王已经察觉到秦昭王母子对自己起了疑心，于是便匆匆告别了楼缓，返回赵国。临行之前，赵武灵王告诫楼缓，秦昭王母子都是人中龙凤，一定要小心应对。而宣太后和秦昭王也觉得楼缓的这个随从绝不简单，肯定是赵国的富贵人前来刺探秦国军情的。于是，他们立即派遣使者宴请楼缓和这个随从去宫中赴宴。

到了晚上，楼缓如约到达，身边的那个随从却没有带在身边。秦昭王母子问其缘由，楼缓说随从白天失了礼节，已经被遣送回赵国了。这么一来，秦昭王心中也就明白了，这个随从肯定是赵武灵王，于是立即派遣精兵前去追捕。精骑一路狂奔，直到边塞也没有看到赵武灵王的影子。守边境的人告诉他们，赵国的使者刚刚离开。

收服楼烦

赵惠文王二年（前297），赵武灵王从云中、雁门二郡巡视完，结果在西河便碰上了楼烦王的部队。以前，楼烦王想要和林胡王联合攻打赵国收复失地，但是林胡王认为赵军异常勇猛，恐怕很难拿下，所以不愿意冒这个险。楼烦王的下属也都劝阻楼烦王不能草率行事，可是楼烦王不听，强制部队和自己一起攻打赵国。在碰到赵武灵王的大部队后，楼烦的将士又劝说楼烦王不要和赵武灵王硬拼。楼烦王看到赵军人数众多，再加上是赵武灵王亲自领军，而自己的部下却怯战，心中不免恼火。

赵武灵王见楼烦军队犹犹豫豫，心知是害怕自己，不敢上前和自己交战，于是便派遣使者请楼烦王出来说话。楼烦王硬着头皮前来拜见赵武灵王，谁知赵武灵王倒也非常客气。他得知楼烦王被赶到阴山以北后，因为气候不好，水草也不如河套地区那般茂盛，生活过得很不如意。赵武灵王听后，便准许楼烦王带着自己的部下回到河套故地，不过前提是服从赵国的管理，楼烦王更不可再骚扰赵国的边境，楼烦人也可以自由加入赵国的军队，甚至在赵国为官等。楼烦王听了赵武灵王的话之后，二话没说便答应了其要求。楼烦部下的人都知道赵国骑兵的优厚待遇，要比在水草边移居好多了，何况他们生平喜欢骑马打仗，所以，听说了赵武灵王的条件后，便都纷纷投奔到赵国军营服役，而且他们也很愿意归附于赵国。

灭中山国

赵惠文王三年（前296），赵武灵王又一次带兵攻打中山国，中山国国王投降，中山国灭。赵武灵王把中山国国王迁移到肤施（今陕西榆林）地带。而楼烦王眼见自己的部下一个个的离去，都投奔到赵武灵王的帐下，这让楼烦王很不甘心。不久之后，他便联系上了肤施的中山王，并且商议谋反政策，后被赵武灵王所杀。

攻占中山国之后，赵武灵王便开始修整代郡和邯郸之间的道路。过了不久，赵国境内的道路就通畅无阻了，各地的交流方便多了，境内的各民族间的交流也更多了。

大朝信宫

经过一系列的改革后，赵国也成了战国七雄之一。于是，赵武灵王在信都的信宫（邢台）宴会天下诸侯，也就是让各地的诸侯定时前来聚会，没有一个诸侯敢不从命的。《太平寰宇记》记载：赵成侯造檀台，有信宫，为赵别都，以朝诸侯，故曰信都。《史记》曰："梁襄王与太子嗣、韩宣王与太子仓来朝信宫（今邢台市）。"还说"大朝信宫，召肥义与议天下，五日而毕"。赵武灵王在信都（邢台）大会诸侯的那一刻，成为他人生最辉煌得意的顶峰！

壮年退位

赵武灵王的第一位夫人是韩王的女儿，产下一子，名为公子章。原本公子章为太子，后来韩夫人去世后，赵武灵王又迎娶了吴娃，将其立为自己的新夫人。吴娃产下一子，名为王子何，也就是后来的赵惠王。吴娃给赵武灵王带来了很多快乐，但是却从来没有请求过赵武灵王一件事情，这也让赵武灵王内心感到无比的愧疚。后来，吴娃红颜早逝，在她去世之前，请求赵武灵王任命自己的儿子为太子。赵武灵王为了弥补自己对吴娃的亏欠，废黜了公子章，而改立王子何为太子。虽然王子何还很年幼，但是却聪慧异常，继承了他母亲的智慧，所以也深得赵武灵王的喜爱。

后来，赵武灵王提早将王位给了王子何，肥义是辅政大臣，亦是王子何的师傅。自己则专门负责对外征战和领土扩张的事宜，而朝中的一切大事都交由王子何处置。赵武灵王原本希望可以让赵国拥有两个国君，一个对外，一个对内，不过自己并不使用赵国国君的称号，而是有着太上王意思的主父称号。赵武灵王还有另一个意思，自己经常带兵在外出征，生命都无法保证，如果真的遇到什么不测，赵国有王子何管理，也不会出什么大乱子的。先前的几代国君都是在内乱或者是政变中即位的，这也给了赵武灵王很大的启示，想要在自己健壮之年，将手里的政权交给接班人，不过赵武灵王却没有想到，自己的这番想象严重违背了政权构建的基本规律，最终导致赵国的内乱。

主父之死

在肥义的辅佐下，王子何也开始进入国家最高领导者的角色。经过三年的听政，赵王何对于治国的道理，心里已经很明白了。不过，在赵武灵王心中，和自己最为相像的其实还是前太子公子章，如今公子章上朝时候颓废萎靡的样子让赵武灵王很是伤心。其实，公子章原本也是一个极其出色的太子，只是因为自己单方面对吴娃的宠爱，才无缘无故地将公子章废黜了。公子章的母亲韩夫人曾经也是赵武灵王最为喜爱的女子，只是现在两个心爱的女人都已经相继离世，无法和自己分享这一事业的巅峰。而对于自己的这两个儿子，赵武灵王也希望他们能够共同分享这一盛事喜悦，特别是公子章。公子章在无辜被废后，一点怨言都没有，还是像往常一样孝顺赵武灵王。所以，赵武灵王每次想到韩夫人，心中亦是无比的愧疚。于是，他想找一个可以弥补的方法。

公子章比赵王何大10岁，身体强壮，性格强悍，和赵武灵王十分相似，原本是赵武灵王最为喜爱的孩子。赵武灵王二十一年（前305），在攻打中山国的时候，不到十五岁的公子章便被委以统率中军的重任，在赵武灵王的亲自带领下，取得了攻打中山国的大胜利。从那儿之后，公子章多次跟着赵武灵王出征，立下了赫赫战功，为赵国人所颂扬。

赵武灵王将公子章封为安阳君，任命田不礼做公子章的相。田不礼辅佐公子章，经常流露出对公子章遭遇的同情。田不礼原本是一个失势的齐国贵族，他一直希望可以东山再起。所以，他被赵武灵王任命为前太子公子章的相后，田不礼认为机会来了。田不礼对于赵武灵王废长立幼的做法很是愤慨，经常对公子章说，立长是天经地义、人间正道的行为。公子章被废黜之后，原本对王位已经心灰意冷，可是身边有一个田不礼一直在煽风点火，再加上公子章想到，自己的父亲对自己和母亲竟然如此的决定，于是他又重新燃起了希望。

赵武灵王时常和公子章住在一起，衣食住行也都让人准备两份，公子章的仪仗用度几乎和赵王何的一模一样。赵武灵王对公子章的厚爱，赵王何心中虽然很是担忧，但也没有表现出来。而辅佐赵王何的肥义也认为这件事情有欠妥当，不过他明白赵武灵王的心情，心想，公子章被无辜夺去了太子的位子，丢了做赵国国君的机会，赵武灵王之所以这般对待他，也是因为心中有愧，所以也不能过于计较。可是，朝中大臣见赵武灵王对公子章这般厚爱，他们以为赵武灵王又有了新的打算，于是便私下里和公子章来往。公子章对权力原本就不陌生，现在又看到朝中大臣偷偷向自己示好，这也让他更加坚定了自己的信念：一定要把属于自己的王位夺回来。

赵惠文王四年（前295），赵武灵王打算将代郡分给公子章，让公子章也称王。这一想法的前提是，赵武灵王必须将赵王何手中的大权收回，自己重新执掌朝政。赵武灵王此时正值四十六岁的壮年，灭掉中山国、赶走林胡、消化楼烦后，赵武灵王又有了新的想法。这个时候的赵国，因为没有参与中原国家的混战，所以保存了较强的实力。而齐、秦、韩、魏、楚由于连年混战，已经没有实力和赵国抗衡了。如今，赵武灵王已经是名副其实的北方草原霸主。可是，赵武灵王并不满意，他所要做的是中原的霸主。

为了实现这一伟大抱负，他首要做的便是收回权力和王位，重新即位为王。可是，自从赵武灵王主动将王位让给赵王何之后，赵武灵王在朝中的地位也大大不如以前了。再加上肥义的辅佐，赵王何早就取代了赵武灵王的地位，成为赵国的一把手。就这样，赵武灵王原本所想的两个国君也彻底破灭了。虽然赵王何的王位是赵武灵王主动让出来的，但是丢失了权力和地位，也使得赵武灵王很落寞。于是，他心中再次升起了重新立公子章的想法，说穿了，他还是舍不得那高高在上的权力。

赵武灵王将自己想要立公子章为代王的想法和肥义说了，肥义则不赞同。刚开始，肥义认为赵武灵王立公子章为代王，是处于心中的溺爱，不过后来，肥义明白了赵武灵王的真实用意。肥义是胡人的后代，在过去的四年时间里，他尽心尽力地辅佐赵王何，让赵王何在最短的时间内收拢了国家大权，并且拥有了自己的势力。而赵王何和他父亲一样，是一个权力至上的人，如果赵国再出现一个代王的话，势必会引发一场动乱。所以，不管怎么样，肥义都不会赞成赵武灵王的想法。

虽然肥义对赵武灵王也有着很深的感情，但是在国家大义面前，他绝对不会支持赵武灵王的悖逆。按照赵武灵王所说，那样一来，整个赵国就分成了三部分。而对于公子章这个人，肥义也是了解的。公子章一旦成了代王，那么朝中的很多大臣都会依附于他。最后，赵武灵王悻悻而去。

赵王何知道这件事情后，便和肥义一起商议对策，为了以防万一，肥义派遣可靠的胡人日夜守护在赵王何的身边，保卫他的安全。赵武灵王回去后，把这件事情告诉给公子章，想要激起公子章和赵王何之间的矛盾，然后自己再以调和的身份，重新掌握朝中大权。公子章和田不礼听了之后，心中很是怨恨。在赵武灵王的默许下，公子章决定采取行动。

不过，因为肥义对赵王何的周密保护，使得公子章和田不礼无从下手。赵王何对赵武灵王的调兵也控制得很严，赵武灵王心知赵王何已经对自己起了疑心，这更加坚定了赵武灵王心中的想法。

赵武灵王以挑选墓地为由，让公子章和赵王何陪同前往。赵王何无法拒绝，只好在肥义和信期的陪同下前往。到了沙丘之后，赵王何独居一宫，而赵武灵王和公子章居一宫。

田不礼劝诫公子章应该先杀掉赵王何，然后再控制住赵武灵王，最后以赵武灵王的名义称王。于是公子章借用赵武灵王的令符，将赵王何请到自己的宫中议事。而肥义心知有诈，于是自己要先去查探，还让赵王何与信期加强防卫，自己如果没有回来，那么说明事情有所变故。随后，他还告诉下属，如果发生政变，一定要立刻通知公子成与李兑勤王。

肥义进入主父宫后，感觉气氛不对。他没有见到赵武灵王，而是看到了公子章和田不礼，他知道自己肯定回不去了。公子章与田不礼见赵王何没有前来赴约，也知道赵王何已经有所准备。于是，公子章先将肥义杀死后，又派人去请赵王何，如果不来，则立刻带兵进攻。公子章与田不礼私下里培养了很多武士。赵王何见到肥义迟迟没有回来，而使者又前来请自己，他便知道大事不好了。信期逼问使者，得知肥义被杀。信期杀掉了使者，又带兵包围了主父宫。而李兑和公子成也很快带兵赶来，参加平叛。赵王何的军队很快便掌控住局面，公子章与田不礼战败，

田不礼逃到了宋国，公子章则退守主父宫，主父将其藏了起来。信期、李兑、公子成将主父宫团团围住。李兑想向赵王何请示如何处置，被公子成制止。公子成说，以现在的形势来看，赵王何是很难下达命令，亲口诛杀自己的父兄的。李兑和信期觉得有道理，于是便派兵攻打主父宫，将公子章及其党羽诛杀，而将赵武灵王囚禁在宫中，不许踏出半步。主父想要以死相拼，但是公子成等人却只围不战。赵武灵王被困在宫里，宫中并没有多余的粮食，仅剩的一些瓜果点心没过几天就被吃光了。公子成断了赵武灵王三个月的粮食，最后赵武灵王被活活饿死了。公子成在确定主父死了之后，才将内宫打开，为主父收尸。赵王何对于这件事情却是不闻不问，直到公子成来报主父饿死，才大哭一场，命令厚葬，全国举哀。

第九章

秦国变法的推动者——秦孝公

国王档案

☆姓名：嬴渠梁

☆政权：秦国

☆出生日期：公元前 381 年

☆逝世日期：公元前 338 年

☆配偶：无

☆子女：1 个儿子

☆在位：43 年

☆继承人：惠文王

☆谥号：孝公

☆生平简历：

公元前 361 年，秦献公去世，年仅 21 岁的秦孝公正式即位。

公元前 359 年，出师伐韩

公元前 356 年，任命商鞅为左庶长变法革新

公元前 352 年，商鞅开始第二次变法

公元前 338 年，秦孝公去世

人物简评

秦孝公变法图强，奖励耕战，同时迁都咸阳（今陕西咸阳东北），建立了郡县制，开阡陌，加强了中央集权，同时促进了农业生产。在对外的政策上，秦与楚和亲，与韩签订合约，联齐、赵攻魏安邑（今山西夏县西北），把疆土扩张到了洛水以东，自此国力日强，为秦朝统一中国奠定了坚实的基础。

生平故事

秦献公中箭身亡　太子匆忙即位

秦孝公元年（前361），自幼离家，在历经三十年流亡生涯成功把被人夺走的君位又抢了回来的秦献公去世了。

秦献公在位期间，废除了秦国自秦武公以来实行了有三百多年的以人殉葬的制度，受到了秦国百姓的赞扬和拥护。秦献公废除这一制度，有效地避免了青壮年劳动力被白白地杀死。因为在此之前，秦国的奴隶主贵族用殉葬人的人数以及质量来实现自己的身份，因此秦朝每年都会损失大批青壮年奴隶。废除以人殉葬的制度，为秦国保留了大量的劳动力，对秦国的农业和工商业生产十分有利。作为殉葬制度的变通措施，秦朝的奴隶主贵族开始用陶俑来代替真人殉葬。当时秦国地多人少，于是秦献公鼓励多生，并对多生儿子的人进行奖励。同时秦献公还会吸引周围国家或者部族的人来秦国种地、放牧，与本国人一视同仁，并要求本国人不可歧视外来户。通过这些措施，秦国人口剧增，很多荒芜的田地得到了开垦。

早在秦简公七年（前408），秦国就开始实行初租禾制度。所谓初租禾，就是按照土地占有者实际占有的土地面积，征收农作物实物税。这项制度的实行，意味着在法律上承认了土地占有者对所占土地拥有所有权，让占有私垦田地的地主与自耕农成为了土地的合法主人。这项制度在东部边防地区实行得比较顺利，在奴隶主聚集的以雍为中心的西部地区却受到了很大的抵制。秦献公把都城迁到了东部的栎阳，目的就是为了得到在那里占优势的地主集团的支持，而对西部的奴隶主贵族则并没有强迫他们改变自己的生产方式。为了稳定地主和奴隶主贵族两大集团，秦献公采取了"一国两制"的折中办法。

秦献公四年（前381），秦献公迎来了自己的儿子，为其取名为嬴渠梁。这个人就是秦孝公。

秦献公在位期间，还从地主中选拔了一批有才能的人担任国家的大臣，并且允许地主和自耕农从军，让他们可以靠立功来获取爵位。这为地主和自耕农从政提供了出路，让他们可以通过合法的途径来满足自己的政治需要。当时地主和自耕农已经是一个重要的利益集团，是秦献公夺取政权后富国强兵的重要支持者，也是秦国重要兵源和税源。

因为秦国的初租禾制度实行的比较晚，国内的奴隶主势力十分强大。奴隶主贵族有着减免税、减免劳役、减免刑罚等特权，同时他们手中掌握着国家的朝政和军队，对国君的权力造成了威胁。秦国以前也发生过多起强臣弑君的悲剧。秦献公清楚地意识到，奴隶主贵族是自己建立君主集权制度的障碍，也是国家实力的分裂者。但是因为秦国的贵族是秦献公夺取政权的主要支持者，而且他们的势力十分强大，于是秦献公采取了笼络贵族势力的办法。为了稳定国内的贵族势力，秦献公娶了他们中最有势力的一家的女儿为妻子。

在秦献公的努力之下，秦国开始复苏，许多有志之士开始追随秦献公建功立业来到了栎阳，栎阳也很快代替了雍，成为了秦国新的政治和军事中心。

秦献公夺取政权之后，励精图治，不与其他国家斗争，积聚力量，使秦国的国力渐强，人口也增加了不少，军队的军事素质得到了极大提高。秦献公的一系列改革，得到了秦国地主的支持，却遭到了奴隶主的强烈反对。因为奴隶主获得土地的主要方式是靠国君的封赏，而地主获取土地的主要方式则是靠开垦荒地和购买。秦献公的政策无疑是对地主经济的支持，而秦献公本人也很少会将土地赏赐给贵族。因此，奴隶主与地主阶级的矛盾越来越大。秦献公决定用战争来转移国内的矛盾，他打算用抢夺来的邻国的土地来缓解国内对土地的强烈需求。秦人对与中原的交流有着强烈的愿望，这是秦献公一直以来的梦想。秦献公晚年，秦国发动了一系列的战争。

秦献公十九年（前366），献公见韩、魏两国威胁周天子显王，便以此为借口，起兵勤王。秦国大军很快就在洛阳打败了韩、魏两军，因此获得了周显王的赞赏，秦国的国际地位也得到了明显提高，秦人荣誉感倍增，开始把注意力转移到对外的战争上。同时秦国又开始参与中原的事务。

秦献公二十一年（前364），秦献公下令攻打魏国，夺取秦国的故土河西地。秦国军队一直打过了黄河，并深入到了魏境的石门（今山西运城西南），成功杀死敌军六万人，取得了空前的大胜利。秦献公将这些土地赏赐给了地主和贵族，在一定程度上缓解了国内的矛盾。

秦献公二十三年（前362），秦国与魏军在少梁（今陕西韩城西南）进行交战。在这场战役中，秦献公与太子嬴渠梁也就是后来的秦孝公发生了分歧。太子认为秦国现在危机四伏，国仇虽大，然而选择保国才是最重要的。所以劝其父亲先忍住仇恨，退兵保国才是最重要的，如果再战，会有亡国的危险。但是秦献公并没有听取儿子的建议，虽然在之后的战争中获得了胜利，并成功地俘虏了敌手公叔痤，但是秦献公也身中狼毒箭，生命垂危，不得不退兵。不久，秦献公就去世了。太子嬴渠梁也就是秦孝公即位。

忍辱负重　招纳贤才

秦孝公元年（前361），只有二十一岁的秦孝公正式即位。当时秦国还没有得到各国的重视。不过秦孝公也与他的父亲一样不是一般的君主。秦孝公即位之后，选择忍辱负重，放走了自己的宿敌公叔痤，保全秦国。

国家之间的战争，向来是输的一方选择割地、赔偿以保全自己，而当时的秦国虽然获得了胜利，但是国家尚不稳定，危机四伏，于是为了避免国破家亡之灾，秦孝公选择割地求和，放走公叔痤。当时秦孝公的这个做法遭到了秦国上下的一致反对。在秦国，没有一个人同意放走公叔痤，每个人都想杀死公叔座，并称要用公叔痤的人头来祭奠秦国先君秦献公。秦孝公的妹妹嬴玉就曾闯入军营要杀死公叔痤；而秦孝公的哥哥嬴虔，当时是前军大将，也扬言要杀死公叔痤；就连秦孝公的母亲太后，也要用公叔老贼的人头来祭奠自己死去的夫君；文武百官也在朝堂之上要求杀死公叔痤来告慰在天的国君；当时在阵前打仗的将士就更不用说了；而秦孝公本人亲眼看到父亲倒下，心中的仇恨比任何人都要强烈，但是他还是静下心来，选择了隐忍，抗住了压力选择了以大局为重。杀父的仇人就掌握在自己的手中，自己不但不能杀了他，还要阻止自己的亲人，以及自己的军队杀死他，秦孝公的隐忍和理智以及身为国君的大智慧初见锋芒。最后秦孝公还是顶住压力放走了敌人，割地、求和，争取两国暂时的休战。然而，因为割地的问题，又引起了当时秦国老世族的强烈不满，甚至联合起来逼宫，导致秦国差点儿彻底瓦解。面对这样的局面，秦孝公并没有认为自己是刚刚上任的一国之君而高高在上，为了平息内部引发的动乱，秦孝公忍住悲痛，拿公族的封地来与老世族们交换，甚至将国君的直属封地用来交换，以凝聚国人的力量。这样的气量和身段，可以看出秦孝公的过人之处。

秦孝公继位之后，遭到了很多人的反对，让这位少年君主饱受挫折。于是他立下了宏愿，不管遇到多大的阻力，遭到怎样的风险，也要实现

霸业。

刚继位一年，秦孝公就向全国发出了征求人才的布告，他在布告中写道："秦自穆公称霸，国事有成，大业有望，然其后诸君不贤，历公、躁公、简公、出子，四世政昏，内乱频出，外患交迫，河西尽失，函关易手，秦始由大国而僻处一隅。其后献公即位欲图振兴，连年苦战，饮恨身亡。当此之时，国弱民穷，列国卑秦，不与会盟，且欲分秦、灭秦而后快，国耻族恨，莫大于此。本公即位，常思国耻，悲痛于心，今嬴渠梁明告天下，但有能出长策、奇计，而使秦国恢复穆公霸业者，居高官，领国政，与本公共治秦国，分享秦国。"这样诚恳的承诺必然会引来人才，商鞅就是其中的一个。

商鞅是卫国人士，年轻的时候特别喜欢刑名法术之学，深受李悝、吴起的影响。他向尸佼学习杂家学说，后来在魏国国相公叔痤手下担任中庶子的职务。公叔痤重病的时候曾经向魏惠王举荐商鞅，称商鞅是有才之士，"可以担任国相治理国家"，后来，他又对魏惠王说："主公如果不用商鞅，一定要将他杀掉，不可让其投奔到他国。"可是魏惠王并没有听从公叔痤的建议，他认为公叔痤已经病入膏肓，语无伦次，所以没有采纳。公叔痤见此便让商鞅赶紧离开魏国，商鞅明白魏惠王没有采纳公叔痤用他的建议，也不会采纳杀他的建议，因此并没有立即离开魏国。

公叔痤死后，商鞅听说秦孝公在国内发布了求贤令，就带着李悝的《法经》投奔秦国，并通过秦孝公的宠臣景监见到了秦孝公。商鞅第一次见到秦孝公就用帝道游说秦孝公，秦孝公听得昏昏欲睡，并通过景监指责商鞅是一个狂妄之徒，不可任用。五日之后，商鞅再次拜见了秦孝公，并用王道之术游说，秦孝公依然没有接受并再次通过景监对商鞅进行责备。商鞅并没有就此放弃，他第三次拜见了秦孝公，并采用了霸道之术进行游说，终于获得了秦孝公的肯定，但是依然没有采用，不过商鞅此时已经领会了秦孝公心中的意图。最后，商鞅再见秦孝公时开始畅谈富国强兵之策，秦孝公听得十分入迷，其间膝盖不知不觉地向商鞅挪动，二人畅谈数日依然毫无倦意。这样，商鞅与秦孝公几经磨合，终于得到了秦孝公的信任，君臣一心，准备变法。

改革必然要触及既得利益，也会遭到方方面面的反对。秦孝公没有采取强制压迫的办法，而是把大臣们召集在一起辩论，以理服人。秦孝公在开始就表明了自己的意图，他说道："本公欲变法图强，恐有人反对之，众臣公如何看待？"

商鞅称："旧制度已经证明不可富国强兵，应该立即废止。高出常人的举动，本就可能会遭到世人的反对。事情已经发生之后，往往愚昧的人还没有看清，而智慧的人则在事情还没有萌芽的时候就观察到了。因此，不要与民众探讨事情的开端，只要与他们分享成功的果实就可以了。欲有大作为的人决不会与民众商量来商量去。"

在每个朝代，一切民族和国家在改革的时候都会遭到阻力和咒骂，秦孝公也会面临同样的困境。甘龙就是贵族保守主义的代表，他认为："官员和老百姓对传统很熟悉，如果硬要强制地改变一切，天下必定大乱。"

商鞅反驳道："夏、商、周三代的制度，代代皆有不同，却都创下了丰功伟绩。春秋时期的五霸也各有各的法度，却都能称霸。有头脑的人就应该抛去陈旧的传统桎梏，只要有利于国家，没有什么是不可以改变的。"

另一位保守主义代表、大臣杜挚则认为："没有百倍的利益，不可变法；没有十倍的功效，不可更换器具。我们的制度没有什么根本性问题，何必大动干戈、自找动乱呢？遵守先王法统，慢慢来没有错，君主请三思！"

商鞅听后反驳说："先王法统？是哪个先王的法统？商汤、周武兴起，正是因为他们不拘守古法，而殷纣、夏桀的灭亡，正是因为他们死守旧例。君主不可犹豫啊！"

经过商鞅与几位保守派的辩说之后，秦孝公终于下了最后的决心。这位有心改革图强的君主说了一段十分有哲理的话，他说："我听说，穷僻的胡同里，遇到事多就会感到奇怪；头脑僵化的学者，常常会看不惯

变化。愚昧的人喜欢的事情，聪明的人通常会感到悲哀。情绪化的主张，贤明的人会感到伤痛。因此你们说的那些拘守古法的话，我不赞同。"

力排众议　开始变法

这样，不顾甘龙、杜挚的反对，秦孝公开始变法了。他先封商鞅为左庶长（中级官员），直接对秦孝公负责，并要求他草拟变法方案。

虽然商鞅已经成为了左庶长，成为总管国政的大臣，但是商鞅要如何行使权力，才能更好地进行变法，这是国君要考虑的问题。秦孝公最先要做的就是帮助商鞅把这个变法的体系建立起来，让它能够进入运转。

秦孝公经过冥思苦想，终于想透了其中最为关键的环节，他决定要效仿东方列国，让商鞅成为开府治国的丞相。进入战国之后，丞相开府治国，是东方列国的普遍做法。所谓丞相开府，就是丞相建立相对独立的权力机构，全权处置国家的日常事务，国君只要掌握军权、官吏任免权和大政决策权就可以了。国君和开府丞相的这种分权治国，在战国时期十分盛行，也是中国古典政治文明的最高水准。丞相开府治国就意味着国家这辆马车由一马驾驭变成了两马驾驭，治国效率与国家生命力因此得到了明显提高。像魏国、齐国这样的东方大国，国王都把精力放在了外交和军事上，而国家的政务则全部交给丞相处理。丞相治国权的稳定还有一个好处，就是可以避免国家因为君主年幼无能而导致衰弱甚至灭亡，有利于国家的稳定。

但是这个决定，对于当时还十分落后的秦国来说，却是一件很难的事情。

因为长年的征战，让秦国的权力机构显得十分简单。早秦部族时期，是简单的军政合一。一个最高头领加上左右两个庶长，就是全部的最高权力。建立国家之后，虽然增加了官署，但是与东方大国相比，依然显得十分简单和笼统。就算在春秋时最为强盛的秦穆公时期，秦国的官制也没有摆脱军政合一的传统，权力结构的划分依然十分简单。整个春秋时期，秦国的官制都十分简单，名字也十分荒诞。国君被称为"伯"，实际上是"霸"的意思。执政大臣称为"庶长"，按照不同的职位可以分为大庶长、左庶长、右庶长等不同设置。掌管军事的大臣被称为"威垒"与"帅"。负责保卫国君安全的将军则被称为"不更"，掌外事的大臣为"行人"等。唯一的例外，就是秦穆公把百里奚的官职定为了"相"，大约因为百里奚是东方士子，所以采用了一个东方执政大臣的名称。从此之后，"相"这个职位就再也没有在秦国出现过了，即便到了秦孝公时期，执政大臣依然叫左庶长。秦献公时期，虽然有"大夫"的设置，但是职权依然十分模糊。

秦国没有设立过丞相，也没有过让一个大臣独立开府来行使权力的先例。因为长期征战，闭锁关西，秦国上下孤陋寡闻，对重臣开府治国的消息知之甚少，也很难理解。相反，对开府的另一面——分权倒是显得十分敏感。在贵族和百姓的眼中，这是与国君分庭抗礼，大有叛逆之嫌。

秦孝公很想从商鞅变法开始，改变秦国落后的官制状况。他很明白，因为诸多原因，商鞅在官制变革方面会有很多顾及，特别是当这些变革触及到官僚的利益时，商鞅更不好放开手脚进行改革了。如果没有他这个国君出面为商鞅打开局面的话，在秦国这样一个落后的国家，商鞅很难进行彻底的变法。秦孝公本就是一个心胸宽广、有抱负的君主，自从与商鞅进行深入的交谈之后，他已经决定要和商鞅一起去驾驭秦国这辆已经生锈的战车了。秦孝公满怀自信，他并不认为大臣开府会对国君造成威胁，更不认为商鞅会叛变。秦孝公唯一想要做的事就是，增加商鞅的权力，让商鞅成为和他一起治理国家的总政大臣，而不是秦国传统的左庶长。经过深思熟虑之后，为了达到目的，又避免国人的怀疑，他采取了"重实轻名"的方略——在名义上尽量沿用老秦国的旧称，而实际上却在启用一种新的治国方式。秦孝公并没有册封商鞅为丞相，而是依然封他做了传统的左庶长。这是秦国沿用了几百年的官名，是最有实权的大臣职务。在秦国左为上，在两个庶长中，左庶长为首，右庶长次之。

所谓"用人不疑，疑人不用"，既然已经任用了商鞅，秦孝公对商鞅十分信任。在变法开始之前，商鞅曾经要求秦孝公答应自己三个条件，其中之一就是国君对变法主政大臣必须深信不疑，不要因为别人的挑拨离间而动摇。否则，权臣死而法令溃。秦孝公听后欣然地答应了商鞅的要求，并说："三百年来，变法的功臣都死于非命，这是国君的罪过。你我君臣相知，终我一世，绝不负君!"孝公言出必行。在商鞅改革之初，"百姓苦之"；商鞅相秦十年，"宗室贵戚多怨王者"，秦孝公一直没有动摇对商鞅的信任，直到秦孝公病重的时候，还曾打算把君位让给商鞅。正是这样的信任，才能使商鞅放开手脚推行改革。

经过商鞅的周密筹划，变法的法令终于准备就绪。秦孝公六年（前356），商鞅在秦孝公的支持下开始变法。变法分两次进行，第一次是在秦孝公六年（前356），第二次是在秦孝公十二年（前350）。内容优劣互见，不过，方向却十分明确，主要集中在"农、战"两个字上，实质上，也就是个"战"字，因为变法的一切目的就是为了战争，为了完成最后的霸业。下面是变法采取的主要措施。

经济措施

商鞅在对经济进行改革中将废除井田制、实行土地私有制作为重点。这是战国时期各个国家中唯一一个用国家的政治和法令手段在全国范围内对土地所有制进行改变的国家。主要内容如下：

一、废井田、开阡陌

商鞅在经济上以推行"废井田、开阡陌"作为主要措施。《史记》中记载：商鞅"为田，开阡陌封疆，而赋税平"。《战国策》称：商鞅"决裂阡陌，教民耕战"，废止"田里不粥（"粥"同"鬻"）"的原则。"开阡陌封疆"，就是把标志着土地国有的阡陌封疆废除，废除了奴隶制土地国有制，实行土地私有制。从法律上废除了井田制度，确立了土地私有制。法令规定，人们可以去开荒，而且土地可以自由买卖，赋税则按照每人所占土地的多少而平均负担。此后秦国政府虽然依然拥有一些国有土地，如无主荒田、山林川泽及新占他国土地等，但慢慢地又陆续转为私有。这种做法破坏了奴隶制的生产关系，促进了封建经济的发展。

二、重农抑商，奖励耕织

商鞅对当时的社会形势进行分析之后，认为农业才是发展的重点。因为农业是人们最基本的生活资料，而且国家可以通过稳定的土地税来保证财政收入；同时发展农业还有利于社会的稳定，可以把农民束缚在土地上；而商业则会把劳动力从土地上拽出来，造成各种社会问题，同时商品经济不发达，没有经营土地有保障。

因此商鞅推行了"重农抑商"的政策。规定：生产粮食和布帛多的人可以免除个人的劳役和赋税，将农业作为"本业"，将商业视为"末业"。因为弃本求末，或者游手好闲而贫困的，全家将会被处罚作为官奴。除此之外，商鞅还招募了无地的农民到秦国去开荒。为了鼓励小农经济，还规定凡一户有两个儿子，到了成人的年龄必须分家，独立谋生，否则要交出两倍的赋税。同时禁止父子兄弟（成年者）同室居住，推行小家庭政策。对将农业作为"本业"，将商业作为"末业"的制度进行了明确，并且对商人的经营范围进行了限制，重征商税。这些政策对增加人口、征发徭役和户口税，发展封建经济十分有益。

三、统一度量衡

商鞅变法之前，秦国各地的度量衡都不统一。为了保证国家的赋税收入，商鞅自己制作了一种标准的度量衡器，现在被称为"商鞅量"，在这种器具上有铭文刻着秦孝公监造，"爰积十六尊（寸）五分尊（寸）之一为升"。在"商鞅量"中，我们可以知道很多信息，比如商鞅规定的1标准尺约合今0.23公尺，1标准升约合今0.2公升。另外从量器和上面的铭文上，我们也可以知道，当时统一度量衡是一件非常严肃认真的事情。除此之外，商鞅还统一了斗、桶、权、衡、丈、尺等度量衡。要求秦国人必须严格执行，不得违犯。度量衡的统一，使秦国上下有了标准的度量准则，为人们从事经济、文化的交流活动提供了极大的便利；除此之外，还有利于国家统一赋税和俸禄；对消除地方的割据势力十分有利，也为后来秦始皇统一度量衡奠定了基础。

政治与军事方面

商鞅在秦孝公的支持之下，开始大刀阔斧地对政治进行改革，以彻底废除旧的世卿世禄制，建立新的封建专制主义中央集权制，推行郡县制作为改革重点。他在这方面的贡献远远超过了之前的李悝和吴起。主要内容如下：

一、建立军功爵制

商鞅下令"有军功者，各以率受上爵，为私斗争，各以轻重被刑"，来鼓励战士立军功，同时禁止私斗。规定爵位按照军功来授予，宗室如果没有军功将不被列入公族簿籍。也就是"有功者显荣，无功者虽富无所荣华"。简单来说就是有功劳的贵族子弟，可以享受荣华富贵；没有功劳的贵族子弟，虽家富，也不得铺张。

军功爵制的制定，意味着商鞅要彻底废除旧世卿世禄制，从今之后要根据军功的大小授予爵位，而官吏则要从有军功爵位的人中挑选。经过多年的发展，军功爵制发展成为了后来著名的二十级爵：一级曰公士，二级曰上造，第十九级曰关内侯，二十级曰彻侯。在《汉书》中记载："商君为法于秦，战斩一首赐爵一级，欲为官者五十石。"也说明了奖励的规定：将卒在战争中砍下敌人首级一个，授爵一级，可担任五十石之官；斩敌人首级二个，授爵二级，可为百石之官。每级爵位都规定有占田宅、奴婢的数量标准和衣服等次。

而这里面所说的私斗，并不是一般人的打架，而是指"邑斗"。"邑"就是当时普通的城镇，被奴隶主占据。奴隶主之间为了争夺土地、财产，经常会发生争斗。新法规定禁止私斗，目的就是要削弱奴隶主的势力，加强封建中央集权。惩戒私斗的做法是：私斗者，各以情节轻重，处以刑罚。

废除世卿世禄制，奖励军功，让军功地主势力迅速发展起来，侧面打击了奴隶主贵族势力，有效地维护了新兴地主势力，使秦国军事力量迅速发展起来，从"夷狄遇之"到"虎狼之国"。因为重视战功，大大增强了秦国军队的战斗力。秦国在对外战争中，国力得到了进一步的增强，从而扭转了长期以来被动落后的局面。

二、改革制度

秦国的都、乡、邑、聚，原本都是自然形成的大小不一的居民居住点。商鞅为了加强封建专制的统治，对广大居民进行管理，规定居民要登记各人户籍。轻罪用重刑。他不仅将魏国李悝的《法经》颁布进行实行，还增加了连坐法。主要内容是：居民以五家为一个单位被称为"伍"，十家为一个单位称为"什"，什、伍是基层行政单位。按照编制，登记并编入户籍，互相监督。一家有罪，九家必须连举告发，如果不告发，则十家同罪连坐。不告发的人与"奸者"会被判处腰斩重刑，告发"奸人"的与斩敌的人会得到重赏，隐藏"奸人"的则与投降敌人同罪。这与后代的保甲制度十分相似。商鞅同时规定，旅店不能收留没有官府凭证的人住宿，否则店主也要连坐。

三、推行县制

商鞅在政治方面的最大改革就是"集小都乡邑聚为县"，将县作为地方行政单位，废除了以往的分封制，"凡三十一县"（也有史书认为是四十一县或三十六个县）。每个县设有县令，主管县内的政务，并设立县丞对县令进行辅佐，设县尉掌管军事。县下设有若干都、乡、邑、聚。商鞅通过设置县，将领主对领邑内的政治特权收回到了中央。这个措施有效地配合了"废井田、开阡陌"政策，用政治手段保证了土地私有。有效地巩固了中央集权的封建统治，削弱了豪门贵族在地方的权力。

后来，秦国又在新占领的地区设置了郡，郡的范围很大，同时又具备了边防军管性质，因此又把郡的长官称为郡守。后来郡内形势稳定，郡守主要以管理民政为主，于是郡下又设立了若干县，形成秦的郡县制。

社会生活、风俗习惯以及家庭生活方面

一、禁止私人之间的争斗。私人之间发生争执，必须诉诸法庭裁判，严禁私人之间发生打架斗殴的情形。私人之间发生斗殴事件，不管有理无理，一律严厉处罚。这主要是因为当时秦国私人决斗很普遍，已经扰乱了社会秩序。

二、改变秦国落后风俗，要求民众学习最基本的礼仪。规定：父子兄弟姐妹，不准同睡一个炕。过去，因为天气寒冷，一家男女老幼经常会睡在一个火炕上取暖。

三、按照等级尊卑，按照规定穿不同的衣服。

四、焚烧儒家的《诗经》《尚书》等经典，禁止战国时期曾经风靡一时的游说活动，以彰明法令，树立法律绝对的权威。可以说后来的秦始皇焚书坑儒，是由商鞅开的头。

从上面的这些改革措施我们可以看出，当时的秦国还十分落后、穷困；也可以看出这次变法十分彻底。因为变法十分彻底，所以推行的难度也就可想而知了。

变法遇阻　法不容情

秦孝公也想到了新法不容易推行，不过他用实际行动对商鞅的改革表示支持。在改革之前，秦孝公向商鞅承诺，执法不避权贵。新法一旦推行，全国上下唯法是从，即便是宫室宗亲，如果违法也要与庶民同罪。

当然主要负责变法的商鞅也料想到了推行的难度，他知道，即便把法令颁布出来，也有很多人会心存疑惑：这么多严厉的举措，可以贯彻吗？于是，在改革正式开始之前，商鞅先命人在国都集市的南门外竖起了一根三丈高的木头，并贴出一个告示，告示上宣称："谁要是能把这根木头搬到集市北门，就给他十斤黄金。"告示一经贴出，引来了很多百姓的围观。百姓们都很好奇，但是没有人敢搬动这块木头。随后商鞅又贴出了布告称，谁能抱动就给他五十斤黄金。有个人壮着胆子把木头搬到了集市的北门，商鞅马上命人给了他五十斤黄金。商鞅通过这件事让百姓对他产生信任，等到人们都相信他是令出必行的人之后，改革方案才正式颁布出来。

当然，让全国上下的人都毫无条件地支持变法是不可能的事情。首先反对派就给商鞅出了一道让他十分头疼的难题，那就是教唆秦孝公的儿子、年仅十一岁的太子驷窝藏罪徒，触犯了法律。太子可是未来的君主，如果惩处了太子，秦孝公一定会心生不满；而如果放纵太子，则新法的权威将会大打折扣。

秦孝公获悉这件事之后也十分为难，一边是自己的儿子，也是国家未来的国君；而另一边则是自己信任的大臣，是这次变法的主力，而且自己在变法开始之前就曾承诺过商鞅：即便是宫室宗亲，如果违法也要与庶民同罪。就在秦孝公左右为难之际，商鞅已经想好了计策。他对秦孝公说，太子尚幼，又是王位继承人，不便施法。可是太子的老师公子虔和公孙贾，负有重要的责任。君主将教导太子的重任交付给了他们，他们不但不教育太子好好学习，还让太子窝藏罪犯，这不是玩忽职守吗？

秦孝公听了之后，对商鞅的建议十分认可，马上点头同意了商鞅处理公子虔（太子的生活老师）和公孙贾（太子的学问老师）。商鞅最后在公孙贾脸上刺字，就是在他的脸上刻上难看的花纹，涂上洗不掉的黑色，割掉公子虔的鼻子。当然，商鞅还是训斥了太子，并烧掉了太子所藏的儒家著作。为了对商鞅的做法表示支持，秦孝公还不惜将太子放逐了十余年。

这件事一下子就传遍了整个秦国，引起极大轰动，极大地挫伤了那些反对变法的贵族的嚣张气焰。不久，商鞅又逮捕了触犯法律的贵族祝欢，以及其他七百多个反对变法的贵族，将这些人在渭水边上斩首示众。

为了让商鞅变法更加彻底，秦孝公赋予了商鞅更大的权力，提拔商鞅当了大良造（总理兼军队最高指挥官）。

商鞅掌握大权之后，一直在寻找机会准备攻打东边的邻国魏国，为秦国报仇。在此之前，魏国的实力十分强盛，一度压制秦国，并夺取了原本属于秦国的黄河以西地区。还有一点就是商鞅在来秦国之前，曾经

一度在魏国屈居人下，长期不受重用。虽然魏国相国公叔痤临死前将自己推荐给了魏惠王，但魏惠王丝毫没有将自己放在眼里，这是对商鞅才干的一种藐视，商鞅为此衔恨魏国。

秦孝公八年（前354），秦国军队对魏国发起了进攻，夺取了魏国的少梁（陕西韩城）。秦孝公十年（前352），商鞅再次率领秦国大军包围了魏国的旧都安邑（山西夏县），迫使魏国守军投降。这次锋芒初试，使魏国与秦国的力量对比开始逆转。

秦孝公二十二年（前340），商鞅率领大军讨伐魏国，这一次是真正的较量。一年前，魏国与齐大战。齐国任命孙膑作为军师，田忌作为大将，在这场战争中，魏国大将庞涓被杀死，齐国取得了胜利。商鞅在分析完各国的局势后，对秦孝公建议说，魏国惨败，人心不稳，力量疲弱，可以趁机进攻魏国，这项建议得到了秦孝公的极力支持。

魏国派出了公子卬来迎击秦军。商鞅在魏国时，与公子卬是熟人，商鞅一看对方的主将是公子卬就计上心头。他先给公子卬写信，信中称："我们是老友，阵前相遇，势必为难。不如我邀请你来我这里相会，饮酒结盟，让两国免去战乱之扰，永远和好算了。"一向莽撞冲动的公子卬居然信以为真，真的来到秦营准备拜会商鞅。商鞅当然不会放过这个绝佳的机会，马上命人将公子卬拿下。随即，他立刻带领秦军出击，大破魏军。魏国不得不将河西大部分土地割让给了秦国。为了避开秦国的锋芒，魏国连国都都迁到了远离秦国的大梁（开封）。经过这一仗，秦国树立了自己的威严，从此，魏国一蹶不振，直到被秦国灭亡。

秦孝公雪洗了祖上大耻，十分高兴，亲自出城来迎接凯旋的商鞅，并把商、於（陕西商县到河南内乡县之间）地区十五个邑封给商鞅，并赐给了商鞅一个称号为商君，同时提高了商鞅的级别，让他成为了二十级中最高的彻侯。

新法推行了十年，秦国的百姓都十分高兴，民风得到了改善，路上有人丢了东西，没有人会据为己有，山野里也没有了盗贼，家家富裕充足。秦国军队也志气高涨，愿意为国家冲锋陷阵，不会为私利发生争斗，乡村、城镇社会秩序井然。当初认为新法会给自己带来不方便的秦国百姓也开始支持变法，对于扰乱变法的人，商鞅都把他们迁到了边疆去，从此，再也没有百姓议论新法了。

孝公病重　商鞅不保

不过没几年，秦国的局势开始发生改变。因为变法触及到了一些本来支持变法的贵族大臣，变法并没有顾忌他们的利益，让他们变成了与反对变法的旧贵族同样下场的沦落者！太子嬴驷、太子左傅兼领上将军的嬴虔以及太子右傅公孙贾都，在这场变法中被淘汰出局，导致秦国的上层权力结构发生了让人担忧的倾斜。作为国家未来君主、起稳定人心作用的太子从权力层消失了，而在秦国颇具影响力的公孙贾被刑治放逐了，太子力量成为秦国变法最大的受害者！而这一变故的直接后果就是导致秦国上层力量的根基被大大削减了，从而产生了更为深远的负面作用。随着时间的推移，这些在变法中受害的旧贵族们开始以"太子派"为旗帜！不管太子、嬴虔、公孙贾等人对变法的态度与旧贵族们有何区别，旧贵族们都将太子作为他们的旗帜，而太子力量也与旧贵族们产生了惺惺相惜的共鸣，开始对变法以及商鞅产生了极大的仇恨。

秦孝公从一开始就清楚地认识到了这样的后果。秦孝公是一位优秀的权力天才。他的雄才大略，并不在寻常的文治武功、开疆拓土上，而在把一场千古大变无声无息地从惊涛骇浪中引导出来。他的智慧每次都可以把即将发生的流血事件化险为夷，使秦国大权始终都牢牢地掌握在变法力量的手中，成功地迫使秦国上层的旧贵族势力在变法中被迫退出竞争。在商鞅掌握核心权力之前，秦孝公成功地为商鞅消除了阻碍变法的势力，有步骤地把权力集中到了商鞅的手里。商鞅掌握大权开始变法之后，大刀阔斧地进行改革，触及到了很多人的利益。这时候，秦孝公并没有提醒商鞅要谨慎行事，更没有干扰变法事务，而是淡出局外，为商鞅注意哪些藏在暗处的危险。他很明白，像商鞅这样有着大才大智和冷峻性格的人，任何督导都是画蛇添足。作为国君，他目前要做的就是遏制那些可能会导致国家动乱的势力，这样变法才能成功。在"太子事变"前，秦孝公并不担心旧贵族势力；但是在"太子事变"之后，秦孝公却觉察到了危险。

虽然如此，秦孝公并没有铲除这些危险势力的念头，甚至连多余的触动都没有。商鞅的唯法是从与秦孝公的后发制人在这里不谋而合，都对这种可能产生的危险采用了不处理的方法。其实，秦孝公认为岁月会自然淘汰这些危险者。他相信，这些反对者已经被放逐，而被放逐的人独居山野，早晚会被野兽夺走他们的生命。甘龙、嬴虔、公孙贾等人一死，危险势力就失去了领军人物，其余的残余势力就不足为惧了。

可是谁也没有想到，反对势力的生命是如此的顽强，而厄运却慢慢地开始降临到了这个国君的身上。身体的病痛，迫使秦孝公动了杀机！他要用最后的时间替商鞅铲除隐患。

秦孝公的儿子，即将成为国君的嬴驷，对商鞅总是有一种隔阂，甚至仇恨，而对嬴虔、公孙贾却有一种隐隐约约的歉意。秦孝公认为只有公孙贾等人消失，嬴驷才能成为一个好君主，也有能力保持秦国的稳定。可是，现在这些危险势力还在朝局之内，秦国新法和商鞅本人都将面临极大的风险！要消除这些隐患，只有秦孝公自己才能做到。

秦孝公的谋划十分简单，也很实用。首先，他避开了商鞅，也避开了嬴驷，不让他们知道并参与这件事。商鞅是变法的象征，是反对势力复仇的最大目标，而要铲除这些隐患却要用"违法"的手段，虽然目的是保护商鞅的变法，但是却也触及到了改革本身。有他参与，隐患反而会更加复杂，反倒可能会让保护商鞅的目的适得其反。而嬴驷是储君，秦孝公要做的是不为他树敌。所以最后，秦孝公选择了不动声色地除掉以甘龙为代表的氏族元老和嬴虔。

就在秦孝公为了变法除掉反对势力之时，一个很有背景的人突然来拜访商鞅，他叫赵良。

商鞅对赵良说："当初秦国的习俗和戎狄一样，父子不分开居住，男女老少会在一个房间居住，经常可以看到公公与儿媳妇居住在一个房间。现在我已经改变了秦国的教化，让他们男女有别，分居而住。我派遣士卒去建造宫廷城阙，把秦国营建得像鲁国、卫国一样坚固。您看我治理秦国，与五羖大夫百里奚相比，谁更有才干呢?"

赵良说："那五羖大夫百里奚原本是楚国偏僻的乡下人，他在听说秦穆公贤明之后，就想当面拜见，但是因为自己没有路费，不得不把自己卖给了秦国人，穿着粗布短衣给人家喂牛。秦穆公在知道这件事之后就把他提拔起来，让他成为了一人之下、万人之上的人物，但是秦国没有人出来反对，也没有人表示不满。因为在百里奚出任秦国相国期间，向东讨伐过郑国，三次拥立晋国的国君，一次出兵救晋；他在秦国境内施行德化，巴国都前来纳贡；他对诸侯施以德政，四方的少数民族都前来朝见，由余听说之后，不远万里赶来敲门投奔。五羖大夫在出任秦相期间，不管多么累都不坐车，不管夏天多么炎热都不撑伞，走遍国中都不用随从的车辆，也不带武装防卫，他的功名被记载在了史册上，他的德行被后人学习。五羖大夫去世的时候，秦国上下不分男女都痛哭流涕，连小孩子也不唱歌谣，正在舂米的人也因为悲伤而发不出相应的呼声，这就是五羖大夫的德行啊！再看看现在的您，您当初能够见到秦君，主要依靠的是秦君宠臣景监的推荐介绍，这根本就谈不上什么名声。您身为秦国的国相不想着怎样为百姓造福，反而大张旗鼓地建造宫阙，这真的是在为国家建立功业吗？惩治太子的师傅，用严酷的刑罚来残害百姓，这是在积累怨恨、聚积祸患啊！要知道教化百姓比命令百姓更能深入人心，让百姓去模仿君臣的行为要比命令百姓更加迅速。现在你却违背情理，一味地去建立权威、变更法度，这样并不是对百姓施行教化啊！您在封地南面称君，每天用新法来逼迫秦国的贵族子弟。公子虔已经八年闭门不出了，你还杀死了祝欢，对公孙贾施以了黥刑。您做的这几件事，并不得民心。您每次出门，身后都要跟着数以十计的战车，车上都是戴着头盔、身穿贯甲、身强力壮、持矛操戟的贴身警卫，一旦没有了这些警卫，您一定不敢自己出门。您的处境就好像是早晨的露水，面临很快

消亡的危险。现在国君身体堪忧，我建议您，不如把封地交还给秦国，到偏远的地方隐居；并规劝秦君重用那些隐居山林的有才之士，赡养老人，抚育孤儿，让父母兄弟之间相互敬重；按照功劳的大小来赏赐爵位，尊崇有德之士，这样才能确保自己的安全。否则，国君一旦去世，您还能自保吗？"

商鞅已经觉察出了赵良背后的势力。但是，就算自己真的按照赵良的建议去做，公子驷这些人就能善罢甘休吗？再说，自己终究是通过变法让秦国强大起来了，就算现在国君去世了，新的国君恐怕也要顾及到这一点吧！所以倔强的商鞅回答道："十分感谢您的好意，但是我并不后悔。我现在所做的事情新的国君是可以看到的。"

秦孝公二十四年（前338），秦孝公因为忧虑过多，积劳成疾，最终撒手人寰。《战国策》中记载，在临死之前，秦孝公曾经把商鞅叫到自己床前，对商鞅说："商君，天下为重。嬴驷可扶，则扶；不可扶，君可自……自为秦王。"商鞅果断拒绝了秦孝公的让位，说道："鞅之所求，为国立法，为民立制，岂能为自己谋安身立命？"商鞅认为，如果自己继承了王位，秦人会认为商鞅不是为了变法图强来到秦国，如果这样，变法的严肃性就受到了损害，这是商鞅无法接受的。

秦孝公去世

秦孝公因病去世，公子驷顺利继承君位，当了秦国的国君，成为了后来的秦惠文王。蛰居了多年的公子虔、公孙贾等人，在太子即位之后也马上恢复了活力，立刻准备报仇雪恨，指控商鞅图谋造反。商鞅在秦孝公死后也预感到了自己的命运，跑到了魏国的边界，没想到魏国拒绝入境，随后他又跑到了自己的封地，仓促组织了一小支军队对抗捉拿自己的秦军，结果兵败被捕。秦惠文王在捉拿到商鞅之后，马上判处商鞅车裂大刑，用几辆马车拽住手脚向不同方向奔驰，把他的身子拉裂成几大块。商鞅的家人也都被处死。

虽然商鞅被处死了，但是十九年的变法已经建立了比较牢固的制度基础，而且这些变法的措施也收到了奇效。所以，秦惠文王在杀死商鞅为自己报了私仇之后，从国家利益考虑，决定继续沿袭惯性往前走。"商鞅死，秦法未败也"。除了后来秦庄襄王任用商人吕不韦为相，停止了禁止商人和游说之士的法令之外，其余的制度都没有进行变动，为公元前221年秦始皇统一中国打下了基础。

好玉深山藏

不得不说，在历史上商鞅的声望掩盖了秦孝公。但是如果没有秦孝公用人不疑的魄力，即便商鞅再有才华，变法也注定会失败。在战国时代，这种"臣望过君"的罪名，杀伤力也是十分厉害的。声名显赫的信陵君，就是被这样的名望打倒的。大名士范雎首说秦昭王，首先说的一句话就是：而今天下，只知秦有太后穰侯，不知有秦王！仅此一句，秦昭王便惊出了一身冷汗，才将范雎邀入了密室。

如果没有秦孝公对商鞅绝对的信任，商鞅早就死掉了，还怎么继续深化变法？

不可思议的是，商鞅不仅没有获罪，还在变法成功之后统率秦国精锐新军收复了河西失地；而且还在凯旋之后被封为了商君（领商於十三县封地），成为了真正与秦国君主"分土共治"的最强势的权臣。商鞅之所以有这样的成就和地位，与秦孝公不无关系。这个政治天才，在不动声色间，在历史上画出了空前绝后的大手笔。

商鞅变法的过程，是秦国阵痛与复苏的过程，也是封建社会在中国萌芽的过程。秦孝公在变法中用人不疑是一种魄力，古往今来很少有君主可以做到这一点，就算是被世人称颂的唐太宗也因为做不到这一点而给后世留下了把柄。但是，秦孝公却做到了。秦国能够快速地强大起来，除了和商鞅高瞻远瞩的变法制度有关之外，与君主宽广的胸襟、遵守承诺、审时度势、锲而不舍的性格也有着密切的关系。要知道在商鞅变法

的同时，其他的国家也在进行变法，但是这些国家的变法不是半途而废，就是得不到延续，一个原因是因为这些变法崇尚王道、人治，认为君贤则国强，君昏则国弱；另一个重要的原因就是在变法的过程中，这些君主都遭到了旧势力的阻拦，有的只能放弃，而有的则选择了妥协。新生事物的根基都太浅，只要稍微的妥协就意味着前功尽废。而商鞅变法在遇到阻挠势力后，并没有就此放弃，也没有妥协，而是选择了用强硬的手段进行施压。

商鞅变法能够让秦国强大起来，也与秦国的国君有着密切的关系，秦孝公的性格与远见是变法成功的重要因素。在秦孝公的性格中，有五点尤为重要：一是意志坚定，做了决定永不回头。在选择之前，经过深思熟虑；在选择之后，坚持到底，这样的性格促使变法能够在遇到障碍后依然不改变。二是思维清晰，清楚地了解周围的一切事物，审时度势，运筹帷幄，伺机而动。三是胸怀仁义，有着宽广的胸襟。在变法过程中，秦孝公并没有计较商鞅的功高盖主，也没有因为秦民看重商鞅而冷落了他这个国君而产生丝毫不满和嫉妒，即便在临死之前，也想着要保护商鞅的安全，想尽办法来保护商鞅的性命。四是谨慎，但不作茧自缚，不急于求成，不轻率判断，也不会因为顾虑而束缚自己。五是言必行，信必果。在变法之前，秦孝公曾经承诺商鞅在变法中无论遇到什么困难不许放弃等，后来他都做到了，而在招贤令颁布的时候，秦孝公曾承诺变法成时共享秦国，临死的时候他也确实给商鞅割地封侯，做到了当初承诺的共享秦国。

凡此等等，依然不足以展现秦孝公嬴渠梁的全部风貌。

依据谥法，"孝"作为单字追谥，是"功业德行广大无边"的意思。秦国人用"孝"字来追谥嬴渠梁，可以看出秦国人对他的崇高景仰。后来，无人当得单字"孝"，便以"孝"配合他字，形成了双字谥或多字谥，"孝"字也逐渐演化成了一种具体的孝行之德，内涵与"孝"的本意已经偏离了很远。

不过，在史书资料中，对这位说不尽、道不完的秦孝公却记录很少，历史评价也十分少见，大约只有西汉的贾谊在《过秦论》中曾经对这位奇绝人物留下了唯一的历史评价："秦孝公据崤函之固，拥雍州之地，君臣固守而窥周室，有席卷天下，包举宇内，囊括四海之意，并吞八荒之心。"包括司马迁在内的后世历史家，则多对秦孝公采取了不置可否的态度。

而秦孝公，作为政治天宇的一轮太阳，并不会因此而隐藏了自身的光芒，他的事迹依然会在历史上熠熠生辉。

第十章

燕国盛世的开创者——燕昭王

国王档案

☆姓名：姬职

☆政权：燕国

☆出生日期：公元前 335 年

☆逝世日期：公元前 279 年

☆配偶：不详

☆子女：1 个儿子

☆在位：33 年

☆继承人：燕惠王

☆谥号：昭襄王

☆生平简历：

公元前 335 年，姬职出生。

公元前 314 年，赵武灵王在燕国的子之之乱后从韩国迎立燕公子职，也就是后来的燕昭王。

公元前 311 年，秦国与魏国组成联军进攻燕国太子平，立公子职，秦燕结盟。

公元前 284 年，燕昭王任命乐毅为上将军，统兵出征。

公元前 279 年，姬职因病去世。

人物简评

他是一个知人善用的仁君，他用人不疑、疑人不用；他的决策似乎不那么突出，但是他却懂得从善如流；他懂得人才收纳，以此来维持机制的运行；他攻破齐国，占领了齐国七十多座城池。他就是燕国盛世的开创者——燕昭王。

生平故事

姬哙让位　王子相争

燕昭王的名字为姬职，是燕王哙的儿子，太子平的弟弟。燕昭王很小的时候便被送往韩国，做了人质。春秋战国时期，国家的公子在他国生活是一件很平常的事情，主要是为了两国之间的友好相处。这和以后的两国联姻是同样的道理，皇帝将自己的女儿嫁给别国的君主，以此来保证两国的和平。古时候，皇帝的子女众多，所以便选择用这样的方式来治理国家和维持与周边各国的关系。

姬职在韩国渐渐长大，每天舞刀弄枪，狩猎射箭，等到长到一定的年龄时，燕王就会用另一个公子将其替换回国。可是，就在这个时候，燕国发生了一件大事。

当初，燕国是个大国。姬哙统治时期，听信了鹿毛寿的主意，竟然效仿尧舜让位的方法，把燕国君主的位置让给了相国子之。燕国将军和太子平心中不服气，于是便带兵攻打子之，引发了燕国的一场内乱。齐国借平定内乱的理由，趁火打劫，出兵征讨燕国，仅仅用了五十天的时间便拿下了燕都蓟城（今北京市西南），将燕王哙和相国子之处死，想要灭掉燕国。这样一来，不仅仅是引起了燕国百姓的不满和抗议，也引来了中原各个诸侯国的干涉。随后，在诸侯国的压迫下，齐国只能从燕国退兵，而赵武灵王则将在韩国当人质的燕公子职护送回国，继承了燕国君主的位置。看到这种情况，太子平心中自然很不甘心，公子职在易王后（秦惠文王的女儿）的支持下，和太子平展开了较量，形势对公子职不利。秦惠文王十四年（前311），秦国和魏国联合攻打太子平，并将其处死，立公子职，史称燕昭王。

燕昭王买马骨

燕昭王上台后，因为燕国刚经历了一场内乱，国内景象凄凉，田地荒芜，房屋倒塌无数，百姓饥寒交迫，形势很是紧迫。燕昭王决心兴复燕国，他心知，治理国家最为重要的就是广招人才，有了人才才能够治理好国家。于是，燕昭王下定决心，要寻找最为出色的治国人才，可是找了很长时间，还是没有找到合适的人选。燕昭王对此感到非常疑惑，食不甘味，寝不安席。就在这个时候，有一个人向他举荐，燕国老将郭隗在治国方面很有才华，您可以和他商量一下。

燕昭王听后，便亲自登门拜访郭隗，对郭隗说："先生，如今我们燕国势单力薄，百废待兴，人民穷困潦倒，在这种情况下，要想找齐国报仇是不可能的事情。我四处寻找一些有才能的人，希望他们能够帮助我革新政治，振兴国家，也好洗刷我们的奇耻大辱。还烦请先生给一个建议，我该怎么做呢？"郭隗回答说："凡是能够成就帝业的君主，总是和能够当自己老师的人在一起；而那些行王道的君主，也总会和贤臣良将在一起；而那些亡国之君，却总是和一些奸诈小人、碌碌无为的人在一起。如果君主能够放下身价，厚待那些有真才实学的贤士，自愿做他们的学生，那么，不仅他们会竭尽全力地辅佐您，而且因为您的名声，还会吸引成百上千的贤士前来投奔您。自古以来，每一个国家和君王吸取

贤能的规律也不过如此了。如果王上您招聘到贤才后屈身登门求教，大家看到您思贤若渴，那么那些有真本事的人肯定会前来投靠您的。"

接着，郭隗又给燕昭王讲了一个故事：古时候，有一位君主，非常痴迷千里马。他派下属前去寻找，找了三年都没有找到。后来，有一位侍臣听说在很远的地方有一匹名贵的千里马，于是便对国君说，只要给他一千两金子，他就能够将那匹千里马带回来。国君听了非常高兴，于是便给了侍臣一千两金子，让他去买下那匹千里马。谁知，等侍臣走到那个地方的时候，千里马已经得病死了。这个侍臣就想，如果空着手回去也无法和君主交代，毕竟当时是自己自信满满地答应要把千里马带回去的。想了想，他干脆用五百两金子买下了那匹死马的骨头。国君看到面前的骨头时，心里真是气愤极了，他指着侍臣骂道："我给你的那些钱是让你给我买一匹活马回来，你竟然敢给我买这没有用的马骨回来？"侍臣不慌不忙地说话了："君王，还请息怒啊！如果你连死了的千里马的马骨都肯出高价购买，还担心没有人送马上门吗？"国君听了这一句话之后，心知倒也有些道理，或许是一个收纳千里马的好方法。后来，在侍臣的精心策划下，国君花五百两金子买了千里马马骨的消息很快就传开了，在人们看来，国君肯定是一个爱惜千里马的人，否则怎么可能会用金子换马骨呢？于是，那些手中有好马的人，都不惜将马免费送给国君，而且还说："您就收下吧，这匹马在您的手中肯定比跟着我们要享福！"就这样，不到一年的时间，国君就收到了四面八方所进献的千里马，而国君再也不必为找不到千里马而发愁了！

郭隗讲完这个故事，又回头看着燕昭王，只见燕昭王眉头紧锁，正在低头沉思。郭隗接着说："如果国君一定要征求贤才，那么我甘愿做马骨。像我这种人都能够得到国君您的器重，那么那些有德有才的人肯定会前来投奔您的，到时候，燕国也就不会缺少贤能的人了。"

郭隗的这一意见正好说到了燕昭王的心坎里，回到王宫之后，燕昭王立刻命人建造了一座异常精致的宫殿。建好之后，燕昭王挑选了一个良辰吉日，举行隆重的仪式，恭恭敬敬地将郭隗请到新宫殿里去住。此外，燕昭王还拜郭隗为老师，每日都会前去探望一番。

更为夸张的是，燕昭王还在易山（今河北易县）建筑了一座高台，高台上堆着高高的黄金，这是给贤士的见面礼，以此来招募天下间的贤士。这座高台就是最为著名的"黄金台"。

燕昭王珍惜贤人的名声不胫而走，传遍了天下，各国的有识之士都争先恐后地前往燕国，其中还有很多当时的名士。比如，从赵国而来的武将剧辛，从齐国来的谋士邹衍，从卫国来的屈庸，从魏国来的乐毅等，齐聚于此。邹衍是阴阳五行家，在那个时候已经闻名于天下。他在齐国的时候就很受尊重；周游魏国的时候，魏惠王亲自前往郊外去迎接；到赵国时，平原君都是侧着身子走路来迎接他，并且还用衣袖将他坐席上的灰尘拂去，神态很是恭敬。燕昭王迎接邹衍的时候，比魏、赵更为恭谨。他亲自用衣袖拿着扫把，一边退着走路，一边扫清面前的道路。在入座的时候，燕昭王主动坐在弟子的座位上，并且请邹衍以师长身份给自己授业。燕昭王还刻意为邹衍建筑了一座碣石宫，让他居住讲学。因此，后人也会用"拥彗先驱"和"碣石宫"这两个词语来比喻燕昭王礼贤下士。

就这样，在春秋战国时期很长的一段时间内，国君招纳贤士都是借鉴的燕昭王"高台招贤"的方法。

金代时期也仿效修过黄金台，只是到了清朝时期便已经销声匿迹了。

大臣苏秦

在燕国的贤士中，乐毅和苏秦两人所起的作用最大。

相传，苏秦是鬼谷子的徒弟。他从鬼谷子那里学成后，便在外游历了好几年，没有什么成就，最后弄得"妻不下纴，嫂不为炊，父母不与言"的境地。苏秦时常感叹说："妻子不认我这个丈夫，嫂嫂不认我这个叔叔，父母不认我这个儿子，这些都是我的罪过啊！"于是，他便闭门不出，遍观房屋里面的书。苏秦读到太公《阴符》的时候，每当困乏难耐时，便会用锥子刺自己的大腿，这就是"悬梁刺股"的原型故事。

燕昭王广纳贤士，准备对齐国发动战争，报仇雪耻，而苏秦便是这个时候来到燕国，并取得了燕昭王的信任。燕昭王派遣苏秦前往齐国交涉，想要回被齐国占领的燕国土地。苏秦来到了齐国，拜见了齐王，首先是拜了两拜表示祝贺，接着又抬起头来开始念悼词。齐王手拿着剑戟朝后退了几步，问道："你为什么贺完喜之后又念起悼词来，这到底是怎么回事？"苏秦回答说："人们就算再怎么饥饿，也不会吃下眼前的毒药，因为他们知道，即便填饱了肚子，也会在不久死去的。如今，虽然燕国势力比较小，但它也是强国秦国的翁婿之邦。大王您一味地贪图燕国的十座城池，却是和强大的秦国结下了仇恨。现在，如果让燕国做先锋，而强大的秦国做后盾，然后率领天下的精兵都来攻打您，这和吃毒药充饥一样危险，所以我劝您还是不要这样做。"

齐宣王说道："嗯，你说的也不无道理，那么该怎么办呢？"苏秦回答说："圣人做事，能够转祸为福、因败取胜。所以，虽然齐桓公沉迷女色，但是他的名声却是极为尊贵的；虽然犯了杀人的罪过，但是他的地位却是越来越稳固了。这些都是转祸为福、因败建功的例子。大王不如听取我的建议，将燕国的十座城池归还给他，并且再给秦国道歉。秦国君主知道您是看在他的面子上才归还的燕国十座城邑，那么他肯定会感激大王的。而燕国不费吹灰之力就收回城邑，他们也会感激大王，这样一来，大王也就避开了灾难，和他们建立了深厚的友谊。再者，大王发号施令的时候，燕国和秦国肯定会支持您的，那么天下间的诸侯还有谁敢不听从呢？所以，君王只要和秦国亲近，用十座城池得到天下的支持，也是成就霸业的好办法，这也就是转祸为福，因败建功的好办法。"

齐王听了之后非常高兴，于是便把十座城池还给了燕国，接着还送了一千两黄金向秦国道歉，希望能够永结同好，得到秦国的原谅。

朝中大臣有人嫉妒苏秦的功劳，于是便对燕昭王进献谗言道："天底下最不讲信用的人就是苏秦了，那么多人去游说齐王都失败而归，而他却简简单单地做到了，看来他和齐王有勾结啊！大王是万乘之尊，对他却十分谦恭，万分推崇他，您这是在向天下人昭告，自己和小人为伍啊！"苏秦从齐国胜利回来后，燕昭王竟然连住处都没有为他准备。

苏秦对燕昭王说："我原本只是东周的一个平庸之辈，当时拜见大王的时候，我一点功劳都没有，但是大王却放下自己的地位，前往郊外迎接我，还给予我如此显赫的官职。如今，我替您出使齐国，并且收回了十座城池，解救燕国于危难之中。可是您却不愿意信任我。我想肯定是有人在我背后说我的坏话，中伤我。其实，如果我不守信用，那也是您的福气了。如果我像尾生那样讲信用，像伯夷那样廉洁，像曾参那样孝顺，那么具备这三个条件的人，来为大王效命，是不是就能够抵挡住齐军呢？"燕昭王接着说："当然可以。"苏秦说："如果真的如我所说，我也就不会来为大王服务了。"

苏秦继续说道："如果臣像曾参一般孝顺，那么我就不会离开父母，在外露宿，您也不会派我去齐国的。若我像伯夷那般廉洁，不吃白食，宁愿饿死山头，都不会接受食物，如果廉洁到这个地步，我又怎么愿意步行几千里，而去服侍这个弱小、垂危燕国的国君。如果臣效仿尾生的信用，和一名女子相约在桥下，那个女子很久都没有来，尾生却一直等在桥下，最后竟然淹死在了桥下。如果讲信义到了这个地步，那么我又怎么愿意只身前往宣扬燕、秦的威力，并且取得了很好的成绩。再说仁义道德是自我完善的一个过程，又不是用来解救人的。所以这只是一种满足现状的办法，而不是用来谋得进取的途径。再者，三王交替兴起，五霸相继诞生，他们却还是不满足于现状。如果他们满足现状的话，那么齐国也不会发兵营丘，您也不会跨过楚国边境，觊觎边城之外了。更何况，在周地，我还有一个老母亲，我离开了老母亲前来侍奉您，抛开固步自封的做法，谋求进取的策略。看来我的目标和大王您根本就不相同。大王为满足现状，而我则是谋求进取的臣子，我得罪于君主的原因竟然是因为我的忠信啊！"

燕昭王说："忠信的人又有什么可责怪的呢？"

苏秦回答："您可能不知道，我有一个邻居，他在很远的地方做官，

而他的妻子却和别人私通。眼看她丈夫就要回来了，私通的人心里很是忧虑。那人的妻子对她的情夫说：'你不要担心，他回来我就将他毒死。'两天之后，丈夫到家了，妻子让仆人准备好了毒酒给她的丈夫。仆人心知这杯酒是有毒的，如果端上去，那么男主人就会命丧黄泉；如果说出真相，那么他肯定会被赶走的。于是他在上酒的时候，假装不小心摔倒在地，将毒酒洒了出来。男主人非常生气，便打了他一顿板子。这下人不仅救了男主人，也保住了这个女主人。忠心到这个地步，竟然还是挨了板子，这也是因为忠信而受到的惩罚啊！而我的处境，不就是和那个仆人一样吗？我侍奉大王您，尽量使信义崇高，国家获益，如今竟然受到了责罚，恐怕往后侍奉您的人，都不会有人做到这一步的。更何况，我劝说齐王并没有使用什么见不得人的手段，只不过比其他游说的人说得委婉一些罢了。即便他们像尧、舜一样贤明，齐国也不一定会相信他们的。"

后来，燕昭王派苏秦前往齐国，做了卧底。

燕昭王二十二年（前290），燕昭王不顾他人的劝阻，贸然听从田代和参去疾的建议，整备集结燕国的部队攻打齐国，身在齐国的苏秦听说后，心里大为震惊。因为如果这样的话，自己的身份也就会暴露了。于是他立刻让人给燕昭王送了一封信，信中写道："我在往齐国之前，就知道肯定会有人进献谗言的，所以我给您呈上一封信，说：'如果我在齐国的地位显赫，那么燕国的大臣肯定会对我有所怀疑；如果我在齐国的地位卑贱，那么燕国的大臣又会看不起我；齐王重用我，那么燕国大臣肯定会和我产生很多恩怨。齐国对燕国不友好，那么他们会把罪责怪在我的身上，说我没有尽到责任；诸侯没有攻打齐国，还会有人说我对齐国出谋划策；诸侯如果攻打齐国，那么他们肯定会建议您将我和齐国一起抛却。我的处境可以说是危如累卵。'大王您当时安慰我：'我肯定不会听那些谗言的，我对你非常信任，绝对没有任何事情可以动摇我对你的信任。你去了齐国之后，最好是要争得齐王的重视，次之也要让齐国信任你，再不济就是先保住你的性命，做你想做的事情就好。你可以把你的家人一起带到齐国，这样他们会更加信任你，你可以告诉齐王，你已经离开了燕国，前来投奔齐国。不管怎么样，我们只要把事情办妥了就好。'而如今，我担当燕、齐两国的邦交已经五年了，齐国几次出兵都没有打过燕国的主意。齐、赵两国的邦交，倒是时好时坏、时合时分。齐国信任燕国，绝对不会在燕国南部边境附近驻扎军队。现在大王却听从田代和参去疾的话，准备出兵攻打齐国，致使齐国大为震惊，而失去了对燕国的信任。现在，大王还派遣盛庆告诉我说：'我要任命我合意的人。'如果大王有中意的人，那么为了大王，我愿意侍奉他。如果大王想要把我抛弃，任职自己中意的人，那么我回国之后，请求大王除去我的职务。那么能见到大王我也就心满意足了。"

燕昭王收到这一封信后，立刻放弃了攻打齐国的计划。

不过，苏秦知道燕昭王一心想要灭掉齐国，于是献计道："虽然齐国归还了我们失去的土地，可是当年的亡国仇恨不得不报。如果让齐国和西面的宋国、南面的楚国发生冲突，那么我们就有了可乘之机，一举进攻，攻灭齐国。而我也会怂恿齐王攻打宋国的。"

秦国和宋国一向交好，齐国征讨宋国，就必须和秦国绝交。这时，正好秦国派人来到齐国，商议共同称帝的事宜，苏秦趁机对齐王说："齐、秦并立为帝，那么天下的人到底是尊齐还是尊秦呢？"齐王说："自然是尊秦了！""那么齐国放弃了帝号，天下人是爱戴齐国呢，还是爱戴秦国呢？""自然是爱戴齐国了！""两帝并立，共同约定讨伐赵国，与齐军独自攻打宋国，哪一个更有利呢？"齐王回答："自然是征讨宋国更有利！"苏秦接着劝说齐王道："如果我们和秦国一样称帝，那么天下人就只会尊重秦国；如果我们放弃帝号，而天下人爱戴齐国却称强秦国，一起征讨赵国倒不如独自征讨宋国。所以，我认为，应该放弃帝号以顺应天下。"

齐王采纳了苏秦的建议，和赵国联合起来共同抵制秦国，齐国和秦国的关系迅速恶化。苏秦趁此机会，又对齐王说："宋国国君荒淫无度，民心所背，如果我们现在出兵征讨宋国，正是奉天讨罪的壮举，大王肯

定能够威震诸侯，并且也能够收到实际的利益，使齐雄踞东方，成为中原诸侯的强者。"于是，齐国派兵攻打宋国，燕国为了博得齐国的信任，也出兵相助齐国。最后，宋国在齐、燕的联合进攻下，割淮北地求和，而齐国在这场战争中的实力也大大减弱了。

随后，苏秦又劝谏齐王大兴土木，纵情享乐，对外则是连年讨伐，树立了很多的敌人。齐国和秦国关系恶化，再加上齐国攻打宋国，使得秦王大为震怒。苏秦劝谏齐王先采取军事行动，以此来打击秦国实力的发展，与此同时，齐国的力量再一次被削弱了。

齐王对燕国开始有所顾虑。苏秦为燕国辩解说："燕国是一个小国，一向依附于齐国存在，而齐国之所以能够号令天下，也是因为有了燕国的支持。这样的友好关系正是燕国人民内心所期盼的，怎么可能会对齐国有异心呢？"齐王听后，也就不再怀疑。于是，苏秦出使，为齐王联合众人攻打秦国而四处奔走。

苏秦分别游说了韩、赵、魏、燕四国国君，他们各自带兵出征，攻打秦国，并且推选赵国宰相奉阳君为合纵长。实际上，真正的组织者和指挥者是齐国。名义上是合纵攻秦，实际上就是为了借由齐国的力量来遏制秦国，让其不能营救宋国，而齐国也做好了第二次攻打宋国的准备。苏秦极力主张要强攻秦国，可是齐国都不能尽心，赵、韩、魏、燕四国自然也是相互推脱。因此，最后联军并没有和秦国发生大规模的战争。虽然如此，齐国军队长途跋涉，依然大损国力。

齐王发动攻秦的同时，还展开了对宋的第二次进攻。实际上，这也让其他四国陷入了进退维谷的境地，既不能合力攻打秦国，也无法撤兵回国，于是对于齐国这一次的做法，各国心中都有所不满。原本苏秦此时南下的目的就是为了帮助燕国联系反齐的同盟军。苏秦看到各国对齐国生了厌心，于是对魏国的孟尝君说："以前您在齐国的时候，为齐国立下了赫赫战功，而齐王却暗昧，不仅没有重用您，还迫使您远离故乡，来到了魏国。如今他又背叛了信义，把其他四国玩弄于股掌之间。燕国有攻打齐国的意思，赵国对齐国也是怀恨在心。现在，如果联合起来东击齐国，那么中原势力强大的魏国和先生您也肯定会名扬天下的。"孟尝君同意了苏秦的建议。

苏秦又劝说齐王和秦国讲和："魏国、赵国和秦国离得比较近，而齐国和秦国离得比较远，如果我们五国合纵都没有打败秦国，那么魏国和赵国为了保全自身，肯定会和秦国讲和的，秦国一旦同意和其他国家联合，那么他肯定会派兵攻打齐国的。还希望大王尽早做准备，先与秦谈和，以免形势被动。"齐王认为苏秦说的有道理，于是又抢在他国前面和秦国讲和了，并且还准备任用和秦国比较亲的韩聂做宰相。

赵国奉阳君正在忙着合纵攻打秦国，此时见齐国都没有提前商量便和秦国讲和了，心里大为恼怒，于是便联合魏、燕征讨齐国。齐王得知后，又匆忙从宋国撤兵，并且以割地为前提，劝退了奉阳君的进攻行动。

奉阳君得到齐王的土地赔偿，和齐国的关系又重修于好，而苏秦还是在私底下进行着离间齐国和赵国的行动，不幸被奉阳君察觉。于是奉阳君将苏秦扣押在赵国，限制他的行动。

燕昭王听说苏秦被扣押的消息后，对赵国进行了严重交涉，奉阳君被迫释放了苏秦，而苏秦再也没有机会在赵国行动了。他想去见齐国派遣至赵国的使臣，都被奉阳君拒绝了。无奈之下，苏秦只好离开了赵国，返回齐国。

苏秦返回齐国之后，燕昭王也对其产生了怀疑。因为苏秦以时机未到为由，三番两次地劝阻燕昭王攻打齐国。于是，燕昭王打算将苏秦替换回来。苏秦得知后，内心非常地委屈，于是便向燕王写信申辩。他说："燕国和齐国的仇恨并不是一时形成的。我为燕、齐的邦交四处奔走，原本就很难得到信任。齐国是燕国的心腹大患，我在齐国，大的来说我可以让齐国不攻打燕国，从小的地方来看，我还能够离间齐国和赵国的感情，也好为大王的大事做准备。五国征讨秦国，燕国虽然也出兵出粮，但是却免了齐国称帝、燕国称臣的耻辱，也没有留下齐、赵攻打燕国的祸患。后来奉阳君接受齐的封地，把我扣在赵国。大王仁义，把臣救了出来。齐国和赵国都不会攻打燕国，而燕国也得到了休养生息的机会。

虽然我没有什么大的功劳，但自认也可以免除罪罚了。"最后，燕昭王还是没有将苏秦替换下来。

重用乐毅

燕昭王即位之后，广招贤才，乐毅等贤人闻风而来。这时候的齐国国君骄傲蛮横，不得人心，于是，燕昭王便对乐毅说："现在的齐王昏庸无道，正是我们一雪前耻的大好时机。我打算集结全国的兵马，去攻打齐国，你觉得如何呢？"

乐毅回答说："齐国地广人多，光是我们燕国一个国家，恐怕是不行的。君主要想攻打齐国，必须联合其他几个国家才行。"

于是，燕昭王派遣乐毅前往赵国，拜见赵惠文王，另外还派遣人同韩、魏两国取得了联系，并且还让赵国去联络秦国。这些国家对于齐国的霸道早就看不惯了，所以听了燕国的来意，都纷纷表示愿意和燕国一起发兵征讨齐国。

燕昭王二十八年（前284），燕昭王拜乐毅为上将军，带领五国联军，浩浩荡荡地杀向齐国。

不过，有一件很奇怪的事情。在此之前，乐毅从来都没有独自指挥过一场大的战争，因为在这三十多年来，燕国都在耕种训练，养精蓄锐，从来没有发动也没有参与过战争。没有人知道乐毅的才能到底怎样，而如今，乐毅竟然带领百万大军攻打齐国，其实燕昭王也是提心吊胆的。

第一场战役，乐毅在边境地方和齐国将军向子交战。在乐毅的指挥下，燕军把向子带领的齐军分割成好几段，然后派遣轻骑兵，犹如一支利剑扑向敌人的心脏。向子害怕会被乐毅活捉，乘着一辆战车狼狈地逃走了。第一战大捷，使得远在燕国都城的燕昭王稍稍放下了心。

而齐湣王却是愁云惨淡。他听说第一回合便被燕军打败，而主将向子至今又下落不明，于是他又派出了另一名大将达子，他命令达子不管用什么样的方法，必须阻挡住乐毅的五国联军。

达子带领军队在济水东岸安营扎寨，收拾残兵，据险坚守。乐毅指挥联军发起了多次进攻，最后都因为水流湍急，没有办法渡过河去。

齐国将士们取得胜利后，便向达子索要奖赏，达子又将战士们的要求告诉给齐湣王，齐湣王让达子用爱国心激励将士，而不要贪图小恩小惠。

得不到奖赏的齐国士兵们，士气顿时低落下来。当乐毅再次发起攻击的时候，士兵们纷纷作鸟兽散。兵败如山倒，齐湣王逃到了莒县。

可是这个时候，横渡济水的联军，却又起了内乱。在这五国联军中，最想要报仇的就是燕国了，而其他四个国家，也就是凑个热闹。既然打败了齐国，那也就是分道扬镳的时候了。乐毅心中明白，最后能够支持自己的还是这些燕军，他国之军留下来也不会安心作战的。

于是，乐毅让距离较远的秦国和韩国士兵先行回去，回去之前，乐毅还赏给了他们很多的银两。秦国和韩国士兵上路后，乐毅又打发走了赵国和魏国的士兵。秦国和韩国与齐国离得甚远，所以给了他们一些银两；而赵国、魏国则和齐国相邻，所以给了他们一些土地。魏国划走了当初宋国的部分土地，赵国则收回了当初被齐国抢走的河间土地。对于五国联军来说，这个结果似乎不错。

送走了四国的军队后，乐毅带着燕国军队，继续杀入齐国中心。谋士剧辛看到乐毅还要追击，就劝谏道："齐国非常强大，燕国则相对弱小，我们依靠四国的力量才将齐国打败，如今我们应该见好就收，占领齐国边境的地盘就好了。可是，你却想要继续追击齐国，放弃了后方基地，这样会让燕国吃大亏的。穷寇莫追，适可而止，齐国和燕国也不会结下太大的仇恨。如果一意孤行，追击齐军，最后你肯定会后悔的。"

乐毅回答说："我进入齐国后，便听到了很多关于齐湣王残暴不仁的事情。百姓要议论他半句，他就会把百姓绑去砍头，所以百姓都不愿意为他卖命；亲人当面指出他的错误，他也会让人将亲人绑到城外砍头，所以他才落得个众叛亲离的下场；朝中大臣有和他意见不同的，他也会让人砍了他们的头，所以大臣们都不愿意替他出谋划策。如今，齐湣王

只是一个孤家寡人，而我们士气正旺，这正是攻打齐国的好时机。"

剧辛说："齐国人口众多，我们孤军深入，如果遭到埋伏，恐怕我们会前功尽弃。"

乐毅说："虽然齐国人数众多，但是大都是齐湣王的敌人。如果我们深入齐国境内，齐国百姓遵从的肯定是我们，而非是残忍暴虐的齐湣王。齐国百姓反对齐湣王，那么燕国想要齐国的这块土地也就不是什么难事了。如果这个时候不乘胜追击，让齐湣王有喘息的机会，那么我们连占有的边境地区也要还给齐国了。"剧辛认为乐毅说的很有道理。

于是，乐毅带着燕国大军直奔齐国的都城临淄。随后，他们将齐国王宫里面的各种珍奇异宝全部都运回了燕国。燕昭王看到了这么多宝物，自是爱不释手。为了奖赏乐毅，燕昭王把齐国一个叫作国昌的地方赏给了乐毅，称之为"国昌王"。

乐毅继续留守齐国，攻打剩下的莒县和即墨两座名不见经传的小城。只是让他没有想到的是，剩下的这两个弹丸之地，竟然是个难啃的骨头。

乐毅眼看就要成功了，这个时候，齐国却发生了内乱。这一次内乱的源头并不是齐国人，而是楚国大将淖齿。淖齿是楚国人，被齐湣王任命为齐国的宰相。淖齿杀死了齐湣王，目的就是要和燕国平分齐国的疆域。

有一天，淖齿和齐湣王在莒县一道小巷里商议政事，淖齿问道："齐国有两个地方，方圆百里内，都在下血，沾湿了衣裳，大王这个您知道吗？"

齐湣王说："知道。"

淖齿接着又问："齐国有一个地方，大地裂开了一条缝隙，泉水冒出，大王这个你知道吗？"

齐湣王回答道："这个我也知道。"

淖齿接着又问："有人在齐国宫殿的前面失声痛哭，派人寻找的时候却又没找到，离开之后哭声又会传出来，大王这个您知道吗？"

齐湣王回答："我知道。"

淖齿手按在剑柄，看着齐湣王，咬牙切齿地说："天上下着血雨，是上天在警告你；地上喷出泉水，是大地在警告你；对着皇宫痛哭，是人民在警告你。上天、大地和人民都在警告你，不要继续作恶了，而你却不听，像你这样的昏君留着还有什么用？"

淖齿骂完之后，便一剑砍下了齐湣王的人头。

淖齿杀了齐湣王后，立刻让人和乐毅联系，准备献城，他想着自己可以得到齐国一半的土地。齐国土地辽阔，人口众多，物产丰富，就算是一半的土地，也要比大部分的诸侯疆域大。

可是，很快，淖齿的美梦便破灭了。

齐湣王有一个仆人，名为王孙贾，进宫的时候只有十五岁。

十五岁的王孙贾在齐宫里当差，尽心尽力，经常早出晚归。当乐毅拿下临淄的时候，齐湣王早就已经逃脱了，而王孙贾遍寻不到齐湣王，也就回到了自己的家中。

王孙贾的母亲见他回来得很早，心里感到很奇怪，便询问王孙贾原因。王母听了之后，说："以前你在王宫当差，天黑前回家，我在家门口等你；天黑后回来，我就在巷道门等你。如果你不回来，我连觉都不睡了。而现在国君已经找不到了，你却独自回家来了，这算是怎么回事呢？"

王孙贾听了母亲的话，羞愧交加，便外出打听齐湣王的下落。当听说齐湣王逃到了莒县时，他急匆匆地赶到了莒县。

王孙贾刚赶到莒县，便看到淖齿杀了齐湣王。

王孙贾心知自己不是淖齿的对手，于是就跑到了大街上，解开扣子，大声呼喊道："淖齿扰乱我齐国的秩序，杀害我齐国的国君，谁跟我一起去报仇？"大街上的人都被这个少年感动了，纷纷拿起农具，冲向淖齿。而可怜的淖齿就这样丧命在农具下。

齐湣王去世后，王孙贾等人又拥立齐襄王。一个十五岁的少年点燃了齐国国民的反抗意识。燕国军队孤军深入，齐国军队四面勤王，双方相持不下。

乐毅干脆在莒县和即墨的城外驻扎屯田，对其实行围困政策。他相信，齐国总有一天会崩溃的。

齐襄王五年（前279），赵国的蔺相如用了五年的时间一跃成为赵国的尊贵宰相。而在这五年时间里，乐毅还在实行他的围困政策。而这一年，一直对乐毅信任有加的燕昭王去世，他的儿子继承王位，史称燕惠王。

燕惠王对乐毅可是诸多不满。燕惠王还小的时候，他的父亲燕昭王便每日和乐毅在一起，没有多余的时间陪伴他，这一点，一直是他心里的结。后来，燕惠王逐渐长大，可是他的心智却停留在了孩童时代。

燕昭王去世的消息传到了齐国，齐国大将田单内心雀跃不已，他知道，自己等待了五年的机会终于来了。

田单想要使用反间计，离间燕国君臣的关系。君臣不同心，燕国军队也就不攻自破。

田单让人四处散播谣言："乐毅已经和齐国定下了盟约，南面称王，而之所以到现在还在围困莒县和即墨，主要有两个用意：第一想要拖延时间，等待齐国人心归附；第二就是给燕惠王做做样子。即墨人并不害怕乐毅，如果另派一个人的话，即墨早就被攻破了。"

谣言传到了燕国，燕惠王听了之后，便任命骑劫为将军，代替乐毅攻打莒县和即墨，并且命令乐毅回国复命。乐毅知道燕惠王已经中了田单的反间计，如果自己回到燕国，肯定是死路一条。他想了一想，便前往赵国去了。

田单听说乐毅前往赵国的消息后，高兴极了。骑劫走马上任，立刻带兵攻打即墨。即墨城的守军不够，田单就把自己的妻妾编入队伍，和将士们一起守城。齐国人看到田单这般做，心里都大受感动，都纷纷站出来保家卫国。

后来，田单还认了一名疯颠颠的人做师父。有一天，田单出门对百姓说："我师父说了，唯一让我们害怕的，就是燕君割掉我们齐国士兵的鼻子，然后让他们排成行，走向即墨，而燕军跟在后面，那样即墨肯定不攻自破了。"

田单的话很快传到了燕将骑劫的耳中，骑劫喜出望外，他让人把即墨城中的降兵全部叫出来，割掉他们的鼻子，然后让他们排成行走向即墨。

即墨城上的守军看到这种形势，心中都气愤万分，他们日夜坚守城门，发誓和燕军决一死战。从那儿之后，再也没有齐军出城投降了。

过了几天，田单又出门对百姓说："我师父说了，唯一让我们害怕的是燕军挖掘我们的祖坟，如果祖坟被挖，那么肯定会让我们的士兵深受打击，丧失了战斗力。"

这句话又传到了骑劫的耳边，他马上下令士兵挖掘齐国的坟墓，架起火堆，将尸首焚烧。

即墨城上的守军看到这种情景，心中更是悲愤，呼喊着要和燕军决一死战。

短短几天，即墨城里的百姓和将士都被骑劫刺激得热血沸腾，这正是田单想要的结果。只有这样，在打仗的时候，士兵才会冲在最前面，以死报国。

接下来，田单开始实施自己的第三个计划，那就是让燕军放松警惕。

在那段时间里，田单偷偷将守卫城墙的精壮士兵替换下来，派遣老弱病残前去守城。燕军离老远就看到城墙上一片东倒西歪的老汉病娃，一个个笑得直不起腰。

这还不算，田单将即墨城里的金银财宝全部收集起来，让几个商人背着它们前往燕国军营，见到骑劫后便对他说，即墨城中已经没有粮食了，田单很快就要投降了，到时候，燕军进入即墨的时候，千万不要抢夺他家的财富，糟蹋他家的妻妾。

愚蠢的骑劫竟然满口答应下来。燕军听说即墨守军马上就要投降了，都高呼万岁，在外围困了好几年，终于可以回家乡了。

接着就到了最关键的反攻计划，田单对这一次反攻充满了信心。燕国将领在田单的圈套中，带着燕国军队一步步走向了灭亡。

那么，这个时候的乐毅又在哪里呢？

乐毅来到赵国后，赵惠文王非常高兴。因为乐毅的名气很大，所有人都知道这位拿下齐国七十几座城池的勇士，他的名气要比秦国的白起、赵国的廉颇大得多，乐毅能够来到赵国，是赵国的荣幸，赵惠文王将观津的地方封给了乐毅，还封乐毅为望诸君。

乐毅在赵国受封，震惊了燕国和齐国。燕国担心乐毅报复，齐国则害怕乐毅会卷土重来，攻打莒县和即墨。可是很长时间过去了，乐毅好像又从人们的视线中消失了。他去隐居了。正当燕国和齐国打得不亦乐乎的时候，乐毅此时正独自坐在湖边垂钓。

在田单的阴谋和骑劫的愚蠢带领下，乐毅辛苦拿下的齐国城池，又被一点点地收回去了。燕军惨败的消息很快传到了乐毅的耳中，乐毅大喊一声，口出鲜血，卧床不起。燕惠王丢失了土地，又害怕乐毅会趁机报复燕国，于是便亲自给乐毅写了一封信。信中这样写道：

> 先王举国而委将军，将军为燕破齐，报先王之仇，天下莫不震动，寡人岂敢一日而忘将军之功哉！会先生弃群臣，寡人新即位，左右误寡人。寡人之使骑劫代将军，为将军久暴露于外，故召将军且休计事。将军过听，以与寡人有隙，遂捐燕归赵，将军自为计则可矣，而亦何以报先王之所以遇将军之意乎？

从这封信中也可以看出来，这个时候燕惠王已经意识到撤换乐毅是一个极其错误的决定，不过他却把责任推到了朝中大臣的身上。由此，乐毅也决定给燕惠王回一封信。

"臣不佞，不能奉承王命，以顺左右之心，恐伤先王之明，有害足下之义，故遁逃走赵。"

刚刚写完第一句，乐毅便泪流满面。他的一生，为燕国鞠躬尽瘁、死而后已，最后却是遭到了奸人陷害，差点命丧黄泉。不过他所伤心的并不是自己的遭遇，而是燕国的命运。当初，他和燕昭王辛辛苦苦打下来的江山，如今却落得这个地步。真是可悲可叹啊！

他继续写道：

臣闻贤圣之君不以禄私其亲，其功多者赏之；不以官随其爱，其能当者处之。故察能而授官者，成功之君也；论行而结交者，立名之士也。臣窃观先王之举也，见有高世之心，故假节于魏，以身得察于燕。先王过举，擢之宾客之中，立之群臣之上，不谋父兄，以为亚卿。臣窃不自知，自以为奉令承教，可幸无罪，故受令而不辞。

先王命之曰："我有积怨深怒于齐，不量轻弱，而欲以齐为事。"臣曰："夫齐，霸国之余业而最胜之遗事也。练于兵甲，习于战攻。王若欲伐之，必与天下图之。与天下图之，莫若结于赵。且又淮北、宋地，楚、魏之所欲也，赵若许而约四国攻之，齐可大破也。"先王以为然，具符节，南使臣于赵。顾反命，起兵击齐。以天之道，先王之灵，河北之地随先王而举之济上。济上之军受命击齐，大败齐人。轻卒锐兵，长驱至国。齐王遁而走莒，仅以自免；珠玉财宝车甲珍器尽收入于燕。齐器设于宁台，大吕陈于元英，故鼎反乎历室，蓟丘之植植于汶篁，自五伯以来，功未有及先王者也。先王以为谦于志，故裂地而封之，使得比小国诸侯。臣窃不自知，自以为奉命承教，可幸无罪，是以受命不辞。

臣闻贤圣之君，功立而不废，故著于《春秋》；蚤知之士，名成而不毁，故称于后世。若先王之报怨雪耻，夷万乘之强国，收八百岁之蓄积，及至弃群臣之日，余教未衰，执政任事之臣，修法令，慎庶孽，施及乎萌隶，皆可以教后世。

臣闻之，善作者不必善成，善始者不必善终。昔伍子胥说听于阖闾，而吴王远迹至郢；夫差弗是也，赐之鸱夷而浮之江。吴王不寐先论之可以立功，故沉子胥而不悔；子胥不蚤见主之

不同量，是以至于入江而不化。

夫免身立功，以明先王之迹，臣之上计也。离毁辱之诽谤，堕先王之名，臣之所大恐也。临不测之罪，以幸为利，义之所不敢出也。

臣闻古之君子，交绝不出恶声；忠臣之去也，不洁其名。臣虽不佞，数奉教于君子矣。恐侍御者之亲左右之说，而不察疏远之行，故敢以书报，唯君王之留意焉。

这就是历史上著名的《报燕惠王书》，至今读来，还让人怅然泪下，情不自禁。

过了没多久，一代名将便在寂寞孤独中悄然过世，被安葬在邯郸郊外。

鞭打太子

有一天，燕昭王气冲冲地打了太子二十大板，这让燕国的内侍和护卫都非常诧异，到底是什么原因，让燕昭王一反常态，竟然出手打了太子呢？原来，太子受了大夫骑劫的挑唆，对燕昭王进献谗言，说大将乐毅花了三年的时间，还拿不下齐国的莒城和即墨两个地方，这主要是因为乐毅想要用恩德感化这两个地方的百姓，等到齐国百姓真归顺了，乐毅就可以自己当齐王了。

燕昭王可是把乐毅当作知己的，听太子这般诬陷乐毅，他心里怎能不气？所以他才狠狠地打了太子一顿，还指着太子的鼻子辱骂他是一个忘恩负义的畜生，说："你难道忘记了吗？先王的仇是谁给我们报的？乐毅功不可没，就算我们把他当作恩人也都不够尊敬，如今你竟然听信他人，来诬蔑乐毅，真是可恨！再说，就算是乐毅做了齐王，那也是他应该得到的，容不得你来说三道四。"

燕昭王责打了太子之后，又立刻派人拿着节杖去见乐毅，并且封乐毅为齐王。乐毅非常感动，并且对天起誓，到死也不会接受燕昭王封王的命令。从那儿之后，乐毅对燕国更加尽心尽力、忠心耿耿了。

改革内政军队

乐毅全力帮助燕昭王进行内政改革、整顿军队。首先，对于燕国法度弛坏、官吏营私的严重局面，乐毅建议燕昭王要制定法律，要加大对官吏的审核和考察力度。第二，确定察能而授官的用人原则，摈弃"亲亲"、"贵贵"的择人传统。再次，乐毅还提议燕昭王对于那些遵纪守法的好国民，包括那些身份低微的中下贫民和部分的奴隶，应该给予他们一定程度的奖赏，以此来安定社会秩序。在军事上，乐毅对于战法和纪律进行了着重训练，在较短的时间内提高了燕国军队的战斗力。此外，燕昭王还会去慰问那些孤儿寡母，去抚慰那些战死在边疆的军士家属；对于那些有生育之喜的夫妇，燕昭王也会特意派人前去祝贺。燕昭王和百姓同甘共苦，使得全国上下都对他异常爱戴。

秦开

作为战国七雄的燕国，曾经有一次大规模的成功扩张行动，为中华民族的发展做了很大的贡献。而这一行动便是秦开却东胡取辽东的战功。历史资料记载有二：

> 燕有贤将秦开，为质于胡，胡甚信之。归而袭破走东胡，东胡却千余里，与荆轲刺秦王秦舞阳者，开之孙也。
>
> 《史记·匈奴列传》
>
> 后子孙稍骄虐，国人离志，燕乃遣将秦开攻其西方，取地二千余里，至满番汗为界，朝鲜遂弱。
>
> 《三国志·东夷传》注引《魏略》

不过，历史资料中并没有指出具体的年份，当世人大多以为秦开破东胡为燕昭王时事。但是也可以推测出，燕昭王为了全力攻打齐国，乃使燕国的贵胄（包括秦开）前往东胡做了人质，以求得燕国后方的稳定。

秦开以人质的身份进入东胡，或许北方民族所处的地理位置差异比较大，没有多少粮食可以饱腹，也没有精细的衣服可以穿。伴随他们的只有一望无际的白云和地上四处奔跑的动物。为了生存，他们开始向南迁移。他们依仗着自己强壮的体魄，侵扰中原，横行乡里，烧杀抢掠，无恶不作，使得燕国边境的百姓流离失所、无家可归。秦开就是在这样的背景下进入东胡的。

在一次贩马的过程中，秦开趁机脱离了队伍。回国之后，秦开被任命为大将军，开始了他的练兵生涯。燕昭王也励精图治，国力一天天地强大起来，眼看着东胡又来侵扰北边边境的百姓，于是燕昭王任命秦开为统帅，带领燕国军队攻打东胡。

秦开对东胡的情况甚是了解，他一路斩将夺关，马踏平川，东胡军虽然抵抗顽强，但是却还是没能抵挡住燕军的勇猛进攻。秦开连连获胜，收复了燕国失地，燕军的士气也大为高涨。东胡节节败退，一直退却到千余里外的今西辽河上游。这个时候，秦开站在燕北边地，谋划安定策略。效仿赵国，动员军民大修障塞，就这样，长达两千多公里的燕国北长城建成了。不过，随着时间的流逝，风雨的侵蚀，长城只剩下了一段，竖立在今建平的北部。后来，燕国又陆续设置了右北平、辽西、渔阳、辽东诸郡，燕国的疆土一跃成为了仅次于楚国、秦国的第三者。

野史传闻

燕昭王是哙王的儿子，他即位之后，沉迷于修仙之道。在朝中，有一个名为甘需的大臣便是一个仙人，经常给燕昭王讲述登昆仑山修道的故事，并且告诉他要去掉心中的私欲，不能触碰女色，不能贪图游乐，要做到清心寡欲，才能够得道。燕昭王按照甘需的说法实施了很久。

有一次，仙人谷将子驾云来到燕昭王宫中，对他说："西王母将要来了，她想要看看你近来修道的情况，指点你修炼的秘法。"

一年之后，西王母果然来了，和燕昭王一起在燧林游玩，并且还传授给他炎帝钻木取火的方法。到了晚上，他便点燃桂树上的膏脂照明，这时候，突然有很多飞蛾嘴里衔着火，聚集到燕昭王的宫中，火球顿时变成了圆丘形的砂珠，于是燕昭王便将它们串成了玉佩。

燕昭王登上离太阳最近的一座高台上，一只神鸟为他衔来了一颗宝珠，这个宝珠可以帮助人们躲避太阳的炎热。后来，西王母又三次降临凡间，来到燕昭王的宫中。而燕昭王一直忙于攻城事宜，而没有按照甘需当初说的话去静心修炼，西王母看此情景，就再也没有出现过。

甘需说："西王母所摆设的宴席，并不是人间的东西，那些玉酒金液，都是需要万年的时间才能够酿制出来，专门供天上的神仙享用的，燕昭王既然已经吃了，那么自然也就得道了，只要虚心高洁地静修，自然能够保持长生的。"后来甘需也升天而去，三十三年之后，燕昭王无病而终。他死后，身体骨骼异常柔软，身上还散发着香气，溢满整个宫中。燕昭王死后，他的儿子惠王做了国君。